# 叛逆不是孩子的错

10 Days to a
Less Defiant
Child

## 10 天化解亲子冲突，重塑关系

The Breakthrough Program for
Overcoming Your
Child's Difficult Behavior
(3rd Edition)

原书
第3版

[美] 杰弗里·伯恩斯坦 —— 著
Jeffrey Bernstein, PhD

陶志琼 —— 译

机械工业出版社
CHINA MACHINE PRESS

**图书在版编目（CIP）数据**

叛逆不是孩子的错：10 天化解亲子冲突，重塑关系：原书第 3 版 /（美）杰弗里·伯恩斯坦(Jeffrey Bernstein) 著；陶志琼译 . -- 北京：机械工业出版社，2025. 9. -- ISBN 978-7-111-79174-4

I. G781

中国国家版本馆 CIP 数据核字第 2025Y91A47 号

机械工业出版社（北京市百万庄大街 22 号　邮政编码 100037）
策划编辑：王彦君　　　　　　　　　　责任编辑：王彦君
责任校对：邓冰蓉　王小童　景　飞　　责任印制：单爱军
保定市中画美凯印刷有限公司印刷
2025 年 9 月第 1 版第 1 次印刷
147mm×210mm · 11.625 印张 · 1 插页 · 268 千字
标准书号：ISBN 978-7-111-79174-4
定价：69.00 元

电话服务　　　　　　　　　　　网络服务
客服电话：010-88361066　　　机　工　官　网：www.cmpbook.com
　　　　　010-88379833　　　机　工　官　博：weibo.com/cmp1952
　　　　　010-68326294　　　金　书　网：www.golden-book.com
**封底无防伪标均为盗版**　　　机工教育服务网：www.cmpedu.com

**献给我的父母卢和伊芙琳**

我深深感激你们为我所做的一切。


**献给我已成年的三个孩子阿莉莎、山姆和加布丽埃尔**

你们是我全力以赴的动力之源。

在你们与我共同学习的过程中，我也与你们一同成长。

你们是我的灵感源泉。


**献给玛丽娜**

感谢你拓宽了我的世界，

并激励我以从未想过的方式不断学习与成长。

# 目　录

**1**

第 1 天
**理解孩子行为叛逆的原因**　　1

你将了解到，你的育儿方式是如何影响孩子的叛逆程度的。这种影响可能是积极的，也可能是消极的。

**2**

第 2 天
**理解你的叛逆孩子**　　27

父母如果从不尝试去了解叛逆孩子内心真正的想法，就不可能找到打破孩子叛逆循环的方法。

**3**

第 3 天
**跳出大吼大叫陷阱的自我教练法**　　52

大吼大叫等于是在向孩子表明，你已经失去了对自己情绪的控制。这显然不是你想要传递给孩子的特质。今天，你将学习如何跳出大吼大叫的陷阱。

**8**

今天的内容旨在让你更明智地与孩子的老师及其他相关人员合作，以减少孩子在学校的叛逆行为。

**9**

有些心理健康问题会让孩子的叛逆行为更加顽固和持久。如果你还没有看到明显的效果，那么，你的孩子可能正受到一种或多种这类问题的影响。

**10**

你已进入最后阶段，你应该已经看到孩子和你自己身上令人惊喜的变化。接下来，我将给出一些关键策略和建议，确保孩子和你自己已取得的进步能够长期保持稳固。

恭喜你完成了我的 10 天计划！现在，我想提供一些活动，为你、你的孩子以及你的家庭带来一些欢乐，帮助你们在"情感联名账户"中存入正能量。

# 译者序

　　2025 年的春节开启了我人生的新经历和新信念。我人生中第一次在一个假期里游历了不同地方的多座寺庙：厦门南普陀寺、泉州开元寺和普陀山普济寺。为长智识而出游，结果满载而归，定心而慧（心静定后智慧才会生发）！游南普陀寺收获了"好事常发生"这句话；游泉州开元寺收获了把"心"中的一点放在心外的正下面这样一个"心"字的启示：要学会把心放空一点儿，为增长新的智识释放空间；游普陀山普济寺收获了"越来越好"四个字。把这些收获连在一起就成了我的人生新信念：时时把心放空一点儿，就会"好事常发生"，就会"越来越美好"。

　　谢天谢地！很快好事就发生在我的身上了。2025 年 2 月 11 日（正月十四），机械工业出版社王彦君编辑联系我，问我是否愿意翻译《叛逆不是孩子的错》第 3 版，我爽快地答应了，因为这是我认为的"好事常发生"的好事！什么是好事？帮助别人的同时帮助了自己的事就是好事！我在帮助彦君编辑，我也在帮助我自己（此书的出版能应对我单位的部分科研考核任务）。

其实每个人，包括小孩子都会接受"合作共赢"的理念，乐意在生命之旅中与他人一起前行、共同进步。能践行"合作共赢"的理念需要不断修炼一颗助人、助己的心，并不断努力增强助人、助己的能力，从而在生命之旅中能与他人风雨同舟、携手前行。对于我而言，喜欢研究与孩子生命成长相关的家庭教育，喜欢撰写和翻译与家庭教育相关的著作，缘于我的"助人就是助自己，好事就会常发生"的人生信念，缘于我"助人为乐"的幸福体验，更缘于我的个人兴趣和专业追求。作为家长，面对孩子的叛逆行为可能是家常便饭，如果抱持帮助孩子就是帮助自己的信念，就会想方设法把孩子的叛逆行为转化为孩子的成长力。孩子成长了，家长的问题也就解决了，好事也就发生了，亲子关系就会越来越美好。

其实，搞定叛逆孩子不只是想象，它已变成事实。不信，有例为证。

事例一：

我到朋友家做客，刚好亲历了这样一幕：朋友叫她10岁的儿子鹏鹏完成家庭作业后再去玩。下面是他们之间的对话。

妈妈："鹏鹏，先把今天的作业做好了再去玩。"

鹏鹏："为什么我不能先玩再做作业？"

妈妈（有点儿生气，声音也提高了不少）："你怎么老是这个样子？叫你'快点儿，不然上学要迟到了'，你却会说'慢点儿没关系，我就喜欢上学迟到'；叫你'做作业专心认真点儿'，你却会说'专心认真个鬼'；叫你'不要大吼大叫'，你却会说'大吼大叫又怎么了'。我都快要被你气死了！"

鹏鹏（也提高了声音）："你不也在大吼大叫吗？唠叨的妈妈气死了才好呢！"

妈妈（更生气了）："你这个没良心的东西！我真是养了个冤家。"

我跟朋友说，她在回应自己的叛逆孩子时中毒至深，急需相应的解毒剂来拯救自己和孩子。这味解毒剂就是即将出版的这本书《叛逆不是孩子的错》。后来她在第一时间阅读了这本书，她告诉我："要是我早些能读到这本书，不知会减少多少次的大吼大叫呢。我最欣赏本书里提出的家长正确回应叛逆孩子的一个原则——'冷静、坚定且非控制'，真可谓灵丹妙药！十分谢谢好朋友帮我解了燃眉之急！"

事例二：

暑假，我回老家探亲。表妹邀请我去她家吃午饭。吃午饭时，表妹与她11岁的儿子小宇之间发生了这样一幕。

小宇嘟着嘴皱着眉："怎么吃的是干饭？我不想吃，我想喝稀饭。"

小宇的妈妈："有米汤，你舀些泡着就是稀饭了。"

小宇："我想吃真正的稀饭。"

小宇的妈妈一下子被惹火了："我真搞不懂你，哪天不唱对台戏这一天就过不完。叫你做作业，你偏不做，揍你一顿你一会儿就做好了。叫你吃饭，煮的这样你要吃那样，煮的那样你要吃这样。难道你的神经跟别人的相反不成……你这个人就是欠揍。"

小宇的眼泪早就吧嗒吧嗒地往下掉了。

父母原本希望教育孩子是一个顺水推舟的过程，可偏偏遭遇了逆水行舟的艰难，就像我的那位朋友和我表妹一样，是因为碰上了叛逆的孩子。

看着气得脸色铁青的表妹，我神秘兮兮地在表妹耳边说了句："如果看过《叛逆不是孩子的错》，你肯定会把小宇搞定的！"

"真的？你怎么知道有这样一本书？哪个出版社出的？在哪儿可以买到？"表妹迫不及待地问我，就像大漠中艰难行进的旅人突然看到了绿洲一样。

我告诉她："这是一本美国的家庭教育畅销书，已出第3版了，我受机械工业出版社之托作为中文译者翻译第3版，刚好带了一本在身边。你要有兴趣，就先拿去看，可以边看边实践，实践效果一定要与我分享。"

吃过午饭，表妹就急不可耐地催促我拿书给她看。她一拿到书就开始翻看目录，看完后若有所悟地跟我说："我原以为搞定叛逆的孩子是教孩子怎么做，可这本书都是在教父母怎么做。原来是孩子的'病'需要大人'吃药'啊。"我不失时机地对她说："你真有悟性呢。你说得太对了，家庭教育的病因多数时候在父母而不在孩子，所以需要给父母开'处方'。父母教育孩子只有爱是不够的，还要有方法。对待叛逆孩子更是如此。"

事实上，实践层面上，我自己一直在做家庭教育的讲座和咨询工作，也碰到过不少对孩子束手无策的家长。在我没有翻译这本书之前，有时候，还无法给这些家长提供最切实可行的、合情合理的系统解决方案。现在，详细理解了本书的内容之后，在面对叛逆孩子及其父母时，我更胸有成竹了。有了这本书之后，我就走上了讲座、咨询与向家长推荐本书相结合的三管齐下之路。

如果说为人父母也像从事某种职业一样，需要上岗证书的话，那么在父母获取上岗证书的培训中就需要合适的教材。可什么教材最合适呢？我认为，需要应对自己的叛逆孩子的父母，无须大海捞针，只要手中拥有这本书就足够了。

本书是从事家庭教育咨询30多年的专家伯恩斯坦博士撰写的一部令人难忘的力作。伯恩斯坦博士对叛逆孩子有着敏锐的洞察力和深切的同理心，针对解决孩子的叛逆问题，他不仅告诉父母不要和不能做什么，而且告诉父母需要做什么；他提出的建议对父母、孩子、学校教师以及家庭教育咨询人员来说都极具价值，既切实可行也合情合理，有助于建立合作共赢、情真意切、温馨幸福的亲子关系。

我记得有位叫赵长天的作家说过这样一句话："每个人，在他的人生旅途中，总有几个重要的、起关键作用的、永远也不该忘记的人。"我想，对于叛逆孩子而言，父母在其克服叛逆行为的人生旅程中理应起关键作用，从而成为孩子永远不会忘记的大恩人、最爱的亲人。父母能否起到这个关键作用，还取决于有没有正确养育叛逆孩子的知识和技能。如果没有，也不用着急，只要你用心阅读本书，并按书中的建议去实践，孩子就有机会把叛逆力变为成长力。

一般来说，叛逆行为是由逆反心理引起的。心理学家认为，逆反心理指的是人们彼此之间为了维护自尊，对对方的要求采取相反的态度和言行的一种心理状态。由这种心理衍生出来的行为被称为叛逆行为。本书就是针对如何应对孩子的叛逆行为而撰写的。那么，本书到底讲了些什么内容呢？我想在此谈一谈几个让我印象特别深刻的地方。

第一，父母可能是引发孩子叛逆行为的主要原因。叛逆的孩子并非天生就非常叛逆，父母的一些不当做法极有可能引发孩子的叛逆行为，诸如大吼大叫、打骂、唠叨、挖苦、说教、威胁孩子，等等。而且，叛逆孩子总会觉得自己被父母误解了。父母无意中可能就踏入了误解叛逆孩子的 10 大陷阱。有哪 10 大陷阱呢？请详细阅读本书"第 2 天"中的相关内容。

第二，为了避免误解叛逆孩子，父母需要对孩子持理解的态度。对叛逆孩子而言，只有爱还不够，还需要理解。"理解万岁"对孩子来说如春风化雨般管用。理解是你赠送给孩子的一份珍贵礼物。其实，倾听孩子的心声就是对孩子最好的一种理解方式。那么，如何倾听你的叛逆孩子呢？倾听时你要做到专心致志，要有耐心，要保持与孩子的目光接触，不要打断孩子，不要随意插话和批评，要让孩子觉得你在认真听他讲话。如何真正做到理解你的叛逆孩子，请详细阅读本书"第 2 天"中的相关内容。

第三，为了理解和帮助你的孩子，作为父母，你需要避免陷入大吼大叫的陷阱。本书提出了帮助你走出大吼大叫陷阱的 25 个妙方。如果你想知道这 25 个妙方分别是什么，请阅读本书"第 3 天"中的相关内容。为了理解和帮助你的孩子，千万要记住一点，没有什么事情会比你与孩子进行权力之争更加糟糕的了。因此，避免踏入权力之争的陷阱就显得至关重要，关键在于让你的心灵不受输赢成败感的控制。避免你和孩子之间产生权力之争的秘诀到底有哪些，本书"第 4 天"中的相关内容将为你揭晓。

第四，要想很好地帮助孩子走出叛逆的泥潭，就要对他们进行正面强化。加强孩子的积极转变，对孩子的积极行为进行恰当的表扬就显得尤为重要。在所有的表扬策略中，口头表扬最受孩子的青睐。口头表扬之所以是最好的奖励方式，是因为它可以随时给予，随时享用。那么到底如何进行恰当的积极表扬呢？请参见本书"第 5 天"中的相关内容。当然，针对孩子的叛逆行为进行有效管教也是必不可少的，但有效管教需要深度理解和实践操练。具体如何进行有效管教，请详细阅读本书"第 6 天"中的相关内容。你要时刻牢记，你能给予孩子的最佳管教，是你自己具备自律能力，以冷静、坚定且非控制的方式回应他们！

第五，为帮助孩子把叛逆力变为成长力，你需要寻求家庭成员的支持，也需要寻求学校各方人员的帮助。至于如何寻求支持与帮助，请参见本书"第 7 天"和"第 8 天"中的相关内容。另外，叛逆孩子的家长需要了解的是，有些孩子可能存在一种或多种心理问题或压力，诸如注意缺陷多动障碍、双相情感障碍、抑郁症、学习障碍、图雷特综合征、自闭症谱系障碍、上学压力、同伴冲突、父母离异和再婚、搬家。这些心理问题或压力如何诱发他们的叛逆行为，请参见本书"第9天"的相关内容。

第六，为帮助孩子把叛逆力变为成长力，你要懂得从长远减少孩子的叛逆行为。跨越挫折意志坚，长风破浪终有时。那么，如何从长远考虑减少孩子的叛逆行为呢？请参见本书"第10天"的相关内容，诸如，不要惊慌，静心想想自己为人父母所具有的优势，坚持到底，承认自己的不足，避免陷入消极质疑的陷阱……

本书还提供了"合作共建情感联结的17个游戏""判断孩子是否需要专业的帮助"和"应对叛逆学生的指南"三大内容，这些内容有助于你更好地支持你的孩子，让你的稳定情绪和解决问题的能力得到提升。

亲爱的父母，你一定要知道，你给孩子创造的成长环境不同，孩子的人生品质和命运就会不一样。

> 如果孩子生活在溺爱中，他就会学会软弱地依赖。
>
> 如果孩子生活在批评中，他就会学会谴责和自卑。
>
> 如果孩子生活在敌意中，他就会学会争斗和报复。
>
> 如果孩子生活在挑剔中，他就会学会灰心丧气。
>
> 如果孩子生活在恐惧中，他就会学会忧虑和胆怯。
>
> 如果孩子生活在怜悯中，他就会学会自责和自怨。
>
> 如果孩子生活在讽刺挖苦中，他就会学会羞愧难耐。
>
> 如果孩子生活在妒忌中，他就会变得心胸狭隘。

如果孩子生活在耻辱中，他就会学会有负罪感。

如果孩子生活在专制中，他就会学会畏首畏尾。

如果孩子生活在迁就中，他就会学会任性专横。

如果孩子生活在包办中，他就会学会胆怯懦弱。

如果孩子生活在歧视中，他就会学会横眉冷对。

如果孩子生活在认可中，他就会学会自爱和自尊。

如果孩子生活在承认中，他就会学会订立正确的目标。

如果孩子生活在分享中，他就会学会慷慨大方。

如果孩子生活在安全中，他就会学会相信自己和周围的人。

如果孩子生活在诚实和正直中，他就会学会什么是公正。

如果孩子生活在友爱中，他就会学会理解这个世界是生活的好地方。

如果孩子生活在理解中，他就会学会宽容大度。

如果孩子生活在自由中，他就会学会创造和想象。

如果孩子生活在鼓励中，他就会学会自信和信任人。

如果孩子生活在忍耐中，他就会学会有耐心和耐性。

如果孩子生活在表扬中，他就会学会感激和上进。

如果孩子生活在厚爱中，他就会学会回报温馨。

如果孩子生活在信任中，他就会学会诚恳待人。

如果孩了生活在肯定中，他就会学会不断努力。

如果孩子生活在微笑中，他就会学会乐观地面对一切。

亲爱的父母，如果你们真爱孩子，就远离攀比，做心平气和的父母，把孩子的错误和失败看作他成长的经历和机会，能够为孩子取得的小小成绩发自内心地感到自豪。

亲爱的父母，如果你们真爱孩子，就需要适当地给孩子减压，因为最后一根稻草可能会压死一头牛，积累压力无疑是引爆人生的危险动作。

亲爱的父母，如果你们真爱孩子，就做适当放权的父母，让孩子适当地独立自主，尊重孩子拥有独立空间和时间的要求。

亲爱的父母，如果你们真爱孩子，就陪他一起成长，做放风筝型的智慧父母，做到眼中有天空，往高远处看你的孩子；心中有目标，往美好处支持你的孩子；手里有分寸，用最合适的方式方法管教你的孩子；脚下有土地，切合实际地陪伴你的孩子健康成长。

亲爱的父母，让你成为孩子成长路上的一道光，照亮你的叛逆孩子的成长之路。让你的叛逆孩子成为一道光，照亮他自己的前行之路的同时，不经意间会照亮某个或某些暂时身处人生黑暗之处的人的前行之路。

亲爱的父母，作为父母，特别是作为叛逆孩子的父母，你要知道，心越拧越紧，焦虑越来越重；心越放越松，心情越来越平。把心放低一点儿，把心腾空一点儿，积蓄正能量，让你和孩子的生活好事常发生，越来越美好！

在此值得一提的是，我的研究生王丽帮助校读了本书第 6 ～ 8 天的相关内容，在此深表感谢。我还要感谢一直以来鼎力支持我的丈夫于志远和儿子于淼。他们永远是我努力工作和生活的动力，是我顺利完成此书翻译任务的精神支柱。

还要感谢此书的策划编辑王彦君女士，我们之间的沟通与合作既流畅又愉快，因为彦君编辑的热情与认真付出，因为彦君编辑的敬业与责任精神，此书才得以顺利出版。

一切感谢之心、感激之情皆因本书而起！

陶志琼

宁波大学教师教育学院教授

2025 年 3 月 11 日于宁波大学教授 4 号楼 407 室

# 第 3 版前言

自 2004 年《叛逆不是孩子的错》第 1 版出版以来，书中所介绍的冷静、坚定且非控制的方法，经历住了时间的考验，始终备受全球各类读者的青睐。全球读者的积极反馈，以及我在咨询工作中从不同年龄段孩子及其家长那里获得的反馈，都为我带来了许多温暖人心的故事：家庭冲突减少，相互理解增加，合作行为增多，情绪化反应减少。我的使命依旧是帮助家长和孩子的关系更加亲密，增进彼此的同理心，减少具有破坏性且徒劳无功的权力之争。同理心能引导我们进行心平气和的建设性对话，从而提升儿童和青少年静下心来解决所面临挑战的能力。我依旧支持运用有效的后果引导法，帮助孩子学会更恰当地为人处事。然而，能够与任何年龄段的孩子进行心平气和的建设性对话，很可能是帮助他们以及你自己从错误中学习和成长的最有效方式。毕竟，正如我在前两版中所分享的那样，"管教"（discipline）一词源于"门徒"（disciple），意味着引导和教导。

《叛逆不是孩子的错》第 2 版为家长提供了更多的训练内容与策

略，帮助他们将自己视为孩子的情绪教练。家长越把自己当作情绪教练，就越不会因儿童和青少年的叛逆行为而产生个人情绪。第2版进一步增添了家长如何运用冷静、坚定且非控制的方法来管理与孩子的短信互动，避免为减少孩子屏幕使用时间而出现的冲突。

第3版在前面两版行之有效的策略基础上进行了拓展，提供了更为丰富的案例，使冷静、坚定且非控制的策略能更广泛地应用于各个年龄段的孩子。虽然这个为期10天的计划最初旨在帮助4～18岁孩子的家长，但许多育有20多岁、30多岁和40多岁成年子女的家长也发现，这本书帮助他们打破了长达数十年的沟通障碍、权力之争和僵持状态。近20年来，《叛逆不是孩子的错》收到了来自全球读者的温暖人心的反馈，我作为一名专注于叛逆孩子及其家庭研究的心理学家不断积累着相关经验，这些都表明了这本书为各年龄段叛逆孩子的家长提供了易于理解且极具影响力的策略。从2岁到42岁孩子的家长，在运用这个10天计划中提出的策略后，都表示孩子变得更加冷静，也更容易管教了。

我依旧建议你用10天时间阅读并实践书中提供的方法和策略。许多家长反馈，即便仅使用该计划几天，孩子的叛逆行为也会显著减少。当你学习一系列极为重要的技能，并看到最新的实用案例时，请谨记——这个计划更多的是一种思维模式，而非某种操作手册。这种思维模式的核心在于：基于同理心的指引，来管理你自己和孩子的情绪反应；将自己视为孩子的情绪教练，减少作为家长被冒犯的感觉；强化积极的改变（比如孩子变得更为灵活，情绪平复得更快）。

自前两版出版以来，我们的世界发生了诸多变化。人们对情绪健康的广泛关注和迫切需要达到了前所未有的程度，《叛逆不是孩子的错》第3版应运而生。鉴于我们的生活节奏日益加快，我们备感压力也就不足为奇。在这个日常焦虑与日俱增的时代里，10天计划的这个最新版本收纳了关于育儿和应对叛逆行为的最新案例与观点。

这些变化的来源包括：社会对电子屏幕的沉浸程度不断加深；经历新冠疫情；主观感受到的压力达到历史新高，尤其是在儿童和青少年群体中；与气候变化相关的其他问题持续构成威胁；社会和校园暴力；在各种家庭环境中，不同人群对共同生活和价值观的需求日益增长且变得尤为重要；教育和工作环境的变化，在线参与的选择越来越多。

社交媒体继续在扭曲自我期望和自尊心。儿童和青少年也承受着巨大的社会压力。他们直接告诉我，在社交媒体和"病毒式谣言"（viral rumor）充斥的世界里，他们感到焦虑、悲伤和沮丧，这些谣言很容易引发恶意甚至残忍的行为。由于大脑尚未完全成熟，缺乏更强的冲动控制能力和更为可靠的判断力，儿童和青少年难以意识到负面的数字通信和网络帖子可能会永远留存，并可能产生长期的影响。

在学业方面，我看到许多儿童和青少年认为，他们未来的成功完全取决于排得满满的繁重课程和参与的多项课外活动。到了高中，学生一周每天通常要上7个小时的课，要参加2个小时或更长时间学校组织的体育活动或其他活动，每晚要花3~5小时做家庭作业。许多家长和学生认为，这种日程安排对于实现进入顶尖大学的最终目标是必要的，而进入顶尖大学又被认为能确保学生成长为健康、独立的成年人，取得人生的成功。

《叛逆不是孩子的错》继续专注于帮助家长应对各个年龄段孩子的棘手行为，帮助其顺利渡过难关。用弗雷德里克·道格拉斯的话来说就是："塑造一个孩子比重塑一个成年人更为容易。"这显然与冷静、坚定且非控制的方法是相契合的。同样重要的是，以同理心引导还有助于修复家长与成年子女紧张甚至破裂的关系。

作为家长，请务必记住，人类大脑直到25岁左右才会完全达到成熟状态。没错，有时候你的小小孩、青少年或年轻的成年子女可能会叛逆，但有的时候他们只是表现出符合其年龄阶段的行为而已！年龄特点并不是缺点，作为家长，我们在承受重重压力的情况之下，是不是很容易忘记这一点呢？

请记住，进行心平气和的建设性对话，远比让情绪左右我们更能让我们达到更好的状态。这就是《叛逆不是孩子的错》始终坚持的信念！为了强调情绪轻松的重要性，最新的第3版在书的最后部分新增了一章，提供了一些充满趣味的合作游戏，适合你与任何年龄段的孩子一起进行游戏，以全新的方式促进自我探索和分享。

# 第 2 版前言

我撰写的《叛逆不是孩子的错》帮助了那些像你一样的父母，使他们从与充满挑衅和对抗的孩子之间的破坏性的、毫无结果的权力之争中解脱出来。本书一直非常畅销，我对此深表感激。《叛逆不是孩子的错》如此深受欢迎，促使我与时俱进地进行修订并更新相应内容，以满足新一代读者的需求。从本书的第 1 版出版以来已有 10 个年头，儿童、青少年及其父母在如此快速发展的社会里面临着越来越复杂的挑战：网络、新技术、电子游戏和社交媒体的影响越来越大。我对本书第 1 版的所有章节进行了梳理，对这 10 天计划进行了相应的内容修订，以更好地满足因时代变化带来的父母、监护人、儿童和青少年的新需要。

这本书起源于我在咨询实践中遭遇的情感痛苦和成功经历。我开发的 10 天计划是建立在我本人 25 年的咨询经验的基础上的。我作为儿童和家庭心理咨询师，与难以管教的孩子打了 25 年的交道，这些孩子轻则固执，重则极度叛逆！自从 10 年前第 1 版出版以来，我非常自豪且感激的是，来自世界各地的读者纷纷向我讲述，他们运用10天计划带来的成功故事。他们提供的宝贵反馈强有力地说明了这个计划真的卓有成效！他们说这个计划提供了快捷的、人性化的、高度有效的方式来减少甚至消除他们与叛逆孩子之间的权力之争，而且改善了他们与叛逆孩子之间的亲子关系。阅读过本书的父母和监护人会发现，如何改变他们自己的行为是至关重要的。他们目睹了自己行为的改变使叛逆孩子的叛逆行为得到了很大改变，而且孩子的行为举止变得越来越好了。

在分享本书第2版相较前一版的更多变化之前，我想要透露一些个人信息：之所以产生写这本书的灵感，不仅来自我作为儿童和家庭心理咨询师的丰富经验，更源于我自己为人父母的感同身受。

在写《叛逆不是孩子的错》第1版之前，我对我的孩子们总是反应过度，总会大吼大叫。颇具讽刺意味的是，众多孩子和家庭通过我的咨询实践，生活变得越来越好时，我自己却依然陷在大吼大叫的陷阱中不能自拔。我最终改变了自己的思维定式和对孩子的反应方式，我的转折点来自我的大女儿阿莉莎。那时候她9岁，她对我说："爸爸，你有愤怒的问题，你根本不知道如何对待你的孩子。"

我意识到阿莉莎说的是对的。我谦恭地学会了如何处理自己的情绪。我知道处理好我自己的情绪问题，对于处理好孩子们的问题是至关重要的。我的改变非常明显，从一个反应强烈的父亲转变成了冷静、坚定且非控制的父亲。但我并未能一直坚持走在完美父母之路上，我时不时会复发大吼大叫的毛病。这个10天计划还会帮助你成为更好的父母，你也会学到如何在应对叛逆孩子方面做出改变，帮助孩子去处理自己的行为。

10 天计划的核心就是冷静、坚定且非控制的方法，它是贯穿本书的理念。我在第 1 版中，把这种冷静、坚定且非控制的方法贯穿在了整个 10 天计划之中。在第 1 版中我发现，当我指导父母与叛逆孩子打交道时，父母自身要成为"情绪教练"（emotion coach），这样做有助于他们变得更冷静，不会像一般父母那样过于带着个人偏见去看孩子的问题。有益的练习和策略包括正念方法（mindfulness approach）、认知行为疗法（cognitive behavioral therapy，CBT）和辩证行为疗法（dialectical behavior therapy，DBT），它们在最近的真实生活事例中得到了运用。

我提供的案例都是亲身实践过的，父母非常容易根据我提供的最新的有效方法，即冷静、坚定且非控制的方法进行操作，教你自己和孩子如何走出持续不断的冲突。我在 10 天计划中增加了一些新的案例，以解决当今家长越来越多地面临的与媒体和屏幕设备相关的压力和担忧。青少年尤其容易沉迷于社交媒体，而社交媒体可能成为欺凌的平台。青少年在社交媒体上渴望被"喜欢"（即受欢迎）的压力，会降低他们的自尊心。

我也增加了最新的对立违抗性障碍（oppositional defiant disorder，ODD）的诊断标准，它是美国精神医学学会修订的《精神障碍诊断与统计手册（第五版）》（*Diagnostic and Statistical Manual of Mental Disorders*，DSM-5）中提出的。《叛逆不是孩子的错》第 2 版将在相关章节融入这些新的描述性标准，并在全书中辅以实例说明。第 2 版也提供了注意缺陷多动障碍诊断标准的修订版本。我的目标是，在引用诊断标准和探讨心理健康状况时，避免过多心理学专业术语，让全书保持通俗易懂。

在第2版中，每一天都以小结结束，以使读者印象更为深刻，增加执行力，并以下一天的准备步骤作为承上启下的过渡。这些设计用来帮助读者在参与10天计划的过程中，消化并整合所学习的知识和技能。所有章节都做了与时俱进的更新，修订最多的要数下面几章了。

第3天"避免掉入大喊大叫的陷阱"，标题改为了"在大喊大叫陷阱边上学做情绪教练"。本章阐述了大喊大叫对孩子自尊产生的影响，提出了一些新策略来帮助父母管理他们的情绪冲动，并提供了备选策略。本章讨论了短信交流和通过电子媒体大喊大叫的新应对策略，还讨论了与本章新标题相一致的概念：成为孩子的情绪教练。我还引介了日益重要的自我关怀的概念，并为父母提供了运用这个有价值的工具来管理叛逆孩子的方法。

第4天"避免权力争夺"，标题改为了"超越权力之争"。其中包括父母如何面对一些不可避免的、不容易处理的亲子冲突的知识。本章继续阐述了10天计划的关键内容：冷静、坚定且非控制的方法。本章扩充最多的内容是进一步帮助父母管理他们孩子的媒体和屏幕使用时间，也讨论了技术不断进步带来的挑战和压力及其对孩子产生的影响。

这一章还讨论了家长可能限制或没收孩子屏幕设备的问题。但由于儿童和青少年在学校和日常生活中需要使用电子媒体，长期采取这些措施可能会很困难。我根据对来咨询的父母和孩子的观察以及读者的反馈，提出了新的、有效的策略，以帮助减少这些冲突。

通过建立情感安全的支持性沟通模式，父母可以与孩子共同探讨如何应对数字科技带来的压力和诱惑，例如在线即时通信、社交媒体和电子游戏等。

第6天"依靠纪律约束"的标题更名为"纪律约束并非让人绝望"，具体内容也做了大量的修改，强调父母在教导和激励他们的叛逆孩子减少叛逆、做出更恰当的行为选择时，要把重点放在管理自己的想法和感受上面。我继而发现，处于挣扎中的父母对惩罚（提供的是负面结果）和管教（教孩子如何做出更好的选择）的概念有所混淆。在激烈的争吵中，父母很难放弃使用惩罚，即使它们根本不起作用。这一章解释了为何叛逆孩子的父母会发现，严厉惩罚的后果会使孩子的行为更糟糕。在此提供的不仅有父母通过有效管教应对叛逆孩子的新方法，还有父母在这个过程中处理自己强烈情绪的新方法。在帮助父母发出强有力的声音并且让孩子听得进去方面，冷静、坚定且非控制的方法依旧是关键因素，尤其是当孩子沉浸在网络世界时，这个方法特别管用。

我也拓展了第10天"从长远减少叛逆行为"的内容，新增了一套视觉化与书写相结合的练习，该练习提供了一种可以一直取得积极进步的方法。

最后，我拓展了附录部分，具体情况如下：

附录1提供了一个父母使用指南"判断孩子是否需要专业性的帮助"，这个指南是为那些孩子有心理健康问题而且已超出了本书10天计划范围的父母而设计的。

附录2为教师提供如何应对叛逆学生的指南。自《叛逆不是孩子的错》首次出版以来，我为教师和其他学校工作人员提供了许多培训。他们反馈说，将这个10天计划中的策略应用于处理难以管教的学生时，产生了积极的影响。

不管你已是第1版的老读者，还是第2版的新读者，我都要鼓励你保持一颗学习之心。如果你实实在在地遵照这个计划执行，你将会远离控制，你将会与孩子建立起更加理想的亲子关系，孩子的叛逆行为将会变得越来越少。

第 1 版前言

# 做父母，怎么和我想的不一样

你一定知道，为人父母并非一件容易的事情，但为人父母也绝非你所认为的那样，如同一场摆脱不掉的噩梦。你很有可能正在阅读此书，因为你已被自己的孩子折腾得筋疲力尽、束手无策了。你的孩子非常叛逆，让你没有回旋的余地。你的孩子甚至连最为简单的要求也会拒绝执行。他非常情绪化、十分固执、爱走极端、粗鲁无礼、对人一点儿也不尊重……虽然他并非每次都如此，但大多数情况下会如此表现。他不只是质疑你的权威，事实上，他还认为与你具有同样的权威性。我们表达得更为清楚一些就是：所有父母在应对那些时不时向自己挑战的孩子时，总会感到力不从心，难以处理妥当。叛逆的孩子可以说是在全新的水平上给你带来了挑战。你极有可能已花了不少时间想要弄清楚：是什么使自己的孩子如此易发脾气、易生气？孩子如此大的怒气到底来自哪里？是什么让他一触即发而表现出如此恶劣的态度和行为呢？你可能已经观察到了：这些叛逆行为已经严重影响到了孩子的学习，影响到了孩子对学校生活的适应，影响到了孩子的校外兴趣爱好，影响到了孩子的人际关系。你甚至非常惊讶，孩子到底为什么会对一切都要持否定的态度呢？孩子真的会认为你、老师和朋友都对他非常不公平吗？我敢打赌，你已经尝试过各种各样的策略方法，但仍然不能解决任何问题。你已感觉精疲力竭了，你对寻求解决之道以恢复正常的家庭生活似乎产生了绝望。

如果这些听起来非常耳熟，恐怕你也正处于同样的境况。在过去的 25 年里，我已经和 2000 多个与叛逆孩子"斗智斗勇"的家庭打过交道。在那段时间里，我获得了许多重要的、有价值的思想见解，用以帮助叛逆的孩子，帮助垂头丧气的父母，帮助如履薄冰、如临深渊的家庭。就我个人而言，作为 3 个已长大成人的孩子的父母，我也从中学到了许多。

我强烈推荐你把《叛逆不是孩子的错》作为阅读首选。你会发现，本书提供了许多富有感染力且卓有成效的策略和方法，它们可以帮助你最大限度地减少孩子的叛逆行为。你将会了解到：孩子为什么会表现出如此的叛逆行为？孩子的叛逆行为为什么会对家庭产生如此大的破坏力？你将学会循序渐进地减少孩子的叛逆行为，润物细无声般地改善亲子关系。我将会为你提供种种方法与实际练习，以此帮助你评估自己的行为，然后用更具建设性的方式来回应孩子的叛逆行为。许多来我这里咨询的父母都实现了这些目标，我相信你也一定会实现这些目标的。请注意：我的 10 天计划是为 4 ～ 18 岁的孩子设计的。本书出版以来，我已从读者、幼儿父母以及成年孩子的父母那里获得了反馈信息，他们从 10 天计划中受益匪浅。而且，那些只是有点儿固执但并未达到叛逆程度的孩子的父母也反馈说，他们为了消除为人父母一般都会有的焦虑感，也从此书中获得了有价值的启发。出于此种目的考虑，我在本书中用的"孩子"这个称谓，包括所有 4 ~ 18 岁的孩子。来我这里咨询的许多个案都在书中有所涉及，出于保护个人隐私的缘故，我把所有的名字和可以识别的个人信息都做了技术性的处理。

### 叛逆孩子易怒、难以相处且心思复杂

叛逆孩子挣扎的痛苦会以不同的方式在其生活的各个方面表现出来，但他们的叛逆表现具有这样一些共同特点：非常爱发脾气，容易喜怒无常，几乎总是拒绝做任何要求他们做的事情。我所看到的叛逆孩子的最大问题是：他们不愿意接受成人的权威，他们的表现常常会让同伴觉得"怪异"或"不可理解"。叛逆孩子面临的最为根本的问题就是，他们的人际关系受到了严峻的挑战。父母常常会听到叛逆孩子气愤不已地大吼大叫："你们对我太不公平了"或"我为什么总是你们惩罚的对象呢"。事实上，叛逆孩子的反抗行为在家里比在其他任何地方都表现得要厉害。叛逆孩子的老师可能会听到他们诸如此类的评论："这门课真是太愚蠢可笑、太枯燥无味了"或"这次考试不公平"。这些孩子的朋友可能会听到这样一些话："你真是个大笨蛋"或"你们为什么总是排斥我"。

我的这个 10 天计划的核心思想是，学会以全新的方式理解孩子的叛逆行为。我能够意识到，你可能已经尝试了所有能想到的方法去改善孩子的困境，并让其问题行为得到纠正。你使用的这些方法可能是：暂时不理睬他，列出改进时间表、奖励表和温馨小贴士（但

极有可能以无果而告终）。这些方法要么太软柔无力，要么太生硬缺乏人情味，对叛逆孩子根本不起作用，因为他们缺乏成熟的情感情绪控制能力，他们没有办法理智地处理挫折问题，不能从错误中汲取教训。你需要运用完全不同的方法才可能有效。一旦真正理解了你的叛逆孩子，学会了不要把孩子所说的一切视为针对个人的冒犯，你就会更加容易地处理他们的问题。

其实，叛逆孩子并不是在所有时间里都会叛逆，这也是让父母特别想不明白的地方。受叛逆折磨的孩子在没有表现出叛逆行为时，会乐意与人合作，就像小甜心似的。在许多关于叛逆孩子的案例中，这些孩子随时可能变成让父母完全没有办法应对的样子。情绪容易紧张的父母一旦面对叛逆孩子，就会觉得这样的孩子真是太折磨人了，真是让自己身心俱疲。

### 需要警醒的方面

如果你的孩子存在这样一些行为，如对人或动物产生攻击行为，对物品出现摧毁的倾向，或存在违反法律法规的问题，那么我就要建议你去寻求受过良好心理健康专业训练的专业人士的帮助了。这些显然已是比较严重的品行障碍（conduct disorder，CD）的症状，已经不是比较容易处理的一般叛逆行为了。有品行障碍的孩子往往比较暴力、残忍，某些极端的孩子甚至可能会使用武器。他们可能会纵火烧毁财物，会频繁地触犯法律法规，会离家出走，会夜不归宿等。在我的这个 10 天计划中所提到的应对策略与技巧，对这样的孩子可能有些帮助，但对于需要更多关注的问题孩子，本书提供的只是有益的建议而已。

你的孩子是否也表现出了更为严重的心理问题的征兆，如焦虑不安或沮丧至极？如果有，我也建议你去寻求心理健康专业人士的治疗。在一些案例中，如果出现了比较严重的情绪沮丧问题，比较恰当的应对方式可能是咨询与药物治疗相结合。在一般情况下，本书中提到的策略是较好的备选方案，用来帮助你的孩子走向成功的人生。

### 你并不孤独

作为叛逆孩子的父母或监护人，你完全有理由阅读本书，因为你十分渴望恢复生活的宁静，拥有健康的生活。你也许觉察到了自己思考问题的方式：难道为人父母就不该拥有温柔甜蜜和难以忘怀的记忆？我所做的每顿饭，我所洗的每件衣服，我花钱为孩子买的衣服、玩具，我带他们参加活动，我为孩子和朋友进城当司机……我所做的这一切都换来了什么？为什么别人家看起来都过得如此轻松愉快？

我完全能够理解，你所感受到的伤害、挫折、迷茫是如此之深，所以你想把一切都理出个头绪来。其实，你完全有权利这么想。然而你必须要知道：在应对叛逆孩子的道路上，你并非在孤军奋战。事实上，有无数父母与你一样，虽然看起来他们的家庭非常"幸福美满"，但也可能正行走在应对叛逆孩子的泥泞之路上。

### "10 个生活改变日"摆在了你面前

这 10 天计划，对你和你的叛逆孩子来说，是事情朝好的方向变化的开端。当然，我要强调的是，在 10 天结束时，为了减少孩子的叛逆行为或彻底根除其叛逆行为，你必须一直坚持使用本书总结出来的这些策略和原则。当然，不可能在一天时间里，你和孩子就会对每个新的步骤及规则变得习以为常。因此，你必须要保持足够的耐心，你需要坚持不懈、持之以恒。我的计划分为 10 个步骤，在每一个步骤中，你都会学到有效减少孩子叛逆行为的策略，这些策略是相互联系且相辅相成的。

我会向你展示如何减少孩子的叛逆行为，让其步入更为健康的生活轨道。如果你能坚持一个步骤一个步骤地遵照执行，那么我的 10 天计划一定会对你发挥有效作用。在开始阶段，你可能会遭到孩子的拒绝，但千万不能放弃。在改变孩子叛逆行为的过程中，你会遭受到拒斥，甚至孩子的叛逆行为会有反复，这都是很正常的事情。你要努力保持积极阳光的心态，要把眼光一直放在向好的方面转化的大方向上。坚持使用本书提供的策略，也是你需要努力做到的事情。如果你做到了这一点，那么就一定会取得预期的效果。

## 换种方式对待你的叛逆孩子

我知道，要求你按照本书的一切要求采取行动，对你来说也许并不是一件容易的事情。在每一天的计划里，我都要求你使用和过去完全不同的方式来应对你的叛逆孩子。我要求你放弃自己的陈旧思想和过度的反应方式。虽然你可能已经感觉到了，我的建议是在要求你放弃自己的权力和控制，但是我敢向你保证，事实并不是你感觉到的那样。当你完成了这个 10 天计划的时候，就会明白这一点，你将会获得比你曾经想过的更多的掌控权。

## 怎样从本书中得到最大收获

事实上，不管你是否在 10 天里读完了本书，我都会建议你按部就班地、连贯地阅读此书。你最好每天早上阅读一天的内容，然后在这一整天里按本天所提出的策略来操作。当然，你不可能马上就把每个策略都用上，因为我提出的策略非常多。你在掌握一些目前有效的策略之后，就可以不断地把其他策略增加进去加以使用。如果你已选择在连续的 10 天里读完此书，那么我要提醒你的是，为了强化你已经学会的技能和策略，为了尝试一些新的方法，你随时需要反复地重读此书。如果你希望花较长时间对每一天所提出的策略尽可能多地掌握之后，再开始下一天的内容，这样做也是非常不错的选择。你的目标是完成整个计划，从而能够直接运用，如果有必要，你可以时时加以回顾。

请给予充分的时间，从而能让你和孩子适应你使用的新方法。苟日新，日日新，你坚持做出改变，这一点非常重要。与我在咨询工作中打过交道的许多父母，在 10 天里看到了他们叛逆孩子的可喜变化。但你必须记住，这是一个循序渐进的过程。你需要在很长一段时间里坚持使用这些策略。这 10 天对你来说仅仅是个开始。你不妨这样来思考：你对我提出的策略运用得越多，孩子将会越少出现叛逆。

我建议你对你和孩子的积极改变进行记录。这个记录不一定非常正式或非常详细。任何记录你应对叛逆孩子的积极突破与成功的形式，都会有帮助。我希望你在这次重要的人生之旅中幸运多多、愉快多多、收获多多！

**1**

第 1 天

# 理解孩子行为叛逆的原因

你将了解到，你的育儿方式是如何影响孩子的叛逆程度的。这种影响可能是积极的，也可能是消极的。

为了帮助孩子减少叛逆行为，你首先必须理解他们为什么会这样做。今天，你将了解到孩子出现叛逆行为存在着什么样的动机。你还会发现，你的育儿方式是如何影响孩子的叛逆程度的。这种影响可能是积极的，也可能是消极的。育儿并非与生俱来的技能，而是需要通过后天学习才能养成的一系列技能。父母要引导叛逆的孩子在人生道路上走向更好的方向，当然还需要更为专业的技巧。

然而，比拥有强大有效的育儿技能更重要的是，要具备一种既支持孩子又能产生积极影响的育儿心态。如果你一心想着必须要和叛逆的儿童或青少年"打赢这场战争"，那么世界上所有的育儿技能都帮不了你。健康、平衡的心态能让你更明智地育儿，而不是一味地蛮干。我见过许多自认为聪明的家长，因为与叛逆孩子进行毫无意义的对抗而倍感疲惫。

你极有可能情绪激动地应对你的叛逆孩子，随后就感觉处于绝望和精疲力竭的状态，最后落得个悲惨命运。因为这种惩罚措施开始看起来很有效果，但很快就会失效或者根本就不起作用了。正如你将看到的，本书中描述的冷静、坚定且非控制的方法，能够培养出成功管教叛逆孩子所必需的共情能力与关怀意识。这将帮助到你的孩子，也会帮助到你自己，避免过于情绪化的反应，而情绪化的反应会激发叛逆的行为。在育儿方式上保持冷静、坚定且非控制的态度，对于让你所学到的所有技能技巧发挥作用十分关键。

## 这并非一个阶段性的问题

儿童时期、青少年时期甚至成人时期，都有可能出现各种各样的人生窘境。但是，如果你被动地等待孩子自动走出叛逆的窘境，可能会让问题变得更加糟糕，而且叛逆的问题根本就没有得到解决。帮助我们的孩子学会表现恰当的行为，是我们为人父母的天职。千万不要让孩子为其糟糕的行为寻找任何借口。我们可以通过榜样角色的示范、耐心的教育和引导，让孩子形成牢固正确的价值观。在必要的时候，我们要对孩子的行为给予恰当的前因后果的反馈，久而久之，这会让孩子明白自己要对行为负责。对于那些反应更强烈、防备心更强的叛逆孩子，你将在第6天学习如何给予有效的后果反馈，帮助他们增强责任感。他们会明白不良行为是会有后果的，比如要收拾自己弄乱的地方，进行适当的"面壁"惩罚（年龄合适的话），或者早点儿上床睡觉。你在第6天进一步了解到的，运用后果反馈法来应对叛逆的孩子时，你需要慎之又慎，一定要三思而后行。有效的后果反馈旨在帮助孩子学会承担责任，而不是制造一种对抗性的局面，导致孩子日后产生更多的叛逆行为。

## 叛逆的根源

在学校或与朋友在一起的时候，乔乔表现得像个完全正常的10岁男孩，各方面都非常优秀，而且很讨人喜欢。可是，他在家里的表现却判若两人。乔乔在家简直是无法无天，表现得没有任何规则意识。虽然乔乔没有严重的对抗行为，但总是说脏话咒骂父母，总是会让兄弟姐妹不得安宁。乔乔总是会忘掉要做家务事，就连最起码的家务活也不愿意干。乔乔和父母只要一交流，就会发生一连串的争吵。他的行为让自己和父母都很生气，彼此都感觉筋疲力尽和神经紧张。

虽然过去几年里，乔乔父母的婚姻一直比较稳固，可是近来却常常因为乔乔而发生争执。双方都指责是对方造成了儿子桀骜不驯的性格。他们已经厌倦了听取朋友出于好意的建议：这些朋友认为必须对乔乔采取强硬的措施，才能让他的行为"回到正常轨道"。

"希希看我的时候好像她非常憎恨我。"希希的妈妈非常沮丧，她是个单亲妈妈。希希在上六年级之前一直是学习很优秀的学生。现在，14岁的希希上八年级了，变得一点儿也不听话了，真是让妈妈操碎了心。希希不停地缠着妈妈带她去见男朋友。她觉得男朋友是唯一能让她感到安心的人，还能让她躲开社交媒体上那些说她长得丑的恶毒评论。她威胁妈妈，如果妈妈不答应，她就会让妈妈的日子不好过。

当希希和妈妈来到我这里咨询时，她们讲述了发生在她们之间的一系列激烈争吵的事情，双方都充满了极大的敌对情绪。希希的老师也注意到她变得越来越叛逆了。希希开始逃课，还拒绝完成老师布置的家庭作业。

黎父打电话向我咨询他27岁儿子小黎的问题。小黎愤怒地提起过去被送去私立学校和夏令营的经历，用他的话说，他"极其讨厌"那些经历。黎父感到既沮丧又无助，不知道该说什么才能让小黎不再没完没了地抱怨这些发生在过去至今仍未解决的烦心事。

上面的事例比较典型，也是父母带孩子来我这里咨询的常见原因。家里爆发激烈争吵（通常只是众多类似争吵中的一次），或者出现了无声的不断加剧的紧张气氛，家长便会决定寻求帮助。还有些家长联系我，为自己寻求咨询，希望依据这个10天计划的内容获得指导。

　　没有人能够确切说出是什么原因引发了孩子的叛逆行为。部分可能是通过基因遗传的，也可能是由大脑化学问题所导致的。在家里，父母怎样应对孩子的行为以及怎样约束孩子的行为，在叛逆行为的发展过程中也起着重要作用。事实上，许多孩子，特别是在处于疲倦、饥饿或不安状态时，很容易出现不听话、爱争吵和违抗权威的行为。我的一位青少年来访者风趣地用"饿怒"（hangry）来形容自己。这个词是我从她那里学到的，《城市词典》对"饿怒"的解释是："当你极度饥饿时，因缺乏食物而变得愤怒、沮丧，或者两种情绪都会有。"

　　随着年龄的增长，许多孩子会逐渐成熟，学会用符合社会规范的方式来满足自己的需求。但是叛逆孩子却会采取不恰当的方式，会变得蛮横不讲理，偏要反其道而行之，难以管教。当然，导致这种叛逆行为的潜在因素可能是因以下担忧而产生的自卑感：

- 被同龄人排斥。
- 学习问题。
- 与父母的关系问题。
- 创伤经历，如性虐待。
- 对自身形象的担忧。
- 健康状况。
- 兄弟姐妹间的冲突。
- 认为叛逆"很酷"。

- 日程安排过满。

- 屏幕使用时间和娱乐活动与学业任务相冲突。

- 通过社交媒体互动进行不恰当的自我比较，导致自尊心受挫。

无论孩子出现叛逆行为的根源是什么，叛逆孩子的破坏性行为和惹人讨厌的表现并非偶然。这不是一个阶段性的问题，不会一夜之间就消失不见。你的孩子表现叛逆，其实是在试图激怒你。他们这么做并非因为本性恶劣，尽管有时你可能会这么想。孩子之所以有这样的行为，是因为他们不知道如何处理自己内心复杂的想法和情绪。这是理解孩子叛逆行为的关键，在与他们相处时，你一定要牢记这一点。

你可能很清楚，传统的管教策略对叛逆的孩子根本不起作用。叛逆的孩子可能从小就拒绝接受"面壁"惩罚，还声称不在乎被剥夺特权。这就为孩子和父母之间日益加剧的挫败感和冲突埋下了伏笔。当大人采取体罚措施时，叛逆的孩子常常会巧妙地扭转局面，把焦点转移到父母的行为上。他们会说"你是史上最差劲的父母！"或者"我要举报你虐待儿童"之类的话，以此逃避对自己的错误行为承担责任。这听起来很荒唐，但叛逆的孩子真的会认为自己和成年人是平等的。许多恼怒的家长告诉我，他们曾试图把叛逆的孩子关在卧室里，结果孩子却毁坏自己的物品，甚至翻窗逃走。

## 你的孩子可能患有对立违抗性障碍

所有孩子都会时不时表现出叛逆行为，但你的孩子也有可能患有一种叫作对立违抗性障碍（oppositional defiant disorder，ODD）的疾病。家长们不要被"对立违抗性障碍"这个术语吓倒，它听起来可能有些可怕和专业。对立违抗性障碍的症状包括：长期易怒、把错误归咎于他人、敏感易激惹以及怀有报复心。如果你的孩子有对立违抗性障碍，他肯定会做这样一些事，比如说，顶嘴，拒绝做家务，说脏话，会说"你不能强迫我"或"你从来都不公平"之类的话，并且这些行为至少持续 6 个月。换句话说，患有对立违抗性障碍的孩子总是会表现出叛逆的行为，不只是偶尔违反规则。《精神障碍诊断与统计手册（第五版）》（*Diagnostic and Statistical Manual of Mental Disorders*，*DSM-5*）列出了被诊断为对立违抗性障碍的孩子会表现出的 3 类行为。

- **易怒 / 易激惹的情绪**

  经常发脾气。

  经常敏感或容易被他人惹恼。

  经常生气和充满怨恨。

- **好争辩 / 违抗的行为**

  经常与权威人物争论，对于儿童和青少年来说，就是经常与成年人争论。

  经常主动违抗或拒绝服从权威人物的要求或规则。

  经常故意惹恼他人。

  经常把自己的错误或不当行为归咎于他人。

- **报复心**

  在过去 6 个月内至少有 2 次表现出恶意或报复行为。

如你所见，上述列出的对立违抗性障碍的 8 项诊断症状分为易怒 / 易激惹的情绪、好争辩 / 违抗的行为和报复心这 3 类，这反映出这种障碍包含情绪和行为两方面的症状。儿童和青少年需要至少出现 4 项及以上症状，且持续至少 6 个月，才能符合对立违抗性障碍的诊断标准。诊断标准还强调，这些行为超出了孩子发展年龄的正常范围，并且包含了严重程度的说明。此外，患有对立违抗性障碍的孩子也可能同时被诊断出患有品行障碍（这是前言中描述的一种更极端的对立违抗性障碍形式）。要获得对立违抗性障碍的正式诊断，症状必须每周出现不止一次，这样才能将对立违抗性障碍诊断与发育中儿童和青少年的常见症状区分开来。《精神障碍诊断与统计手册（第五版）》也反映了研究结果，即症状在不同环境（如家庭和学校）中的普遍程度是衡量严重程度的重要指标。

重要的是要意识到，即使你的孩子仅表现出上述列表中的一两种行为，或者这些行为并不频繁，你仍然需要学习如何防止情况恶化。"一分预防胜过十分治疗"这句话，用在养育叛逆孩子这件事上真是一条至理名言。我曾为许多符合对立违抗性障碍诊断标准的孩子提供咨询，也接触过大量虽有叛逆行为但未达到诊断标准的孩子。任何程度叛逆的孩子，都可能给他们自己、家庭以及周围的人带来大麻烦。本书中的策略适用于所有年龄段的叛逆孩子，无论他们是否患有对立违抗性障碍。如果你遵循我的 10 天计划，无论你面对的孩子叛逆程度如何，都能显著减轻。这个计划是基于我与前来咨询的叛逆孩子及其家庭的工作经验制定的。为了表述清晰，从现在起，我将用"叛逆孩子"（defiant child）这个术语来指代患有对立违抗性障碍的孩子，以及那些有叛逆行为但不符合对立违抗性障碍诊断标准的孩子。

# 我的孩子有多叛逆

下述列表描述了孩子叛逆行为的 8 个方面。为了确切了解你的孩子到底有多叛逆，仔细想一想，我在此列出的这些叛逆行为当中，哪些已在你的孩子身上出现过，它们产生的影响程度如何。在每句话左边的括号里，选填 1 ~ 5 之间的某个数字，对孩子行为的影响程度进行评分，1 分表示最轻微，5 分表示最严重。

（　　）我的孩子经常发脾气。

（　　）我的孩子经常和成年人发生争吵。

（　　）我的孩子公然违抗或拒绝听从成年人的要求或规则。

（　　）我的孩子故意惹恼他人。

（　　）我的孩子把自己的行为归咎于他人。

（　　）我的孩子很敏感，容易被他人惹恼。

（　　）我的孩子充满愤怒和怨恨。

（　　）我的孩子经常怀恨在心或总想报复。

仔细看一看你给自己孩子行为的评分，从中应该能清楚地了解哪些叛逆行为带来的问题最大。现在，问一问自己下面这些问题。

- 这些行为是什么时候开始的？
- 这些行为在什么场合下会发生？
- 我的孩子过去有没有发生过什么负面事件，可能对现在出现的这些行为产生了影响？
- 有没有什么方法曾经帮助我应对过这样的行为？
- 我通常是如何应对这些行为的？

如果你还不能回答所有这些问题，也不要焦虑，不要着急，不要担心。你现在的目标是开始思考孩子所面临的挑战是什么，你将如何应对这些挑战。

## 你并不是在孤军作战

大多数家有叛逆孩子的父母都会深感孤立无援，仿佛自己是这个世界上唯一在遭受这个难题困扰的人。但我可以向你保证，你并不孤单，成千上万的父母与你的处境一样。令人遗憾的是，社交媒体上无数的图片塑造出了"完美父母"和"完美家庭"的形象，充斥在我们的社会中。不幸的是，许多这样的"完美父母"在发现自己的"完美孩子"变得难以管教时，往往会陷入恐慌。就像我对所有来访者所说的那样，世上没有十全十美的人。外表往往具有欺骗性，你不能拿自己的家庭和别人的家庭进行比较，否则会把自己逼疯的。千人千面，千家千象，你需要勇敢面对自家孩子的情形。

大多数人在自己的孩子变得叛逆之前，对叛逆孩子的问题一无所知。我曾接触过一位12岁男孩的母亲，她和我分享了这样的经历：

> 几年前，我在教堂外看到一对母子在争吵。男孩明确地告诉母亲，他不想进去做礼拜。看到那个男孩最后坐在外面的大厅里，他的父母还得轮流来看着他，我感到很震惊。我看着自己4岁的儿子奇奇，心里十分庆幸他永远不会像大厅里那个男孩一样。然而，当我的奇奇小天使从11岁起也变得叛逆，我在家里经历着和那位母亲同样的事情，甚至还要应对更多冲突时，我的惊讶更是超乎想象。我从来没想到我的孩子也会变得如此难管、如此叛逆！

我见过来自完整家庭和离异家庭的叛逆孩子。有些叛逆的孩子还是体育明星、音乐天才，甚至是优等生。当然，我接触过的许多叛逆孩子在学业成绩、交友、适应大学生活、职场发展以及家庭关系维系等方面都困难重重。关键在于，并没有某一种特定的家庭模式或背景会导致孩子叛逆。叛逆的孩子存在于各个收入阶层、各种社会背景的家庭中。在今天这样的社会中，我们迫切需要相关的方法和策略来引导和帮助他们。

## 叛逆孩子给你带来了什么影响

你孩子的问题给你和家庭其他成员带来了多大的困扰呢？作为叛逆孩子的家长，你可能有过以下部分或全部感受。在你有同感的选项前打钩。

（　　）你开始质疑自己当初为什么要生孩子。

（　　）你对叛逆的孩子让你和家庭其他成员精力耗尽怀有怨恨。

（　　）你在努力满足生活中的各种需求时，感到力不从心、不堪重负。

（　　）你对如何改善你家的状况一点儿头绪也没有。

（　　）你感到疲惫不堪。

（　　）你觉得被孩子操纵了。

（　　）你因自己的婚姻或伴侣关系失去激情而感到难过。

（　　）你感到内疚。

（　　）你觉得自己是个非常失败的家长。

其实，这个清单并不详尽，可能还有些情况未能列入其中。正如我在下一章中将会讨论的，父母们正受着这些想法的折磨，甚至对叛逆孩子持有非常消极的想法（我称之为"有害想法"）。现在，你需要停止自责，也别再拿自己和其他父母进行比较了。尽管其他家庭的生活和孩子看起来"完美无瑕"，但请你相信我，他们关起门来的真实情况并非如你想象的那么完美。每个家庭都有这样那样的问题，你能为自己和家人做的最好的事情，就是对现状抱持接纳心态。我经常和我的家长及孩子来访者分享，通往痛苦的"快车道"，往往是过度渴望自己不曾有过的生活，或者极度排斥当下的生活。你的孩子脾气暴躁、喜怒无常、反应偏激、要求苛刻又让人精疲力竭，这确实令人心烦意乱。不管你是想归咎于他们的基因、过去的经历、你的养育方式，还是家族史，孩子现在就是这个样子。但通过抱持接纳现状的心态，并像你现在这样还懂得寻求外在的帮助，你让整个家庭走上重回幸福、和谐共处的道路已指日可待了。

你孩子身上重大的积极改变，取决于你对孩子的看法和应对方式的改变。别再纠结于过去令人悔恨的做法。接受自己过去犯过的错误，并认可自己竭尽全力的付出，这会促使你做出改变，让你在养育孩子过程中获得成长，走向成功。正如心理学界杰出思想家之一、对教育、心理治疗和人本主义心理学都有贡献的卡尔·罗杰斯所说："最奇妙的真理就是，当我接纳真实的自己时，我就会做出改变。"

## 引导你自己和孩子先冷静下来，再解决问题

这个为期 10 天的计划强调了两个对叛逆孩子至关重要的技能，

这也是你需要学习、示范和指导孩子掌握的技能，即冷静下来和解决问题。与其他孩子相比，叛逆的孩子极度缺乏这两项技能。你越是能学会先冷静下来然后再解决问题，你就越能指导和给孩子示范去做同样的事情。本计划中包含的练习旨在提高你的自我意识，帮助你改变育儿心态，改变应对叛逆孩子的方式。当你的孩子情绪崩溃并通过不良行为向你发泄时，你越能把自己看成是孩子的情绪教练，你受到的负面影响就会越小。

## 做出改变

既然你已经对自己孩子的叛逆行为有了充分的理解，也清楚它在你孩子身上的表现，你就知道，自己需要做出一些改变，并在某种程度上控制住局面。获得控制权的第一步就是审视自己作为家长的行为。

和所有家长一样，你也犯过不少错误。有些叛逆的孩子在外面给人留下的印象是好孩子，这一事实常常让人觉得孩子叛逆是家长的责任。许多（尽管不是全部）叛逆的孩子在学校成绩优异，与教练配合良好，对朋友的父母也很有礼貌。有些孩子甚至能让治疗师相信他们的问题完全是父母造成的。在治疗过程中，我确实听过不少叛逆孩子编造的富有创意、添油加醋的故事。

## 识别你为人父母的积极行为

为了帮助你停止自我责备并获得掌控感，让我们先从积极的方面入手。读一读下面列出的清单，勾选你作为家长做得好的事情。

| | |
|---|---|
| （　）微笑 | （　）协助孩子解决与大学相关的需求 |
| （　）眨眼示意 | （　）参加学校家长会 |
| （　）轻拍孩子 | （　）给予表扬 |
| （　）靠近孩子 | （　）给予赞美 |
| （　）说"我爱你" | （　）开车送孩子去上课 |
| （　）眼神交流 | （　）给予奖励 |
| （　）拥抱 | （　）举办生日派对 |
| （　）点头 | （　）开车送孩子参加活动 |
| （　）握手 | （　）努力倾听孩子的想法 |

如果你做过上述任何行为，那就给自己鼓鼓掌吧。即使孩子不愿承认，他们也深深感激这些举动。

如果你觉得自己没有足够多地表现这些行为，那么现在就是开始的最佳时机。有些行为可能更符合你的个性。比如说，也许你并不是一个非常外向、爱表达的人，不太习惯拥抱。在这种情况下，你可以用口头表扬来代替。

践行这些积极的育儿行为，有助于你与孩子建立紧密联系，有助于你更好理解孩子，这是解决孩子叛逆行为的关键因素之一。我将在第 2 天的计划中详细讨论这一点。

## 识别你为人父母的消极行为

现在，让我们来谈一谈你为人父母的消极行为吧。读一读下面的清单，勾选你表现出的消极育儿行为。

| | |
|---|---|
| （　）大吼大叫 | （　）翻旧账 |

| | | | |
|---|---|---|---|
| （ ） | 讽刺挖苦 | （ ） | 引发负罪感 |
| （ ） | 取笑 | （ ） | 说谎 |
| （ ） | 打骂 | （ ） | 和别的家长说长道短 |
| （ ） | 忽视 | （ ） | 威胁 |
| （ ） | 说教 | （ ） | 贬低 |
| （ ） | 羞辱 | （ ） | 扔东西 |
| （ ） | 批评 | （ ） | 否认孩子的感受 |
| （ ） | 挑衅 | （ ） | 没有耐心 |
| （ ） | 唠叨 | （ ） | 抱持不切实际的期望 |
| （ ） | 打断（孩子说话） | （ ） | 过度严厉的惩罚 |

如果你勾选了上面的诸多行为，也别太难过。我们并非圣人，都会犯错，都有过一些（甚至不止一些）这样的消极育儿行为。做出上面的任何行为都不是好事，但有些行为对亲子关系的破坏力会比其他行为更大。

**大吼大叫和打骂**　没有什么比吼叫和打骂更能助长孩子的叛逆行为了。当你吼叫或打骂孩子时，你是在通过成年人的发脾气表现出自己糟糕的情绪控制能力。这能教给孩子什么人生道理呢？的确，我们大多数人都对孩子大吼大叫过。我也对自己的孩子大吼大叫过，甚至在过去一些个别情况下还抓扯过他们。我对此并不感到骄傲，我希望你能像我一样意识到，对孩子大吼大叫或打骂其实是在欺负他们。虽然你可能觉得这样做成功地让他们停止了那些令人讨厌的行为，但这只是短期有效，从长远来看，你实际上只是让他们变得更加叛逆和更具有攻击性而已。比起打骂，吼叫更是一个普遍存在的育儿问题。因此，本书第 3 天的计划，专门帮助家长理解自己为什么会大吼大叫，以及如何停止这样的消极行为。

**批评** 如果你发现自己在批评孩子，请马上停下来。批评是指对孩子的想法、感受、观点或他们本身发表负面评价。孩子们常常把这种批评视为贬低。贬低包括辱骂、嘲笑、评判和指责。这些消极育儿行为真的会伤害到孩子。贬低不利于有效的沟通，还会损害孩子的自尊心。被父母贬低的孩子常常会感到被拒绝、不被爱和自卑。你当然应该对孩子的行为或他们做过的事情给出建设性的反馈，但不要批评孩子本人，批评最好对事不对人。

**唠叨** 唠叨就是反复跟孩子说同一件事。我见过很多孩子坐在我的办公室里，当父母对他们说教而不是平等交流时，他们会对父母翻白眼表示不满。俗话说"左耳进右耳出"，当你对叛逆的孩子唠叨时，情况正是如此。一件事你跟孩子说一次，最多说两次就够了，没必要反反复复地说个不停。唠叨会让孩子不再听你讲话，或者变得更有戒心、更加厌烦。从今天开始，在贯穿这10天的计划中，我会给你提供很多策略和事例，教你如何不用唠叨也能让孩子听你的话。我的计划会通过改善你们的亲子关系，让你成为更高效的家长，从而帮助你懂得如何让孩子听话服从。你会发现，如果孩子和你关系亲近，他们更有可能听从你的要求，去做他们本该做的事情。

**打断（孩子说话）** 这是一个很常见的育儿问题。当孩子说话时，你应该让他们把话说完，然后自己再说，这是最基本的礼貌。那些觉得自己根本插不上话的孩子，可能会不再愿意和父母交流。

**翻旧账** 一旦一个问题或冲突得到解决，你就尽量不要再提起。应该让孩子有重新开始的机会。喜欢翻旧账，总是提起孩子过去错误的父母，等于是在教他们长时间地记仇。而且，孩子需要知道，一件事情得到了解决，也就等于已成为过去了。

**引发负罪感**　询问孩子在特定情境下，如果站在你的角度或别人的角度，他会有什么感受，这样做对孩子没什么不好。然而，很多时候，父母会把这一点发挥到极致，试图让孩子因为自己的想法、感受或行为而感到内疚。用负罪感来羞辱和控制孩子的父母，可能会让孩子疏远自己。我的一个来访者叫罗英，她的邻居发现她 14 岁的儿子小罗在酗酒。之后她就不停地向小罗施加负罪感。整整 10 分钟，罗英连珠炮式地对小罗说："邻居都知道我们家的问题了，你知道我现在有多尴尬吗？你简直是让我无地自容！""你难道不知道你这样让我有多失望吗？我以后还怎么信任你？"小罗被母亲的话激怒了，大发脾气，完全不承认自己还是未成年人，还需要父母的监管。小罗说不过母亲，变得烦躁起来，然后气冲冲地走了。这时，我引导罗英暂时放下她那颗受伤的自尊心，给予儿子真正需要的东西：支持与理解。罗英采用了我在这本书里分享的冷静、坚定且非控制的方法，让小罗向她敞开心扉，说出自己是如何屈服于同龄人的压力，而他潜在的社交焦虑更是加剧了这种情况。小罗在倾诉自己的困扰时感觉很好，因为母亲为他营造了一个能安心倾诉的氛围。他们重新建立了良好的关系，小罗很快就远离了那些有问题的同伴，也不再对酒精感兴趣了。

**讽刺挖苦**　当你说一些言不由衷的话，并且通过语气暗示与所说内容相反的意思时，你就是在使用讽刺挖苦。比如说，当孩子做出一个错误的选择时，你说："哟，你可真是聪明绝顶啊，这样的事也会做了。"使用讽刺挖苦会伤害孩子。讽刺挖苦是父母与孩子进行有效交流的一大障碍。

**说教**　当父母直接介入，长篇大论地告诉孩子应该怎么做，而不让孩子对问题的解决方案有任何发言权时，这就是在说教。过度指挥和控制叛逆的孩子，几乎可以肯定地说，他们是不会听你的。相反，他们很可能会和你对着干。那些直接告诉孩子如何解决问题的父母，可能会让孩子觉得自己无法掌控自己的生活。这些孩子可能最终会认为父母不信任他们，或者他们会因为被指使做这样做那样而深感怨恨，从而抗拒父母的指示。

**威胁**　威胁任何一个孩子，尤其是叛逆的孩子，几乎不会产生什么好的效果。事实上，威胁往往会让孩子感到无助无力，并对父母心生怨恨。对于叛逆的孩子而言，实际上威胁只会使事态变得更糟糕。

**说谎**　无论出于什么目的编造谎言，比如说，避开谈论令人难以启齿的性话题，无论有多大的诱惑，你都不应该撒谎。最好的做法就是尽量对你的孩子坦诚相待。这样做等于是鼓励你的孩子也对你开诚布公，敞开心怀。而且，孩子是非常敏感的，他们通常能敏锐地察觉到父母是否没有完全对他们说实话。这可能会让孩子觉得父母不信任他们。

**过度严厉的惩罚**　正如我将在第 6 天的计划"有效管教，告别绝望"中进一步探讨的，施加过度或过于频繁的惩罚措施通常会使叛逆孩子的行为变得更为糟糕。虽然严厉且惩罚性很强的手段（比如过度禁止外出或剥夺特权）可能会引起孩子的注意，但孩子最终很可能会感到怨恨、内疚、羞愧或充满敌意，甚至可能对达到你的期望感到绝望。同样令人担忧的是，叛逆的孩子通常会对这些不愉快、惩罚过重的手段做出消极反应，变本加厉地表现出不良行为。他们还常常否认自己在冲突中应承担的责任，否认自己的问题行为所造成的不良影响。正如你将看到的那样，以恰当的管教方式（抱持情绪教练心态）引导孩子，远比用过度的惩罚措施来管教他们，更能有效地应对他们的叛逆行为。我会在第 6 天计划中阐述惩罚和管教之间的区别。

**否认孩子的感受**　当孩子向你表达他们的感受时，你千万不要轻视这些感受。比如说，如果你觉得孩子因为输掉一场棒球比赛而难过是"不应该"的，最好不要这么说。在这种情况下，你最好说一些支持性的话语，比如"我知道你真的很想赢，有时候输了比赛确实很难受"。对于 4 ～ 6 岁的年幼孩子，你可以用简单、具体的语言来表达（例如，"爸爸和我都看得出，你的小兔子死了，你很伤心"）。孩子需要父母对他们的感受表达理解和支持。作为父母，理解孩子的感受，就等于是给他们提供了一份超棒的礼物。理解孩子的感受对于管教叛逆孩子而言至关重要，所以我在下一章会专门讨论这个问题。

上述所有这些消极的育儿行为都会加剧孩子的叛逆行为。嘴上说"我再也不这么做了"很容易，但实际上仍然可能"旧病复发"。当然，偶尔出现反复是在所难免的。当这种情况发生时，要和孩子坦诚面对这些负面行为。

许明是一位单亲爸爸，最近他高兴地告诉我，他在应对 13 岁儿子安安时取得了突破性进展。许明称自己之前是"旧病复发的犟驴"，现在却是"正在改变的严厉父亲"。他有过在家里和足球场上向儿子安安大吼大叫的经历。许明不用批评的方式已经好一段时间了，他在与儿子建立良好的亲子关系上取得了很大进展，不再那么爱批评人了。可是有一天晚上，当安安和许明出席一个足球颁奖宴会时，因为安安领奖时没有抬头，许明批评了儿子安安。我耐心地劝导许明不要过分自责，因此他决定继续减少对孩子的控制，要对孩子更为坦诚，更为开明一些。因此，许明走向安安，对他说："安安，我为刚才批评你的事情向你道歉。看到你站在领奖台上，我为能成为你的父亲而感到骄傲！"安安后来告诉我："爸爸现在真的像变了一个人似的，好像真的理解我了。"你越是为自己的消极行为负责，就越能影响孩子，让孩子也会采取同样的方式。

## 照顾好你自己有助于你更好地帮助孩子

通过完成本章前面提供的各种练习，你应该已经对自己的养育方式进行了审视。你肯定感觉自己在某些方面做得还不错，但也确实有一些地方还可以做得更好一些。我知道，作为3个孩子的家长，我也远非完美无瑕的父母。我曾多次"失控"大吼大叫，次数多得恐怕我都不好意思承认。但我也明白，通过改变自己的养育态度和行为，我在教育孩子方面变得更加得心应手。我相信，你也能取得同样积极的效果。要想改善自己的养育态度和行为，最好的方法就是从照顾好自己开始。

给自己留出时间做一些能缓解压力的事情，比如锻炼身体、和支持你的朋友共进午餐、看搞笑电影等。把你的伴侣当作盟友，一起出去散散心，除了不谈论你的叛逆孩子外，可以聊任何话题。尽量做到不要过度焦虑。孩子的叛逆确实会增加他们未来面临更严重问题的风险，但如果你按照本书中我给出的建议，在态度和行为上做出重要改变，这个问题是可以基本得到解决的。

除了关注孩子之外，你还需要培养其他的兴趣爱好，这样，就不会把所有的时间和精力都放在管教孩子上面了。在管教孩子的过程中，除了伴侣之外，尽量与孩子生活中的其他成年人（如老师、教练等）合作，并寻求他们的支持。

# 放松的方法

　　养育了一个叛逆的孩子，注定会让你生活在焦虑之中。你永远不知道孩子下一次爆发或危机会在什么时候出现。有时候，你可能会觉得孩子在情感上"挟持"了你和你的家人，想怎么处置会随他们的喜怒而定。当我们担心不已、焦虑不安、匆忙慌乱或烦躁着急时，身体就会开始感到紧张。事实上，这种"战斗、逃跑或僵住"反应是一种自然反应。"战斗、逃跑或僵住"反应是指当一个人感觉受到威胁时，身体和大脑会发生的非自愿生理变化。这种反应的存在是为了保护人们的安全，让他们准备好面对、逃离或躲避危险。

　　你的身体接收到了应对威胁的信号。如果真的面临身体上的危险，你可以通过进攻或撤退来保护自己。紧急情况结束后，会有解除警报的信号，你的身体就会放松，恢复到正常状态。在现代社会，我们一直都在应对压力。持续的精神压力让我们的身体一直处于紧张状态，而这种紧张本身又成为一种压力。你可以通过学习应对各种想法和事件，让它们不再给你带来压力，以此来应对压力。你还可以学习放松。当你练习放松时，你就是在发出解除警报的信号。随着你越来越熟练地发出这个信号，你就能触发身体的放松反应，让身体恢复到正常状态。

　　叛逆的孩子常常让父母感到很紧张。当他们得不到想要的东西时，就会感到受到了威胁，通常也会出现上述"战斗、逃跑或僵住"

的反应。不幸的是，对于叛逆的孩子来说，往往会表现为"更强烈的战斗、战斗或僵住"反应。作为家长，同时也是叛逆孩子的情绪教练，务必牢记：当你情绪失控，也就是情绪占了上风时，你大脑中负责逻辑思考的部分，比孩子的这部分大脑发育得完善得多，孩子的这部分大脑要到25岁左右才会完全成熟。而且对于许多仍在成长中挣扎的成年子女来说，即便他们年龄上更成熟，也可能缺乏自我安抚和解决问题的能力。

"战斗或逃跑"反应对身为家长的我们每个人影响各异。根据个人情况，它可能会导致睡眠障碍、疲劳、食欲增减、头痛、胃痛、注意力不集中、烦躁易怒，或者像大吼大叫这样明显的情绪反应。根据著名的身心模型理论，一些疾病可能由长期紧张引发或加重。用19世纪医生威廉·奥斯勒爵士的话来说："器官在哭泣，而眼睛却忍住泪水。"[一]压力还会削弱我们的免疫系统，使我们更容易患上感冒和其他感染性疾病。以下是两种经证实能帮助你放松自我、缓解部分紧张情绪的方法。

## 深呼吸

当你感到紧张时，呼吸可能会变得浅而急促。事实上，无论是否紧张，我们大多数人都没有正确呼吸。不正确的呼吸方式会让你无法获得足够的氧气，而氧气不仅能净化身体，还能帮助身体产生能量。幸运的是，学会正确呼吸并不难。找一个舒适的地方平躺下来，将双手放在胸腔下方的腹部。开始缓慢而深沉地呼吸。如果呼吸方式正确，你会先感觉到腹部区域扩张，然后才是胸腔扩张。每天进行3～5次，每次5～10分钟的深呼吸练习。如果可以的话，

---

[一] 无确凿证据表明此言出自威廉·奥斯勒。——编辑注

次数再多些也无妨。你会发现，随着熟练程度的提高，在日常活动中你的呼吸也会得到改善。这种深呼吸技巧的妙处在于，当你感到愤怒，想要大吼大叫时，随时都能采用简化版的方式。做几次深呼吸是一种很好的自我安抚方式，也为结合呼吸运用其他有用策略奠定基础。要是你发现自己陷入争吵，也可以用它来冷静下来。深呼吸可用于预防、减轻情绪的重负和爆发，并帮助你从这些状态中恢复过来。

## 重塑孩子的美好形象

到目前为止，你可能已经开始将孩子视为问题重重、难以管教的对象。此时，很重要的一点就是，你要打破这种负面滤镜，重塑孩子的美好形象。

辩证行为疗法（DBT）是一种成熟的心理治疗方法，我常用来为有焦虑和压力问题的来访者提供咨询。辩证行为疗法最典型的一项技巧就是"安全空间可视化"，即创设一个视觉化的、舒适的、中立的景象。通常做法就是在脑海中构想如森林或乡村等令人舒缓、平和的画面。你不妨试试运用这个方法，同时融入关于孩子的温馨回忆画面，以便在感到压力时帮助自己控制情绪。

在进行这个练习之前，先放松肌肉，做几次深呼吸，然后闭上眼睛，回忆孩子带给你的一段欢乐时光。它可能是一次家庭野餐、假期旅行，或是一项孩子喜欢的活动。试着全身心地重温这段唤起正向情感的回忆，看一看当时的景象，听一听当时的声音，感受一下当时的气氛，闻一闻当时的气味。回味那一刻你的幸福感和对孩子的赞赏之情。

这个练习大约需要 10 ～ 15 分钟。

## 心怀感恩，收获安宁

我之前提到过，痛苦源于过度渴望你所没有的，或者不珍视你现在所拥有的。作为叛逆孩子的家长或照顾者，感到疲惫不堪和身心憔悴是很正常的。将自己的心态转变为感恩，能引领你进入更幸福的状态。以这种积极的方式来思考生活，也能让你把注意力从孩子的问题上转移开，进而看到他们身上的闪光点。当孩子表现得不可爱时，感恩之心能帮助你仍然给予他们关爱。专注于感恩能减轻你的焦虑，让你以灵活、健康的视角看待问题。

## 来一场"感恩淋浴"

我发现，当我的来访者想象那些让他们感恩的事物像一场感恩之雨洒落在自己身上时，他们的内心就会平静下来。我鼓励你进行这种感恩练习。只需轻轻闭上眼睛，想象生活中的"美好事物"如轻柔的水流倾注在你身上即可。比如说，你可以想一想，自己耳聪目明是多么幸运，有明亮的眼睛可以阅读这本书，有良好的听力可以听人读这本书。或许你对自己有家人、朋友、同事深表感恩，或对一切生活中有意义的事情或带来成就感的兴趣表达感恩。当你注意到你的叛逆孩子表现欠佳、调皮捣蛋时，就用这种方法让自己冷静下来，通过把心思集中在那些值得感恩的美好事物上面来让自己镇定下来。

## 承担起帮助孩子的责任

你的孩子需要你的帮助来克服叛逆行为。父母和家庭成员对孩子的行为、态度及生活方式有着最为强大的影响力。简而言之，孩子最容易被他们相处时间最多、最为在乎的人所影响和打动，这个人就是你以及其他家庭成员。

你的叛逆孩子需要摒弃那种以自我为中心、受冲动驱使的情绪处理方式。你能给他们的最好礼物，就是坚持不懈地运用我在本书中提供的方法和策略。大多数努力之所以未见成效，是因为父母过早放弃运用这些策略。在实践过程中，留意孩子的进步并及时为之庆祝。如果前行的路上遇到难以避免的困难，也不要紧张，要提醒自己，孩子已经取得了显著的进步。要知道，你正在帮助孩子走向更加美好的未来，从这份认知中汲取前行的力量。

## 第 1 天的小结

今天，你已经对孩子的叛逆行为有了很多了解，并且开启了一个非常重要且意义非凡的 10 天计划，它将帮助你减少孩子的叛逆行为。在继续这段旅程时，请牢记以下几个要点：

◎这并非孩子成长过程中的一个短暂阶段。

◎无论你的孩子是否符合对立违抗性障碍（ODD）的诊断标准，你都必须采取行动减少他们的叛逆行为。

◎这个 10 天计划中的有效策略适用于任何叛逆程度的孩子。

◎叛逆行为并没有一个固定、可明确界定的成因。

◎无论好坏，你的育儿方式对孩子的叛逆行为有着巨大影响。

◎为了实现减少孩子叛逆行为的目标，你需要照顾好你自己。

## 为第 2 天做准备

◎ 停止因孩子的叛逆行为而自责、责怪他人，甚至责怪孩子本人。

◎ 留意自己的消极想法，并用更积极的想法去替代它们。

◎ 把你自己看作孩子的情绪教练，帮助孩子学会冷静下来再解决问题。

◎ 实践文中提到的放松方法和积极形象可视化练习。

# 2

## 第 2 天

## 理解你的叛逆孩子

父母如果从不尝试去了解叛逆孩子内心真正的想法，就不可能找到打破孩子叛逆循环的方法。

要想成为令人感动的父母，就要为你的孩子付出真心诚意的爱，这一点非常重要。当然，同样重要的是理解你的孩子。理解常常成为亲子关系中最关键却最为缺乏的方面，尤其是对叛逆孩子，父母最不容易持理解态度。令人悲哀的是，父母自认为为孩子付出了许许多多的爱，但孩子却根本感受不到这份深爱。原因就在于，父母并没有真正理解孩子。为人父母，在没有能够真正理解孩子的情况下，会以自己想象中的样子来看待孩子，而不是按孩子的真实样子去看待他们。我认识的父母中，没有哪个父母不爱自己的孩子，但有许多父母并不理解自己的孩子。

大多数父母相信，如果他们爱他们的孩子，自己的爱就会神奇地传递给孩子："我们就在这里，而且永远都在这里。"但是，父母如果从不尝试去了解叛逆孩子内心真正的想法，就不可能找到打破孩子叛逆循环的方法。我从未遇到过哪个儿童、青少年、年轻人，甚至是成年人，抱怨父母花太多时间和精力去理解他们！作为父母，还要记住，你越表现出对孩子的理解，他们就越会将你视为一生中给予支持、理性引导的声音，从而会更加理解你。

## 你的孩子感觉被误解了

残酷的现实是，叛逆的孩子感觉自己被误解了。很快你就会发现，叛逆的孩子比你想象的还要复杂。我们做父母的往往过于关注孩子的外在行为，而忽视了他们内心的焦虑。理解是打破棘手家庭模式的最有力工具之一，尤其是在制止孩子叛逆行为方面特别管用。在第 1 天中，你已经了解了叛逆行为的方方面面的相关内容。现在，我将为你提供一些能深入、准确理解叛逆孩子的有效方法。

## 被人理解的感觉真好

理解孩子是帮助他们获得安全感和健康成长的重要部分，因为这向他们表明你很爱他们。请通读以下问题，并思考你会如何回答。这个活动能让你明白，被理解在你自己的成长过程中有多么重要，这样你就能更充分地认识到理解孩子的价值。

- 在你的成长过程中，谁最能理解你的感受、需求和愿望？
- 对于那个最理解你的人，你有怎样的感受？
- 在你的成长过程中，谁最不理解你的感受、需求和愿望？
- 对于那个最不理解你的人，你有怎样的感受？
- 被理解是如何帮助你以恰当的方式行事的？
- 感觉被人误解是否曾影响你做出糟糕的选择或表现出不当行为？如果你的回答是肯定的，你做了些什么？

从你对上述问题的回答中，你可能会发现，被理解给予我们情感上的支持，促使我们在日常生活中尽最大努力做出正确选择，去做正确的事情。向你的叛逆孩子表明，即使你不认同他们的做法，但你还是会理解他们，这会让他们有一种被认可的感觉。当孩子情绪激动时，认可他们的感受，你就能让他们摆脱"抗争或抗争到底的模式"，从而减少他们的叛逆行为，还有助于他们冷静下来。

始终专注于认可孩子，能让你避免将他们的情绪反应视为针对你个人。这会让你一直发挥有助益的情绪教练的作用，而不是成为感情受伤的家长。

你可能觉得自己已经很擅长理解孩子并表达这种理解，但正如你将在本章中看到的，理解孩子的过程涉及很多方面，尤其是对于叛逆的孩子而言。关键在于，你向孩子表达理解的方式或许还有改进的空间。

## 学会倾听是关键

M. 斯科特·派克（M. Scott Peck）在其畅销书《少有人走的路：心智成熟的旅程》（*The Road Less Traveled*）中探讨了倾听的价值。派克说，如果我们倾听我们的孩子时的专注程度和认真态度，就像听一个伟大的演讲家演讲时一样，我们就等于赠予了孩子一件珍贵的礼物。倾听孩子的心声，重视孩子的意见，会让你在与孩子进行有效交流的过程中如鱼得水、顺畅自如。

不容乐观的事实是，大多数父母都不善于倾听孩子，因为他们总是没空或忙得不亦乐乎：有工作要全力应付，有社交活动不得不参加，有个人活动要亲临现场，有家庭责任与义务要尽……在我们生活的这个快节奏时代，电子设备似乎时刻散发着诱惑，这对于专注倾听也毫无帮助。其实，倾听孩子并不等于告诉孩子一个什么建议，或是告诉他们如何改掉一个错误，扭转一个局面。当然，有些时候孩子会重视你的建议，但他们必须做好倾听的准备。而在孩子准备好听你说话之前，你必须要先学会如何倾听他们。

单纯地倾听并不能保证达到理解的效果。关键在于，将"理解"设定为倾听的目标。当你带着理解的目标去倾听孩子时，就会使事情朝好的方向发展。为了充分理解孩子，你需要把自己可能有的任何预设放在一边，全心全意关注孩子。真正做到倾听孩子的唯一方式就是：要有无私奉献的精神，不带评判地倾听，不要急于对孩子下定论。

## 如何做到真正倾听孩子

倾听是有效交流与沟通中极为重要的一环，但倾听是一项需要学习和练习的技能。当你倾听孩子讲话时，你在向他们表明，你对他们所说的话很感兴趣并且非常关心。下面是一些成为优秀倾听者的小诀窍：

**保持眼神交流**　说到倾听，眼睛几乎和耳朵同样重要。眼神是向孩子传达你感兴趣的有力信号。如果你很少与孩子进行眼神交流，孩子就会认为你对他们所说的话不感兴趣。

**排除干扰，消除分心**　当孩子表达出想要交谈的意愿或者看起来愿意交流时，你要用全神贯注地听他们说话来给予支持。放下手头正在做的事情，面向孩子，给予他们你全身心的关注。比如说，当孩子试图与你交流时，你却不停地查看手机邮件或短信，或者继续听语音邮件、洗碗、看新闻、看电视，孩子可能会觉得你对他们所说的话并不感兴趣。也有可能他们的内心感觉会是自己所说的话并不重要。如果孩子想交谈时你确实没空，那就和孩子约个时间，让孩子稍后能和你交流。

**倾听时不要随意插话**　尽管你可能很想凭借为人父母的经验，不假思索地插话，来给出你的建议，但孩子在说话时，你最好尽量少打断为妙。你可以通过微笑或轻拍来给予鼓励，但不要打断他们说话。你的打断可能会扰乱孩子的思路，这会让他们十分沮丧。

**让孩子知道你在听**　当孩子说完话后，你可以用稍微不同的话语重述一下他们所说的内容，以此表明你在认真倾听。比如说，如果孩子在抱怨他的数学课，你可以说："听起来今天的数学课真的让你感觉很沮丧。"这不仅表明你一直在倾听，而且如果你误解了孩子传递的信息，孩子也有机会进行解释澄清。

**不要一味批评孩子，这点至关重要**　我坚信，许多孩子在被问及学校一天过得如何时，总是会回答"还好"或"不错"，一个重要原因就是他们害怕被批评。看看下面这位父亲和他 12 岁女儿之间的对话吧：

> 父亲："嘿，莎莎，今天在学校过得怎么样？"
>
> 莎莎："还行吧。"
>
> 父亲："只是还行吗？"
>
> 莎莎："嗯，我数学考试没考好。我真的很生气……"
>
> 父亲（打断）："等等，莎莎，怎么搞的？我记得你之前说要好好准备这次考试的。你按我建议的去寻求额外帮助了吗？仔细想一想，莎莎，我好像没怎么看到你花时间准备这次考试。看吧，我就说！我真不该听你和你妈妈的，这么早给你买手机，因为你显然根本不知道什么时候该放下手机！"
>
> 莎莎（心里想）："他真让我心烦。我以后再也不跟他说任何事情了！"

从这个例子可以看出，莎莎的父亲不仅打断了她的话，还批评了她。尽管他很有可能是出于关心和爱，但莎莎可能感受到的却是威胁。父亲这种强势的倾听和回应方式，让他无法了解莎莎对自己糟糕考试成绩的感受。可以说，莎莎的父亲错过了一个了解女儿想法和感受的重要机会。

再来看一看另一个例子吧。何女士很想知道她 21 岁的儿子利智在大四前寻找暑期实习的进展如何。我们来看一看下面这段充满争议的对话吧：

> 何女士："嘿，利智，你的实习找得怎么样啦？我知道你之前打算跟进几个看起来很有希望的单位。"
>
> 利智："妈，你一直问个不停，你知道吗，你这样让我都不想再找地方实习了。你为什么就不能别唠叨我了呢？"
>
> 何女士："我真是受够了！你怎么就不明白我是为你好？我只是想帮你，你为什么总是冲我发脾气？"

在上面这段对话中，何女士的出发点确实是好的。同时，她也对利智能否找到一份好的实习工作感到焦虑。这种焦虑让她不断向利智询问此事。实际上，利智也很焦虑，但他没有向母亲坦诚承认这一点，反而对她发了火。

## 你的倾听技巧如何

你隔多久才会认真思考一次自己倾听孩子讲话的方式是否合适呢？如果你和与我打过交道的大多数家长一样，那么你会发现下面这个练习很有价值。通过思考这些问题，你能清楚地了解在倾听孩子讲话时，哪些做法有效，哪些不太有效。

⊙ 为了更好地倾听孩子，你做得最出色的是什么（比如，保持良好的眼神交流，传递不批评的态度，确保不打断孩子，或者对听到的内容进行确认）？

 ◉ 你内心有哪些想法，你做了哪些事情，会妨碍你倾听孩子
的讲话？

 ◉ 一天中的什么时间，或者在哪些情况下，你最适合倾听孩
子讲话？

 ◉ 一天中的什么时间，或者在哪些情况下，你不太可能好好
倾听孩子讲话？

 ◉ 从现在开始，为了成为一个更善于倾听孩子的家长，你能
做些什么呢？

## 倾听要保持耐心

你可能听过"耐心是一种美德"这句话。在成为一名优秀倾听者这件事情上，确实如此。尽管你尽最大努力运用了上述基本倾听技巧，但可能仍然会发现，叛逆的孩子很难让他人听进去他们所说的话，更别提理解他们了。真正倾听叛逆的孩子，意味着忽略他们的抱怨、咒骂和摔门声，要去关注他们的恐惧、挫折和情绪上的困扰。

令人遗憾的是，大多数有叛逆孩子的家长都深感沮丧、受伤和愤怒，以至于对孩子的话会充耳不闻。你可能也有过同样的感受，甚至想举手投降并大喊："我就是搞不懂这孩子，永远也搞不懂！"

带着最大的善良意愿去倾听孩子，意味着你要给予孩子全部的关注。将注意力集中在孩子的想法和感受上，不要让受伤的自尊心妨碍你的倾听。我在一次咨询过程中，9岁的蒙蒙对他的父亲吴克说，他真想朝父亲的脑袋开一枪。听到儿子如此伤人的话，父亲吴

克震惊不已，这完全可以理解。然而，吴克当时正在努力成为一名出色的倾听者。他没有让自己作为父亲的身份有被冒犯的感觉，而是转换角色，以情绪教练的身份去帮助自己，减少自己作为家长的过激反应。所以，吴克没有认为自己的孩子已经无可救药了，而是开始询问蒙蒙为什么会有这种感觉。蒙蒙向吴克提及他过去一些过于严厉的行为，吴克只是没有私心杂念地倾听着。尽管这对父子要走的路还很长，但那天他们的关系有了巨大且积极的改善。

深度倾听能促进深度理解。这一点，我无论怎么强调都不过分：理解叛逆孩子所面临的困扰，并时刻铭记于心，实际上会减少他们的叛逆行为。没错，你没有看错！你的理解会降低他们的叛逆程度。这是因为，他们越是觉得自己被理解了，就越不需要通过叛逆来引起你的注意。回到前面提到的"战斗、逃跑或僵住"反应，向孩子表明你理解他们，能够安抚他们的应激大脑，帮助他们激活思考的大脑区域。现在，我们来看看哪些行为可能会妨碍你理解叛逆的孩子。

## 理解孩子时你存在哪些阻碍

你对孩子说过的许多话和做过的许多事，你认为能向孩子表明你很理解他们，实际上，却会让他们感到非常生气，感觉受到了深深的误解。以下是很多家长经常会说的一些话，这些话会削弱他们理解孩子的能力：

### 1. 自作多情地给予不必要的建议

- "你应该做的是……"
- "要是你不这么胆小，就不会有那个麻烦了。"

### 2. 谈论自己的感受和经历，而非孩子的

- "我真不明白你为什么要这样做。"
- "你看起来满不在乎，这让我很生气。"
- "我倒想知道你什么时候才能长记性！"

### 3. 让孩子的痛苦显得无足轻重

- "别的家庭也有他们的问题。"
- "你怎么就不能成熟点儿？"
- "别那样做好不好？你真是太可笑了！"

理解你的孩子，的确存在诸多障碍。你可能采用了效果不佳的倾听技巧。当孩子没能满足你的期望，让你感到沮丧时，你可能会对他们的话充耳不闻。你总是无端揣测孩子的动机，认定他们在故意与你作对，这当然会导致你和孩子之间的误解。很多家长忘了，你的孩子是会犯错误的，忽视了自己的羞辱和责备会对孩子造成多么深的伤害。你可能还会执着于自己与孩子成长方式的不同，以及自己父母曾有过的某些期望。你想给孩子传授正确的价值观，设定明确的界限。然而，你成长的环境和孩子的成长环境根本就不一样！对科技飞速发展的担忧、信息和图像"病毒式"传播的负面影响、气候变化，以及后疫情时代可能出现的新健康风险，还有校园暴力威胁，这些都让不同年龄段的孩子和家长面临前所未有的挑战。

在努力理解孩子的过程中，对以下这些要点，你需要牢记于心。当你与孩子相处遇到困难时，记住这些要点能帮助你保持平和的心态和全身心的关注：

- 叛逆的孩子在情绪上不够成熟。
- 你叛逆的孩子渴望得到你的爱和认可。
- 不理解叛逆的孩子会助长他们的叛逆行为。
- 叛逆的孩子深感自己被误解。

## 情商的缺失

针对叛逆儿童的研究表明，他们往往缺乏一种叫作"情商"的能力。缺乏情商本质上就是缺乏情绪成熟度。丹尼尔·戈尔曼（Daniel Goleman）让"情商"这一概念广为人知——情商涵盖了我们理解、运用、调节和管理自身情绪的能力，而这些能力是决定我们人生中成功与幸福的关键因素。

情商似乎是预测孩子能否建立良好同伴关系、形成健全的人生观以及在学校发挥学业潜力的关键指标。情商这个概念包含如下 5 个特征和能力：

（1）自我意识，指感知自己情绪的能力，了解自己的情绪，在情绪产生时能识别，并区分不同情绪。

（2）情绪管理，指善于处理自己的情绪，特别是消极情绪，使其与当下情境相符，并做出恰当反应。

（3）自我激励，指即便面对自我怀疑、惰性和冲动，仍能"凝聚"自身情绪，引导自己朝着目标前进。

（4）同理心，指能够识别他人的情绪，并留意其言语和非言语暗示。

（5）人际关系管理，指善于处理人际互动关系、解决冲突以及进行协商。

很有可能，你的叛逆孩子情商水平低于正常标准，这也是他们生活如此艰难的一个重要原因。事实上，孩子"选择"不去做的许多事情（比如，增强自我意识、控制冲动），对他们来说可能确实是难以做到的。我的办公室里有一块牌子，上面写着"难以做到"与"选择不做"。感觉沮丧不已的家长，很容易就认定孩子在人生的任何阶段都是故意蛮不讲理、冷漠无情或是离经叛道的。然而，有没有可能是某种深层困境在驱动这种行为？请始终记住：困境是行为的解释，而非开脱的借口。你越理解孩子的情绪不成熟和能力局限，就越能开始围绕这些问题寻找解决方法，而非与他们发生冲突。

## 你的孩子渴望你的爱和认可

几年前，我看了一部关于青少年女子帮派的电视纪录片。加入帮派的仪式要求准帮派成员轮流走到同伴围成的圆圈中央。站在圆圈中央的女孩会冲向圈边的不同女孩，每次都会遭到几个女孩的围攻，以阻止她冲出圈子。仪式结束时，每个站在圆圈中央的女孩都会得到同伴的拥抱和赞扬。为什么这些十几岁的女孩要站到圆圈中央，任由周围的女孩殴打自己呢？因为她们渴望得到这个帮派的爱与认可，这个帮派已经成了她们的替代家庭。

信不信由你，你孩子叛逆行为的根源与这种帮派入会仪式并无太大不同。孩子的叛逆行为让他们感到自己被误解了，觉得自己在家里一点儿归属感也没有，就像个外人似的。事实上，你的孩子试图加入一个"帮派"——你的家庭。你的孩子拼命想要从你和家庭其他成员那里获得归属感和认可。你越是运用倾听技巧，努力去理解孩子，他们就越能感受到你对真实的他们的爱与认可，而不是只看到他们虚张声势的逞强行为。

孩子的叛逆行为可能会让你产生怀疑，他们对你到底有多重视？然而，在与叛逆孩子打交道的 30 多年里，我可以告诉你，极少有孩子会否认自己是爱着父母的。其中包括那些把门摔得砰砰响的孩子、在商店偷东西的孩子、对父母说脏话的孩子、拒绝上学的孩子、打破窗户的孩子、扔手机的孩子、在墙上砸洞的孩子，甚至对父母进行身体攻击的孩子。

你要记住，当你的孩子表现得不可爱时，他们实际上是极度渴望你的爱和认可的。我知道，要透过孩子那些令人讨厌的叛逆言行去理解他们绝非易事，但这样做有助于你触及他们内心深处的脆弱情感。无论他们表现得多么生气愤怒和拒人于千里之外，千万要让你的孩子（无论他们处于什么年龄，甚至成年后）知道，你是多么地珍视和疼爱他们。你的孩子其实在留意你的一举一动。无论他们是否主动要求，都要尽你所能让他们知道，他们对你有多重要。

## 误解会引发更多的叛逆行为

叛逆行为呈现循环模式。你可以把叛逆行为看作孩子表达消极情绪最"安全"的方式。当你的叛逆孩子感到被误解时，他们就会表现出更多的消极行为。随着孩子叛逆行为的增加，你会变得更加沮丧。这种沮丧反过来，又会导致你以一种让孩子感到被误解的方式做出回应。当你的孩子感受到更多的误解时，他们很可能会变得更加叛逆，于是，这个循环就如此持续下去了。下面的"叛逆循环圈"（见图 2-1）对此进行了一目了然的演示。

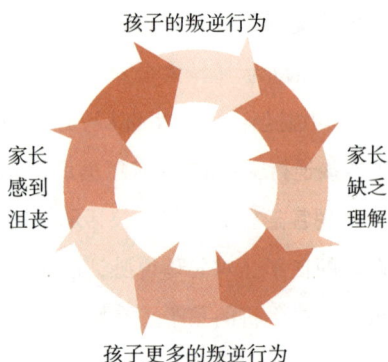

**图 2-1　叛逆循环圈**

下面这段对话发生在一个 14 岁叛逆孩子和他倍感压力与沮丧的母亲之间，这个孩子还采用了一些"煤气灯操纵法"（一方通过操纵手段，让另一方产生自我怀疑）。这段对话完美地展示了上述这种叛逆循环是如何运作的：

> 小雷："我说了我会准备好，但你没等我打完游戏，所以现在你要么等，要么我就不走。"
>
> 妈妈："你早就知道我们必须要马上出发的。我真是受够你了。我现在就需要你准备好！"
>
> 小雷："你太过分了！你在强迫我，我就是不走。"
>
> 妈妈："我就是不明白你为什么会这样。我试着好好说，但根本没有用。你这一周都别想玩电子游戏了。"
>
> 小雷："我恨死你了！"

这场母子争吵所用的言辞和所摆出的姿态很常见。你可以看出，小雷不愿承担责任，妈妈越来越沮丧，他们母子之间理解上的鸿沟越来越深了。

这种叛逆升级的态势，是我在家长和叛逆孩子之间最常见到的情况之一。孩子陷入了一种叛逆行为模式，而家长却表现出很不理解。孩子表现出更多的叛逆行为，家长以沮丧作为回应，家长的沮丧又引发孩子更多的叛逆行为。这种态度让孩子感觉更不被理解了，从而促使他们进一步用叛逆行为来表达自己的感受，于是这个恶性循环就会不断加剧，愈演愈烈。

## 可能导致你误解叛逆孩子的 10 大陷阱

在理解叛逆孩子这件事情上，存在许多障碍，一旦你意识到了这些问题，你就可以避开它们。以下是家长常做的、妨碍他们理解孩子的 10 件事。如果你发现自己经常陷入其中一个或多个陷阱，也别太难过，毕竟你不是一个人！你可以做出改变，了解下面这些可能会陷入的陷阱，会赋予你改变的力量。

### 陷阱 1：期望你的孩子在准备好之前就能做到某些事

在理解孩子方面，抱持过高的期望可能会给你带来很大的麻烦。同一年龄段的孩子，在成熟度和发展准备程度上存在差异。一个家庭中的兄弟姐妹，在同一年龄时，面对某些挑战，其中一个可能比另一个应对得更轻松。但在这个瞬息万变的时代，我们对孩子能力的期望往往并不合理。我们要求 3 岁的孩子安静地坐着，要求 4 岁的孩子打扫自己的房间。我们期望中学生不要丢三落四，高中生应该清楚自己对未来生活的规划。记得有一天晚上，我开车送孩子回学校拿她的书——她把书忘在学校里了，这是她以前从未出现过的状况。刚到学校，我就一本正经地给出了父亲式的建议，强调把重要物品放好的重要性。结果第二天，我自己就把车钥匙搞丢了！类似地，年轻人可能还不够成熟，无法应对大学的要求，至少无法应对远离家乡上大学的生活。又或者，步入职场的成年子女，一开始可能还没准备好在职场政治中放下身段。

在所有这些情形中，我们都不切实际。我们让自己陷入失望，也让孩子反复经历无法取悦我们的失败。简而言之，我们是在要求孩子表现得超越他们的年龄阶段。如果孩子做不到你要求的事情，那么你的期望或更多要求既不公平也不现实，为此生气只会让情况变得更糟。一个 5 岁的孩子不可能表现得像 10 岁的，一个 10 岁的孩子不可能表现得像 14 岁的，一个 14 岁的孩子也不可能表现得像成年人。一个 22 岁的年轻人不可能拥有成年人历经岁月积累的知识和见识。期望他们做到这些既不现实，也毫无益处。孩子所能处理的事情是有限度的，如果你不接受这些限度，会给你和孩子都带来巨大的挫败感。

## 陷阱 2：对偶尔的不当行为上纲上线

如果孩子未能达到你的期望，你可能会直接认定他们是在故意与你作对，而不是从孩子的角度仔细审视情况，以查明事情的真相。虽然叛逆的孩子确实更容易表现出叛逆行为，但这并不意味着他们总是在故意叛逆。每个孩子都会偶尔出现一些难以管教的行为，你需要区分正常的消极行为和一贯的叛逆模式。有叛逆孩子的家长常常忽略这种区别，因为他们习惯了将孩子每一个消极行为都视为叛逆行为。

有一天，贾女士和丈夫何先生在给 3 岁的女儿小汤圆讲故事时，她"极其好动，还想做别的事"，这让他们很是头疼。然而，后来他们翻看手机里的照片和视频时，看到许多小汤圆开心地坐在他们腿上听故事的画面。

6 岁男孩明德的妈妈陈女士兴奋地告诉我，一旦她下定决心去多多留意明德更配合她要求的时刻，就会发现明德其实配合要求的时候变得越来越多了。

乔女士有个 16 岁的儿子辰宇，她一开始跟我说，辰宇"对我态度恶劣时，从来都不会感到懊悔的"。然而，当我们一起列出辰宇为自己的言语和语气向她表示懊悔的时刻后，她才意识到，辰宇没有懊悔的情况其实是少数例外情况，并非普遍现象。这正如那句人人皆知的话所说的："心想事成！"相信我，一旦你开始留意孩子叛逆行为的例外情况，你会发现这样的情况其实很多很多。

## 陷阱 3：阻止你的孩子表现得像个孩子

家长很容易忘记自己小时候的样子，转而期望孩子表现得像成年人，而不是符合他们这个年龄段的行为方式。一个健康的孩子可能会喧闹、活泼、情感外露，并且注意力持续时间较短。所有这些"问题"根本不是问题，而是正常孩子的正常特质。相反，我们的社会以及社会对完美行为的期望才有些不太正常。在你认定孩子行为叛逆之前，先对照他们的年龄，好好审视一下他们的行为是否只是年龄特点，而非缺点。

## 陷阱 4：期望你的孩子满足你的需要

如果你和大多数家长一样，你可能会经常期望，甚至要求你的孩子满足你的需求，比如说，保持安静，你睡觉时不受打扰，听话服从，等等。作为家长，我们的职责是满足孩子的需求，而不是反过来。当你因为孩子打扰到你，或者不让你做重要的事情而感到生气或沮丧时，做一做深呼吸，让自己平静下来。记住，孩子的需要应该优先得到考虑。你越理解孩子面临的挑战（比如说，他们以自我为中心，因而难以顾及并满足你的需求），你对此就会越淡定。我不是说你应该任由孩子恶劣地对待你或随意摆布你。我是说，如果你放宽期望，孩子反而更有可能满足你的需求。如果你的需求没有得到满足，试着去理解原因，而不是立刻感到沮丧或生气。

唐女士是一位单亲妈妈，女儿丽丽 11 岁。有一次，唐女士正想快速发一条短信，却发现丽丽在试图偷看她发什么。后来，唐女士发现丽丽在她房间里翻找，还找到了她的日记。唐女士因为自己的隐私被侵犯，十分生气，对丽丽大发雷霆。我为唐女士和丽丽安排了一次咨询，来讨论这件事。唐女士听从了我的建议，试着真正去理解丽丽的想法。丽丽哭着说出了她的担忧，她害怕妈妈在偷偷约会，担心妈妈会遇到一个人，就有可能夺走她和妈妈相处的所有时间。唐女士倾听并理解了丽丽，丽丽也同意不再翻动妈妈的房间。

## 陷阱 5：将孩子的错误归咎于自己

孩子的生活经验很少，难免会犯错。无论处于什么年龄，犯错都是学习过程中自然的一部分。然而，人们很容易因为孩子犯错而责备他们，却不尝试去帮助和理解他们。请不要陷入这样的误区，把孩子的错误看作你为人父母的失败。不将孩子的错误归咎于自己，对你和孩子都大有裨益。

没错，我知道，被自己的孩子恶语相向，却不纠结于这种伤害，这至少可以说是一项艰巨的任务。在这种情况下，将心态从家长转换为教练，能让你保持情感上的客观，帮助你避免过于主观地看待孩子的问题行为。尽量不要对孩子的错误、对规则的挑战或不当行为表现出过于惊讶和失望。你知道孩子会犯错，所以不要表现得认为他们任何时候都应该完美无瑕。

## 陷阱 6：忘记了责备和批评会对你的孩子造成多大的伤害

大多数家长都知道，对孩子进行身体虐待不仅是错误的，而且是有害的，然而他们却忘记了愤怒的言语、侮辱和责备会对孩子带来多么大的痛苦。当孩子受到言语攻击时，他们自然会认为自己有错。孩子叛逆的逞强态度很容易让你相信，没有什么能困扰他们。但我可以告诉你，各个年龄段叛逆的孩子，甚至三四十岁的"孩子"，在我的办公室里与我分享父母对他们说过的伤人话语时，都曾痛哭流涕。我记得 33 岁的小张对我说，多年来父亲反复说他"把这个家榨干了"，每当回想起这些，他与成瘾问题的斗争就格外痛苦。为了避免陷入这个误区，当你对孩子做出言语反应时，想象一下，自己如果是接受这些话语的一方，听到后会有什么感受。

## 陷阱 7：通过短信及其他电子通信方式造成沟通不畅与过度反应

贾女士给我看了几条她和 15 岁儿子小凯之间令人困扰的短信记录。她给小凯发了一条自认为很温和的提醒，说会去他女朋友家接他。小凯回复道：

> 我准备好的时候会告诉你的。

小凯发这条信息时，其实正在安慰他的女朋友。他女朋友因为在社交媒体上与两个朋友产生了严重的误会，哭得很伤心，情绪非常激动。小凯因此忘记了时间，没意识到他和妈妈最初约定的接他的时间很快就要到了。

贾女士收到小凯的短信后非常生气，心里想着："我特意开车送你过去，现在你倒觉得你能决定什么时候让我来接你！现在我不仅是你的司机，还得随叫随到！"

她在气头上，这样想着便回复道：

> 我会告诉你什么时候你要准备好。我马上就出发，你最好15分钟内准备好。

小凯收到这条短信后又回复了一条短信：

> 再等一下！你为什么总是让我感觉痛苦不堪？

以上短信交流的例子表明，小凯并非有意不尊重贾女士，他只是在尽力安抚女朋友。贾女士完全不知道发生了什么事，也不知道小凯有多担心他女朋友。小凯只是想多争取点儿时间，并非故意无视妈妈的权威。在这个例子中，用短信沟通行程安排，看起来节省了时间，却增加了彼此的沮丧情绪，导致了误解。

## 陷阱 8：忽视充满爱意的举动所具有的治愈力量

我们很容易陷入责备与不当行为的恶性循环中，而忘了停下脚步，通过拥抱和温柔的话语给予孩子爱、安慰、自尊和安全感。许多叛逆孩子的重大转变，都始于他们的父母在我的办公室里拥抱他们。我从未遇到过有孩子向我抱怨他们被爱得太多。

## 陷阱 9：忘记了孩子是通过模仿来学习的

孩子观察你已经很久了。真正让孩子铭记于心的，不是你所说的话语，而是你的行为。如果家长因为孩子打人而打孩子，并告诉他打人是不对的，实际上是在教他打人是对的，至少对有权力的人来说是对的。有一天，在一次咨询中，艾女士跟我分享了她必须要为 3 个年幼孩子树立如何应对情绪的良好榜样的故事。有一天，她由于生气，把一个盘子扔到了桌子对面。那周晚些时候，她 3 个孩子中最叛逆的那个也扔了一个盘子，结果这个盘子划伤了他妹妹的头。艾女士很快得到了一个深刻的教训：孩子是通过模仿来学习的。

多萝西·劳·诺尔蒂（Dorothy Law Nolte）写过一首名为《孩子学其所见》（Children Learn What They Live）的精彩诗歌，有力地阐述了父母在向孩子示范行为和价值观方面所产生的巨大影响。以下是一小段节选：

> 如果一个孩子生活在敌意中，他们就会学会争斗。
>
> 如果一个孩子生活在友善与体贴中，他们就会学会尊重。

以平和方式解决问题的家长，是在教导孩子如何成为一个平和的成年人。所谓的问题，其实为你提供了传授正确价值观的绝佳机会，因为孩子在现实生活中学习生活需要的东西时，效果最好。

## 陷阱 10：只看到孩子外在的行为，却忽视其内心的爱与善意

当孩子的行为让你感到失望时，你应始终往好的方面去设想。你要假定孩子本意是好的，并且在当前可见和不可见的情形下，以他们的生活经验水平，已经尽力表现得很好了。就像你在前面看到的贾女士和小凯的例子那样，虽然小凯需要更留意和母亲的时间约定，但内心消极想法引发的控制威胁，并不能解决冲突。如果你总是对孩子抱有最大的善意，他们也会更自由地展现出最佳状态。你可能还记得第 1 天计划中曾做过的"重塑孩子的美好形象"的练习，这个练习旨在帮助你重新关注叛逆孩子的积极方面。好好利用起来吧！

## 处理你的消极想法

面对叛逆孩子时，不要让你的消极想法把你拖进难以自拔的泥潭之中，这一点至关重要。有叛逆孩子的家长，很容易陷入消极的自我对话中。自我对话是你在日常生活中对自己默默说的话，比如"我不敢相信他竟然那样跟他妹妹说话"或者"他为什么从不听我的话"。当你因孩子的行为感到沮丧或难过时，你可能会暗自想"这孩子真是无可救药了"。偶尔对孩子产生消极想法是正常的，但频繁且强烈的消极想法，会把你压得喘不过气来，会让你陷入困境，或受到威胁。你脑海中的想法，会让你对叛逆孩子做出强烈的反应。

除非你真正留意自己脑海中在想什么，否则你很难控制自己说出的话。我写过一本关于伴侣关系的书，名叫《你怎么就不懂我的心？克服阻碍亲密关系的九种有害思维模式》（*Why Can't You Read*

*My Mind? Overcoming the Nine Toxic Thought Patterns That Get in the Way of a Loving Relationship*），书中探讨了我所说的伴侣间的"有害思维"。这些有害思维既刻板又不公平，会破坏亲密关系。有害思维属于消极思维，它们脱离现实、失去控制，让你无法客观看待问题。有害思维是消极思维的极端形式。与"我不喜欢孩子现在的行为"这种消极思维不同，有害思维是扭曲、变形且极度负面的认知，完全脱离现实，比如"孩子的行为让他真是没救了"。

我发现，有叛逆孩子的家长特别容易陷入对孩子的有害思维中。这类有害思维的例子如：

- "他会毁了这个家的。"
- "他只会啃老，把我榨干。"
- "这孩子从来就没干过什么好事。"

这类有害思维还会妨碍你看到叛逆孩子身上的优点。你要通过想出积极的反例并加以强化，来对抗这些极度负面的想法，这一点很重要。一位 12 岁叛逆男孩的母亲，在提醒自己孩子从 7 岁起就主动放弃接受生日礼物后，对孩子的看法就积极多了。而且，这个孩子会把过生日收到的钱捐给不幸的孩子。

对抗有害思维的积极反例有：

- "当其他孩子欺负弟弟时，他其实会想办法保护弟弟的。"
- "上周她主动调低电视音量，照顾到了家里每个人的感受。"
- "上周他在宵禁时间前就回家了。"

你越关注孩子积极、得体的行为，就越能培养出更积极的心态。积极的心态能让孩子与你保持更积极的关系。我知道，挑战和改变消极思维模式需要付出努力和耐心。但请你千万要记住：走出有害思维模式的回报将使你孩子的叛逆行为大幅减少。如果你需要更多的关于克服育儿中有害思维的指导，请参考我的书《给你的孩子正能量》(*Liking the Child You Love*)。

## 仅有爱是不够的

今天，我给了你一个强大的工具，帮助你更好地与任何年龄段的孩子建立联系，减少他们的叛逆和过激反应。这个工具就是理解。"理解万岁！"要想帮助孩子打破叛逆循环，理解与爱同样重要，甚至更为重要。在 30 多年的家庭咨询过程中，不计其数的家长告诉我："我们非常爱他，他为什么还这样？""我愿意为她做任何事，但我却无法化解她的愤怒。""我爱他胜过爱我自己，我做了那么多来帮助他，可他自己却无动于衷。我真是一点儿都理解不了他。"

我相信这些家长绝对是关心孩子的。大多数家长本意良好、真诚且深爱着自己的孩子。然而，当孩子们倾诉内心的伤痛、悲伤、愤怒、沮丧、自卑及其他情感创伤时，我看到过这些家长脸上流露出震惊，有时甚至是惊恐的表情。你越是以理解先行，孩子就越不会叛逆。

---

### 第 2 天的小结

当你试图去理解你的叛逆孩子时，你就给了他们一份无比珍贵的礼物。世上所有的爱都无法减轻孩子的叛逆，除非你理解他们挣扎的根本原因是什么。在接下来的过程中，请牢记以下几点：

⊚ 叛逆的孩子极度渴望被理解。

⊚ 叛逆的孩子往往在情绪上不够成熟，因此他们缺乏有效管理强烈情绪和解决问题的能力。

⊚ 你的孩子可能无法用言语表达，但他们非常珍视你对他们的理解。

⊚ 你越是向孩子表明你理解他们，他们就越不会叛逆。

## 为第 3 天做准备

⊚ 在倾听之旅中，记录下你发现自己有效和无效倾听孩子的时刻。有些家长喜欢用手写日记，有些则更倾向于使用电子设备来记录这些自我反思。

⊚ 时刻留意那些阻碍你倾听和理解孩子的因素。

⊚ 如果你通过短信等书面电子媒介进行沟通，注意避免产生误解。

⊚ 留意自己内心的消极和有害想法，这些想法可能会破坏你表达理解和支持的努力。

# 3

第 3 天

## 跳出大吼大叫陷阱的自我教练法

大吼大叫等于是在向孩子表明，你已经失去了对自己情绪的控制。这显然不是你想要传递给孩子的特质。今天，你将学习如何跳出大吼大叫的陷阱。

　　10岁的小康听到妈妈简女士在让他安静下来，但他没有理会妈妈的建议。简女士希望他的喧闹能赶快停止。不幸的是，她对小康采取的是"先忍着，最后爆发"的策略。当时小康和朋友们正在尽情玩耍，他的注意力完全沉浸在玩耍当中了，并没有注意其他方面。简女士惊恐地看着小康撞到了一个插着花的水晶花瓶，花瓶摇摇欲坠，然后她眼睁睁看着花瓶掉到地上摔得粉碎。简女士努力让自己保持冷静。她甚至提醒自己，是自己忘了把花瓶放到更安全的地方。但孩子们总会挑战即使是最有耐心、最善解人意的父母的底线。简女士开始对小康大吼大叫起来。"我告诉自己不应该大吼大叫的，但还是没有忍住。"后来在一次心理咨询中，她这样告诉我。

　　在第2天的计划之旅中，你已经了解到，为了减少孩子的叛逆行为，理解孩子是多么重要的策略。实际上大吼大叫会增加孩子的逆反心理，今天，我们就来探讨如何努力控制大吼大叫这件事吧。

　　想想看，你曾经有多少次冲着孩子大喊"你马上给我过来，把满地的东西给我收拾干净！"？还有，你是否大喊过类似"总是得冲你大吼大叫，我自己都厌烦了！"这样的话？鉴于养育一个叛逆孩子的压力，尽管这听起来很疯狂，但你可能也会喊出自己其实并不想大吼大叫。别太担心，你很可能并没有发疯，只是感觉压力太大了而已。

　　这可能是一首熟悉的家庭"动人"旋律。即使你已经能理解孩子的逆反心理，但当叛逆的孩子随意任性、胡作非为、不做作业，或者一件事你得跟他们说上5遍时，你由此遭受的挫败感，很容易让你忍不住大吼大叫。到第6遍时，你的要求往往比消防车的警报声还要响亮。正如你今天将会了解到的，父母大吼大叫有很多原因，但在应对叛逆孩子时，大吼大叫只会制造更多的麻烦。

几年前，我在一家商店里偶然经过一个货架，看到一位父亲正低头浏览手机，而他的 3 个上小学的孩子就在身旁。几乎就在那一瞬间，我听到"哗啦"一声巨响，几个箱子从货架上掉到了地上。这位父亲立刻冲着其中一个孩子大吼大叫。孩子被吓得直哭，父亲突然停止大吼大叫，抬头看了看天花板，然后一把抱住了孩子。在抱着孩子的时候，这位父亲突然哭了起来，并说自己很抱歉。看到这一幕，我也差点儿落泪。这位父亲显然意识到自己大吼大叫是个错误，并且试图做出补救。希望通过阅读这一章，你也能学会控制并大幅减少大吼大叫的行为。

今天我的首要目标就是帮助你理解为什么大吼大叫在育儿过程中是个大问题，尤其是在养育叛逆孩子时，为何问题会更为突出。我还会探讨为什么这么多父母会大吼大叫，并为你提供大量实用且易于操作的策略来避免大吼大叫。此外，我会针对特别棘手的情况（即大吼大叫一触即发的点）进行讲解，告诉你在这些情形下如何避免大吼大叫。咱们先仔细看一看为什么大吼大叫对养育叛逆孩子极为有害。

## 大吼大叫是个严重的问题

对于有叛逆孩子的家长来说，大吼大叫是个大问题。研究表明，大多数家长，即便是最有耐心的家长，也会发脾气，对孩子大吼大叫。不幸的是，大多数孩子对被大吼大叫已习以为常，开始充耳不闻了。研究显示，那些主要靠大吼大叫来管教孩子的家长，他们的孩子更有可能表现出身体或言语上的攻击行为、社交退缩，也可能会缺乏分享和共情等积极的亲社会行为。还有一些证据表明，大吼大叫和体罚一样，可能会导致青少年产生抑郁情绪。对叛逆的孩子大吼大叫问题尤为严重，因为他们不仅会当作耳边风，还往往会进行激烈反驳。当你对一个叛逆的孩子大吼大叫时，通常会助长他们的叛逆行为。要记住，叛逆的孩子就是想惹你生气，来试探你的底线。你一旦大吼大叫，就等于让他们知道自己成功地激怒了你。

作为家长，你要想方设法成为孩子的榜样和引路人。你的职责就是，以冷静的方式将自己的想法传达给孩子。就像本章开头提到的简女士的例子，很多家长努力保持冷静，不冲孩子大吼大叫，但最终还是没有忍住。或者有些家长一开始就因为担心孩子的不良行为而大吼大叫。不幸的是，不管哪种情况，大吼大叫等于是在向孩子表明，你已经失去了对自己情绪的控制。这显然不是你想要传递给孩子的特质。毕竟，你大吼大叫，就是在教孩子也用大吼大叫的方式来解决问题。无论你过去的大吼大叫模式是怎样的，都别对自己太苛刻。我们都曾在某些时候冲孩子大吼大叫过。今天，你将学习如何跳出大吼大叫的陷阱。

大吼大叫之所以诱人，是因为它似乎常常会产生效果——至少在短期内如此。这是因为大吼大叫往往会让孩子仅仅出于恐惧而服从——害怕失去你的认可，甚至害怕失去与你的关系。你可能没有意识到，经常被大吼大叫的叛逆孩子会对父母的爱感到捉摸不定。孩子在被大吼大叫时，会有被拒绝的感觉。久而久之，他们会开始认为父母的爱取决于他们的良好表现。这对叛逆的孩子来说，尤其令人沮丧和害怕，因为他们通常难以控制自己的反应和行为。

要全面理解大吼大叫的危害，最好的方法就是进行一些自我反思。请看一看下面的活动，它能帮助你体会被大吼大叫一方的感受。

## 设身处地为"被吼者"着想

作为叛逆孩子的家长，你可能经常大吼大叫。如果转换一下视角，想一想当伴侣、老板或其他任何成年人对你大吼大叫时，你会做出何种反应。思考以下这些问题，可能会很有启发。

- 当你被大吼大叫时，你还会热情、积极地回应对方的大吼大叫，急切地满足对方的每一个要求吗？
- 你是否在心里盘算着如何报复那个家伙？
- 你会产生一种无能为力的感觉吗？
- 被大吼大叫之后产生的消极想法和情绪，是不是让你很难释怀？

通过阅读并回答这些问题，你已经近距离且切身体会到了被大吼大叫所带来的负面影响了。如你所见，大吼大叫会伤害孩子的自我认知。关键在于，要思考你对孩子大吼大叫的频率、大吼大叫的内容，以及他们生活中还发生着什么。以下我总结了大吼大叫给叛逆孩子带来困扰的原因。

## 不要大吼大叫的原因

- 大吼大叫无法有效改变孩子的行为：大吼大叫往往不能从根本上让孩子认识到行为的不当，也就难以实现行为的有效改变。
- 大吼大叫阻碍对当下问题的探索与解决：大吼大叫会使双方情绪激动，干扰理性思考，不利于找出问题的根源并解决问题。

- 大吼大叫给予孩子错误的关注：叛逆的孩子渴望得到关注，即便这种关注是大吼大叫，他们也可能会通过不当行为来引发大吼大叫，以获取关注。

- 叛逆孩子的直观思维：他们会简单地认为，"既然他们能对我大吼大叫，那我也能对别人大吼大叫"，从而模仿这种不良的沟通方式。

- 大吼大叫易引发孩子长期的怨恨：被大吼大叫的经历可能会让叛逆孩子对父母心怀怨恨，这种情绪甚至会延续到他们成年以后。

- 引发孩子更激烈的反抗：面对大吼大叫，叛逆孩子更倾向于做出过激反应，使亲子矛盾进一步激化。

- 大吼大叫导致孩子对家长的话充耳不闻：叫得越多，孩子越不把家长的话当回事，降低了沟通的有效性。

- 传达愤怒情绪：大吼大叫会让孩子觉得家长在对他们发脾气，容易使孩子产生恐惧和抵触心理。

- 使孩子习惯以大吼大叫来回应：长期被大吼大叫的孩子，会习惯这种沟通方式，对合理的劝导和平静的讨论变得麻木。

- 带有贬低意味：大吼大叫意味着"我有权力，而你没有"，伤害孩子的自尊心。

- 传递错误信息："你不值得我心平气和地交谈，你就配被大吼大叫"，这种信息会严重打击孩子的自我价值感。

- 降低孩子对家长的信任：孩子会因此觉得家长不是那个可以安心倾诉的安全对象，破坏亲子间的信任关系。

你不应该将大吼大叫视为控制孩子的手段，而需认清其本质：大吼大叫是一种愤怒的表达。大吼大叫就如同成年人的撒泼。当然，有时你会对孩子感到生气。毕竟，你是有血有肉的人，会对各种情况做出反应。但关键在于，你要意识到自己可以选择如何做出反应。如果你感到沮丧或愤怒，快要忍不住大吼大叫时，告诉孩子："我现在对此真的很生气。等我冷静下来再来处理这件事情。"在本章后面部分，你会找到25种具体方法来帮助你避免大吼大叫。

在撰写这本书时，我询问了几位来访者对于父母对他们大吼大叫的感受。以下是其中的一些回答：

"我一点儿也不喜欢妈妈对我大吼大叫，因为这会让我哭起来。"

——7岁的罗罗

"父母大吼大叫时，会给孩子带来压力，让他们也想尖叫。"

——9岁的米米

"我不喜欢被大吼大叫，因为这只会让我的脾气也大起来，变得很生气。"

——11岁的小卢

"这会让整个情况变得更糟糕，因为父母大吼大叫只会给每个人带来更多压力。而且，父母大吼大叫时，我就不想按他们所说的去做。"

——14岁的娜娜

"你知道吗，我妈妈现在半开玩笑地说起这事，但她的大吼大叫，还有我爸爸的，真的在我小时候让我变得很消沉。"

——31岁的肖恩

没错，有些时候你可能需要提高嗓音。比如，你可能需要大吼大叫以阻止孩子踏入迎面驶来的汽车的车道。但在大多数情况下，对孩子大吼大叫只会适得其反。

## 理解到底是什么在驱使你大吼大叫

为了帮助你弄清楚是什么驱使你大吼大叫，请思考以下陈述的问题，并尽可能诚实地做出回答。

- 我大吼大叫是因为我太沮丧了，找不到其他办法来处理这种情况。是（　　）否（　　）
- 我大吼大叫是因为我的父母就是这么做的，当我的孩子行为不端时，我也就学会了这么做。是（　　）否（　　）
- 我大吼大叫是因为这已经成了我的习惯。是（　　）否（　　）
- 我大吼大叫是因为我觉得这是让孩子听我话的唯一选择。是（　　）否（　　）
- 你大吼大叫的频率是多少？
- 通常在哪些类型的事情上你会大吼大叫？
- 你的孩子对你的大吼大叫有何反应？
- 在你大吼大叫前，脑海中闪过什么想法？
- 在你大吼大叫的时候，脑海中又在想什么？
- 大吼大叫完之后，你脑海中又有什么想法？

你要为自己探索大吼大叫原因的行为点赞，以这种方式审视自己，是需要勇气的。毕竟，苏格拉底说过："未经审视的生活不值得过。"我一次又一次地看到，那些明白自己为何大吼大叫并学会加以克制的父母，能极大地减少孩子的叛逆行为。所以，即便探究自己大吼大叫的动机似乎很难，但请跟我一起坚持，继续努力。减少大吼大叫是降低孩子逆反心理的重要途径。

## 我们大吼大叫的诸多原因

既然你已经意识到大吼大叫的危害，现在是时候探讨一下家长大吼大叫更为常见的原因了。以下列出的并非全部原因，但涵盖了家长大吼大叫的主要缘由。

### 对强烈挫败感的反应

对许多家长来说，大吼大叫是他们面对强烈挫败感时的反应。作为家长，在这个节奏日益加快的世界里，你要面对诸多相互冲突的压力和要求，挫败感似乎比以往任何时候都更为常见。当你叛逆的孩子不断挑战你时，似乎很难避免大吼大叫。然而，请记住，大吼大叫通常会加剧家庭中的紧张氛围，引发的与叛逆相关的问题比解决的问题还要多。对你来说，挑战在于管理自己的挫败感，并学会用新的、更健康的方式来替代大吼大叫。在本章结尾，我会提供许多策略来减少你的挫败感，帮助你避免大吼大叫。

### 因为我的父母对我大吼大叫，所以我也这样做

我们中的许多人在成长过程中，没少被自己的父母大吼大叫过。有一些家长可能会觉得"我当年就得忍受这些，我的孩子也应该忍

受"。此外，许多家长认为现在的孩子"太过散漫"，觉得大吼大叫能让孩子变得更守规矩。

你不妨回顾一下古代历史，可能会觉得很有意思。从下面这段引言中你会发现，时代在变，但人们面临的情况却惊人地相似：

> "如今的孩子喜欢奢侈享受；他们对长辈毫无敬意，喜欢闲聊而非锻炼。孩子们成了家中的小霸王，而非仆人。长辈进屋时，他们不再起身相迎。他们与父母顶嘴……在餐桌上狼吞虎咽美食，没有风度，跷着二郎腿，还对老师颐指气使。"
>
> ——苏格拉底

正如苏格拉底在两千多年前所指出的，"很长时间以来，孩子们一直在挑战可接受行为的极限"。现在再来看看另一位伟大智者阿尔伯特·爱因斯坦的智慧之言，他对疯狂的定义是，"反复做同一件事，却期待得到不同的结果"。很明显，孩子们具有挑战性的行为由来已久，而多年来对他们大吼大叫并非解决之道。

## 大吼大叫成了一种习惯

身为父母，我们希望传达给孩子的信息清晰有力。我们希望他们留意到我们并听从我们的话。我常常惊讶于有那么多叛逆孩子的家长告诉我，大吼大叫能引起孩子的注意。实际上，家长通过大吼大叫引起孩子的注意往往转瞬即逝。大吼大叫为家长提供了一种快速且有力的方式来让自己被听到——也许孩子不会听从，但至少能听到。大吼大叫的问题在于，一旦你开始这么做，就会习惯于此。它变成了我所说的"条件反射式育儿反应"。简而言之，大吼大叫成了一种习惯。而这种大吼大叫习惯的问题在于，孩子们能预测到你会大吼大叫，并且开始期待你大吼大叫。可悲的是，这成了一种非常有害的习惯。当我示范一种被我称为"专注式低语"的替代大吼大叫的方法时，大多数家长都感到很惊讶。低语往往比大吼大叫更能有力地吸引并留住孩子的注意力。我将在"帮助你停止大吼大叫的 25 种方法"这一部分更详细地介绍这种技巧。

## 大吼大叫似乎成了我唯一的选择

许多有叛逆孩子的家长真的会觉得，"只有我大吼大叫，他才会听我的"，但事实远非如此。以朱女士为例，她就有这样的想法。在初次咨询时，她哭着向我讲述了当天早上她大吼大叫之后的情形。朱女士跟我描述了这样一个场景：她 10 岁的儿子躺在地上，抽抽搭搭，不成样子，而女儿则像失魂落魄了一样坐在她面前的椅子上。令人窒息的沉默提醒着朱女士，刚刚发生了难堪的一幕。然而，沉默很快就被打破，她叛逆的儿子把书包扔向墙壁，然后跑回了自己的房间。

和许多家长一样，朱女士的"心结"是儿子对待完成家庭作业满不在乎的态度。（在下一部分，我会给出应对"家庭作业难题"的策略。）朱女士是一位单亲妈妈，她说那天早上，儿子肖恩没有完成前一天晚上的作业。肖恩是一名五年级学生，患有注意缺陷多动障碍（ADHD），他把记作业的本子忘在了学校。当朱女士提出尝试登录学校的门户网站，以便进一步帮助肖恩时，他生气了，跺着脚走进了自己的房间。朱女士告诉我："我对管理肖恩的种种要求感到厌烦。我彻底爆发，大吼大叫起来，我以为这样做，最终可以让他改变丢三落四的行为。"和许多家长一样，朱女士觉得大吼大叫是她唯一的选择。幸运的是，朱女士后来学会了不通过大吼大叫来解决问题。

## 我的孩子"应该"尊重我

当孩子对自己不尊重时，家长做出强烈反应，并受到负面影响，这是可以理解的。然而，我常常发现，叛逆孩子的家长对孩子是否尊重自己格外警惕。要求叛逆的孩子尊重自己，往往会助长他们的叛逆行为。正如我在《给你的孩子正能量》一书中所写的那样，家长僵化的思维模式会导致情绪过度反应和不切实际的期望。具有讽刺意味的是，你越是不通过大吼大叫来要求孩子尊重你，随着时间的推移，他们反而会越尊重你。

## 树立正确的心态

在下一部分，你将学习到避免大吼大叫的有效技巧。牢记以下3 个要点，将有助于你在运用这些减少大吼大叫的策略时，保持高度专注并能提高成效。

**不要指望马上就产生效果**　要记住，你必须让孩子看到你对改变的坚定决心。当你采用这些替代大吼大叫的方法时，他们最初可能会翻白眼，甚至嘲笑你。但请放心，从长远来看，避免大吼大叫定会有所回报。这可能不会一蹴而就，但随着时间推移，你大吼大叫得越少，孩子的叛逆行为也就越少。虽然最初几次避免大吼大叫可能不会立刻看到效果，但相信我，我的大多数来访者都表示，在10 天内就会明显地看到孩子的叛逆行为有所减少。

**你的目标是与孩子并肩作战，而非制造对立**　你越能意识到并记住，你是在与孩子共同努力减少他们的叛逆行为，而不是与之对抗，你就越有可能实现这一目标。

**在整个过程中，把自己视为孩子的情绪与行为教练** 成为孩子的教练，绝不会削弱你作为家长的角色。恰恰相反，当你切换到教练模式时，你们之间的亲子关系会得到加强。教练模式能让你和你的自我意识摆脱那种受伤、失望、受威胁或陷入困境的家长角色。秉持教练心态意味着保持冷静，以理性的方式引导和鼓励孩子。在应对叛逆孩子时，家长保持冷静至关重要。约翰·戈特曼（John Gottman）博士的研究为家长提供了情绪训练的 5 个关键步骤：

（1）觉察孩子的情绪，同时也留意你自己的情绪。

（2）将孩子的消极情绪视为增进亲密关系和教导他的契机。这些情绪并非对你权威的威胁。

（3）用心感受孩子的感受。复述孩子表达感受的话语，让他们感受到被认可。

（4）运用同理心，帮助孩子用言语描述自己的情绪。比如，说"我能看出你现在真的很沮丧"，这有助于他们明确自己强烈的情绪，并进行表达，而不是通过叛逆行为表现出来。避免说"你不应该感到沮丧"之类的话。

（5）设定界限，并共同解决问题。我将在第 6 天计划的"有效管教"部分讨论设定界限的问题。其核心要点是拥有一颗"学习者之心"。这意味着探索各种选择，帮助孩子想出可能的解决方案，以克服挑战并实现目标。

## 帮助你停止大吼大叫的 25 种方法

以下是一些实用且有效的建议，可以帮助你避免陷入大吼大叫的陷阱。

## 方法 1：做一个积极主动的倾听者

如果你们发生冲突，引导孩子说出他们内心真实的感受。避免对孩子进行过于主观的评判，否则会让孩子感觉受到了批评，从而产生抵触情绪。我的一位来访者张先生告诉我，他发现，这样问自己 12 岁的儿子小迈："小迈，请你帮我分析一下，你为什么看起来如此不开心？"很有帮助。就这么一个简单的提问，让张先生记住了重要的一点，就是要倾听儿子说话，而不是教训他。即便小迈没有立刻对父亲的提问做出回答，张先生也意识到，通过问这样的问题，他为小迈之后分享自己的想法和感受打开了一扇门。

## 方法 2：通过理解让自己冷静下来

如上所说，倾听能帮助你更深入了解叛逆孩子的真实情况。这或许是避免大吼大叫的最佳办法。回想一下第 2 天计划中所提到的理解的力量。虽然仅有理解可能无法完全阻止你大吼大叫，但总是会有一定帮助的。试着分析你希望孩子做出哪些改变，然后理性地向他们做出解释。比如，对于孩子卧室杂乱的情况，问一问自己，哪些情况可以接受，哪些情况是希望他们改进的，不要再那样做的。13 岁的优优的妈妈杨女士意识到，她可以接受地上有一些衣服，但不能忍受房间的角落里放着已开封两周未吃完的薯片。再比如说，你的儿子不肯准备好去上学，有没有可能是因为他还没准备好迎接一场考试？或者你女儿是不是害怕被新交的一群朋友拒绝，所以拿你来出气？正如我在第 2 天计划中所讲的那样，理解孩子身上发生了什么，有助于你在情绪上冷静下来。你越能保持冷静，你的情绪反应就越小，也就越不容易大吼大叫。

## 方法 3：问一问你自己这到底是谁的问题

也许你的青少年孩子把音乐放得太大声，或者你学龄前的孩子把那首心爱的《我们去动物园》(Let's Go to the Zoo)播放了一百遍，这让你感觉头都要爆炸了。除非你向他们表明你实在难以忍受了，否则孩子们根本就不会知道。因为某件影响到你的事情而对孩子大吼大叫，并不能解决你的问题。我接触过的一位母亲马女士意识到，她从未告诉过 5 岁的儿子赛赛，当他不断拉扯她的外套时，她有多困扰。起初，赛赛这么做时，她觉得儿子很可爱，觉得他好玩，但久而久之，这个行为开始让她心烦不已。马女士心平气和地与赛赛进行了沟通，而没有采取大吼大叫的方式，让赛赛没有再去拉扯她的外套了。孩子们需要父母描述自己的感受，这样他们才能理解。如果你因为孩子对你送的礼物表现出很少或根本没有感激之情，而对他们大吼大叫，孩子并不会明白，你因为他们的反应而感到不被感激或者被拒绝。你应该向孩子清楚解释你的感受。如果你的青少年或成年子女总是向你要钱，却不懂得珍惜每一块钱的价值，你要反思自己是否助长了他们冲动消费或不懂得先存钱再买东西的习惯。要留意你是如何解读孩子的行为或反应的。事实上，叛逆的孩子并不总是明白他们的言行会如何影响到父母。让你的孩子知道你的期望和你想要的东西，不要期望孩子会来猜测到你的期望。

## 方法 4：将愤怒视为一种信号

感到愤怒并无大碍，关键在于你如何应对它。愤怒并不意味着"我必须大吼大叫"。回想一下，我之前将大吼大叫描述为一种"条件反射式的育儿反应"。把愤怒看作解决问题的"信号"，对你会更有帮助。尽管人们表现愤怒的方式可能有所不同，但常见的愤怒上升的警示信号如下所示：

- 胸部紧绷 / 心跳加速
- 消极 / 有害的想法（比如：这孩子正在毁掉我们这个家！）
- 呼吸急促
- 出汗
- 握紧拳头
- 声音颤抖

请参考我在第 1 天计划中描述的深呼吸练习，它有助于减轻这些症状。将大吼大叫的冲动重新定义为解决问题的信号，会帮助你更具建设性和逻辑性，从而减少大吼大叫的可能性。比如，如果你的儿子把家庭娱乐室弄得一团糟，你不要等到自己快要大发脾气了，才说他需要把一些杂物收拾干净。一旦你感到愤怒，你可以在心里默念，也可以大声说出来："我现在对此真的很生气。等我冷静下来后再来处理这个情况。"这里的主要思路是，在沟通之前，先让情绪的过载状态缓和下来。

## 方法 5：别把一切都看得太个人化

米格尔·路易兹在他的《通往心灵自由之路：驱散人生迷雾的四个约定》（*The Four Agreements*）一书中写道："不要把任何事都个人化。别人的所作所为并非因为你。"这是一条很有价值的智慧之言，值得牢记于心。如果你停下来思考一下，就会发现大多数时候你对叛逆的孩子大吼大叫，是因为你把他们的行为看得太个人化了。你要意识到，即使他们试图激怒你，你的叛逆孩子之所以有这样的行为，是因为他们自身受到困扰，而非你的问题。记住这一点，记住"别人的所作所为并非因为你"这条至理名言，会帮助你遇事不至于非常沮丧，从而大大降低你大吼大叫的可能性。

## 方法 6：勾勒一幅画中画

要记住，孩子当下的行为并不能代表他们的全部。就像电视或手机的画中画功能一样，把他们令人恼火的行为当作小画面，并用他们积极行为的大画面来围绕它。这与你在第 1 天计划尝试的"重塑孩子的美好形象"的练习类似。你越把孩子的叛逆行为视为小画面，同时创造并聚焦于他们作为人的美好品质这个大画面，你感受到的威胁就越小，也就越不容易对你的叛逆孩子大吼大叫。

## 方法 7：运用幽默

我的一位来访者林女士尝试了我建议的如下做法。和许多家长一样，林女士对她 10 岁的女儿贝贝抗拒打扫房间的行为感到十分恼火。这成了她们之间发生的许多争吵的焦点，双方都大吼大叫。有一天，我指导林女士开玩笑地告诉贝贝，有一百万美元要送到他们家，但前提是贝贝得打扫好她的房间。贝贝对林女士这种幽默的要求感到很意外——妈妈竟然没有像往常那样大吼大叫。果然传来了好消息，贝贝把她的房间打扫干净了。其实，任何能缓和气氛的幽默方式都能减轻紧张感，降低你大吼大叫的可能性。

## 方法 8：用"专注式低语"代替大吼大叫

正如我之前提到的，"专注式低语"是吸引孩子注意力的一种非常有效的方式。这也是避免在公共场合大吵大闹的有效方法。你的青少年孩子可能会觉得"专注式低语"有点儿居高临下且显得老套，所以对年龄较大的孩子要看场合，要选择性地使用。孙女士和我接触过的其他家长一样，意识到任何需要表明观点的时候，她都可以采用"专注式低语"的方式。有一次，在邻里聚会上，孙女士 8 岁的女儿小丽对前来参加聚会的家长和孩子们表现得很无礼。孙女士走到小丽身边，等吸引到她的注意后停顿了一下，然后平静而坚定地低声对小丽说："小丽，我请你对人有礼貌一点儿。"小丽照做了，孙女士没有对女儿大吼大叫，从而避免了一场难堪的场面。在第 4 天，我会进一步探讨将冷静而坚定的育儿态度作为避免权力争夺的策略之一。对于如何运用"专注式低语"的沟通方式，我推荐采取以下的步骤：

- 平静地走向孩子，先引起他们的注意。
- 直视他们的眼睛，说话前停顿片刻（必要时可以蹲下）。
- 如果你觉得这样不会吓到他们，可以轻轻把手放在他们的肩膀上。
- 简短、坚定地低声说出你的要求，然后走开。

## 方法 9：熟练掌握耸肩的艺术

耸肩是另一种替代大吼大叫的方式。通过耸耸肩，你传达出一种强烈的非言语信息，即"我不会过度反应的"。若无其事地耸耸肩，可以与"专注式低语"或此处列出的其他策略结合使用。7 岁的小蕾告诉她的爸爸王先生，她要离家出走，去朋友的家里住。王先生最近刚经历离婚，对是否能给孩子提供一个安稳的家非常敏感，小蕾第一次这么说的时候，他对着女儿大吼大叫了。然而，在我帮助王先生提升育儿技巧后，面对这类威胁，他学会了耸耸肩，而小蕾其实并无付诸行动的打算。耸耸肩有助于中和你自己过度的情绪，进而减少叛逆孩子（也可能包括你自己）的过激反应。

## 方法 10：不要羞辱孩子或给他们起侮辱性外号

正如我在第 1 天计划中提到的那样，避免给孩子起侮辱性外号很重要。不要用诋毁的语气和孩子说话。永远记住，尊重换来尊重，以负面的方式称呼孩子会迅速削弱他们对你的尊重。更为糟糕的是，当你以负面方式与孩子说话时，更容易大吼大叫。这些话语伤害性变得更大，因为大吼大叫的语气就像在情感伤口上撒盐。说"我希望你在拿出其他东西之前，先把这些玩具收拾好"，比说"你这个被宠坏的小浑蛋，马上把这些玩具给我捡起来！"要有效得多。

## 方法 11：就随它去吧

问问自己，这种情况是否重要到需要处理，还是可以不用管它。如果你需要独处时间，就向孩子做出解释，你最近心情不太好，等感觉好点儿了再和他们谈。如果有家人帮忙，在你梳理情绪的时候，让家人帮忙带一带孩子。只要有可能，无论时间多短，给自己一个暂停的时间。做任何能让自己平静下来的事，比如慢慢地深呼吸、冥想、写日记、给能支持你的朋友打个电话或进行祈祷。我接触过的一位家长告诉我，她学会了"闭上眼睛，想象自己在自由漂浮"作为自我平静的策略。

## 方法 12：念一念静心祷文

我发现这首著名的祷文对所有压力情境都非常有用。多年来，许多家长告诉我，它帮助他们避免了无数的大吼大叫情形。

> "请赐予我平静，去接受我无法改变的；
>
> 赐予我勇气，去改变我能改变的；
>
> 并赐予我智慧，去分辨这两者的区别。"

## 方法 13：记住，你要掌控局面

不要陷入模仿孩子情绪的陷阱。记住，你是家长，必须为如何处理问题树立一个正面的榜样。我见过一些家长，当他们被叛逆的孩子左右了自己的行为时，情绪会变得非常消极，会产生与孩子对抗的心理。如果你模仿孩子的行为，他们表现好时你就和善，他们表现不好时你也跟着失态，那你就是在任由孩子操控你，而不是你在掌控局面了。

## 方法 14：适可而止

如果你的孩子已经因为某种行为自食恶果，或者已经受到他人（警察、老师、教练）的批评教育，这时你要问一问你自己，你的介入是否有必要，还是仅仅想要小小报复他一下。很多家长都有阴暗的一面，这会导致他们去激怒孩子，这毫无疑问会伤害孩子的自尊心。我说的"阴暗面"，并不是指这些家长心术不正或希望孩子受到伤害，而是指因孩子表现不好引起了你的失败感，由此你想要"惩罚"一下你的孩子。比如，过度剥夺孩子的特权，或者就一件已经过去的事情没完没了地数落和说教。在第 6 天计划中探讨我的管教方法即"有效管教"时，我会更详细地讨论如何以及何时给孩子适当的惩罚。

### 方法 15：说"让我考虑一下"

如我之前所说，成功教育叛逆孩子的关键要素之一是放慢节奏。叛逆的孩子会试图用荒谬的要求让你感觉措手不及。说"让我考虑一下"能帮助你有时间进行冷静思考。小茜是胡女士 15 岁的叛逆女儿。小茜向母亲提要求时，很会把握时机（比如，就在胡女士下班刚到家时，她会提出要去朋友家）。有一天，胡女士兴奋地打电话给我，说："我没有马上答应小茜去朋友家的请求，而是意识到说'让我考虑一下'是多么容易的事情。"后来，胡女士在一次咨询中见到我时，还补充说，虽然小茜不喜欢给妈妈时间和空间来做关于她的决定，但她运用了说"让我考虑一下"的策略，最终做出的决定往往会更佳。

### 方法 16：假想自己在上真人秀

想象一下，你和你的孩子被选中参加一档关于家庭日常生活与互动的新真人秀节目。这意味着你和孩子的所有互动，在家里、车里，以及你们去的任何地方，都被隐藏的摄像机拍摄着。你想让全国观众都看到你大吼大叫吗？当然不会愿意的！

### 方法 17：确保你自己的需求得到了满足

你是不是在疲惫或饥饿的时候去管教孩子呢？要知道，如果身体状态不佳，就很难有效地与孩子解决问题。尽量避免摄入过多精制糖，因为这会导致血糖波动。你坚持锻炼并保证充足的睡眠了吗？是不是马上要和新老板进行视频会议，但你还没做好充分的准备？大多数人都没有足够的锻炼和睡眠。合理的营养、锻炼以及充足的睡眠，对于缓解紧张情绪、延长你忍耐不要大吼大叫的"导火索"长度有着奇妙的效果。还要记住，冲突往往会在晚餐前爆发。我建议你要么早点儿吃晚餐，要么在晚餐前吃点儿零食，或者尽量把讨论或冲突推迟到晚餐后。如果你的基本需求得不到满足，这可能会加剧你的挫败感、烦躁情绪以及大吼大叫的冲动。除非情况紧急，否则，先吃点儿东西或休息一下，再去和孩子进行沟通。

## 方法 18：进行自我对话

当你感到想要大吼大叫时，不妨对自己说："我有大吼大叫的冲动。这只是一种冲动，我能控制它的。"这是一种通过平心静气地说出自己的情绪来控制情绪的方式，也是一个可以展示给孩子的非常有用的方法。我记得马女士，她有两个上小学且很叛逆的儿子。在一次咨询中，马女士向我讲述了她自己是如何通过自我对话抑制住大吼大叫的冲动的。说完后，她还兴奋地与我击掌庆祝。作为家长，意识到自己大吼大叫的冲动，并通过这种自我肯定来安抚自己，你就会感觉更平静，也就不太可能大吼大叫了。

## 方法 19：记录自己的情况

在笔记本上或手机里记录下每次你想要大吼大叫的情形。几天后，标记出你是对自己当时没有大吼大叫感到庆幸，还是后悔自己当时没有大吼大叫。算出这两种情况的比例。下次再有大吼大叫冲动时，就回想一下这个比例。缓一缓，好好感受自己取得的进步。记住，要为自己减少大吼大叫的次数而奖励自己。

## 方法 20：想一想平心静气又有力量的榜样角色

如果你想象一下那些不大吼大叫的家长，就会感受到他们给予你避免大吼大叫的支持力量。沃先生告诉我，当他尝试不对自己 10 岁的叛逆女儿大吼大叫时，他会想象自己空手道教练在指导他时的耐心、沉稳的风度以及优雅的姿态。记住还有其他人也在努力避免大吼大叫，这会让你觉得在克制大吼大叫冲动这件事上，你并不孤单。

## 方法 21：你的指令要简洁明了

没错，你已经多次让孩子捡起他们的衣服，可衣服还是在地上。如果孩子还在上小学，帮助他们养成定期做这件事的习惯。要确保孩子有能力独立完成这项任务。孩子们并不总是会承认自己没完全听懂你说的话。如果孩子是青少年，帮助他们理解完成这项任务的重要性。确保你的表述清晰，避免使用"你"这个字，而用"我"来代替。例如，说"我注意到你没捡起你的衬衫"，而不是"你总是把衬衫扔在地上"。避免使用"总是""从不""一直"这类词和短语。正如你在第 2 天关于有害思维的部分所学，这些词过于绝对和不公平，会引发消极情绪和抵触心理。你不是要指责孩子，只是想解决问题。提前让孩子知道你的期望，以免日后产生问题。

## 方法 22：想一想生命的最后时光

当你想要大吼大叫时，问一问自己："如果今天是孩子生命的最后一天，自己会做什么？"我的一位名叫齐远的来访者与我分享了这个策略。齐先生认为自己是一个"正在戒除大吼大叫的人"。他将自己能够成功控制情绪归功于这种强大的心态转变。

## 方法 23：提前规划

父母需要明确哪些问题非常重要，哪些不太重要，哪些是没有商量余地的。很多家长没有花时间提前做出这些重要性的区分。作为家长，你对自己所关心的问题重要性程度越清楚，最终面临的困扰就会越少。与孩子讨论这些问题以及你的期望，并设定预先确定的后果。提前规划还能帮助你明智地选择"战斗"，我会在第 4 天计划中详细讨论这一点。

## 方法 24：问题出现时要及时处理

许多家长向我承认，他们大吼大叫是因为问题出现时没有及时做出反应。邓女士很高兴地告诉我，她不再压抑自己的反应，而是在问题出现时就及时处理，从而成了更称职的家长。过去，她会让 9 岁的儿子小伊玩电子游戏，却又对其导致他们早上出门延迟心怀不满。邓女士改变了沟通方式，不再只是表达担忧并大吼大叫，而是立刻采用"专注式低语"的技巧。做好充分的心理准备，能防止你情绪大爆发。我会在第 4 天计划中进一步讨论如何管理孩子过度玩电子游戏及其他屏幕时间过长的问题。

## 方法 25：像领导在场一样克制自己

如果你实在难以相信自己能避免大吼大叫，那就试一试这个方法。想象一下，当你想大吼大叫时，你的领导就在旁边，你会怎么做。如果想象领导在场对你不起作用，那就问一问自己，如果一个手持上膛枪支的袭击者把你逼到角落，你会如何表现。你会对一个威胁要开枪打你的疯子无礼吗？我猜大概不会的。关键是，如果你能在某些特定的人在场或特殊情况下保持镇定并控制自己，那么在其他时候你也能做到，尤其是为了你自己和孩子好的时候。

## 怎样避免没完没了的大吼大叫的发作

今天，你已经学习了许多不同的控制大吼大叫的策略。这非常令人兴奋，因为你正在掌握减少孩子叛逆行为的方法之一。现在，对于那些特别难以克制大吼大叫冲动的时刻，我将给你提供一些额外的帮助。上述所有策略在这些情况下仍然适用，但以下内容将为你提供一些更具体的计划、工具和策略，以应对你可能遇到的一些更棘手、更具挑战性的大吼大叫情形。

### 早晨的混乱

"快点儿，咱们赶快出门，否则你快要错过公交车了！"看一看，上学日早晨为人父母的"乐趣"就在于此！许多家长告诉我，早晨忙乱的日常安排（比如起床、穿衣、洗漱、吃早饭……）让他们忍不住对孩子大声尖叫。正如我的一位来访者恰如其分地描述的那样，这样的经历让你感觉自己的脑袋都快要炸开了。我们来想象一个情境：一大早，在你家里，你叛逆的孩子就是不肯穿好衣服去上学。你越是提醒，他们就越叛逆，大发脾气、抱怨衣服，还找其他岔子。你的恼怒在不断加剧，于是提高了嗓门，要求孩子立即照你说的做。你冲着他们大吼大叫，让他们立刻穿好衣服。他们变得更加叛逆，权力之争也愈演愈烈。权力之争会给家长和孩子都带来挫败感、愤怒和怨恨。你可能还记得我在第2天计划讨论过的叛逆循环圈，你越是沮丧不已，孩子就越觉得被误解了，他们的逆反情绪也就会越强烈。

下面是一些或许能帮助你在早晨的混乱中避免大吼大叫的建议：

- 找出孩子早晨磨蹭的原因：他们是累了吗？（如果是，那

76

么，他们晚上就需要早点儿上床睡觉。）他们是被玩具、电视或移动设备分散注意力了吗？（如果是，要限制孩子玩玩具、看电视以及使用其他电子屏幕的时间。）还是你的孩子本身就是个"慢热型"，进入状态比较慢呢？（如果是这种情况，你可能需要提前 15 分钟叫醒他们。）

- 适当立定早晨的规矩：在晚上气氛平静的时候，告诉孩子你对他们的期望。我接触过的一位母亲田女士发现，对女儿说"你醒来后，我希望你尽快下楼吃早餐"能让自己更有掌控感。田女士意识到，主动提出自己的要求，一开始就能让她感觉更能掌控局面。你也可以告诉孩子，如果他们不按你的要求做，就会有相应的后果，比如之后不能看喜欢的电视节目，或者不能玩其他电子设备。为了减少孩子的逆反情绪，让孩子帮忙选择对不遵守要求的适当惩罚措施，可能会有所帮助。这会让他们感觉更有掌控权。

- 调整自己的期望：要记住，即使在最好的情况下，早晨往往也会让人感到压力很大。许多家庭都会出现早晨的混乱，不只是你家。提醒自己这一点，可能会帮助你在事情没有按计划进行时，不会过度反应，也不会大吼大叫。

## 家庭作业难题

每晚，在全国数百万个家庭中，孩子与家庭作业之间的古老故事都在上演。角色或许不同，但情节往往相似。对于叛逆的孩子，围绕家庭作业存在着无数的权力争斗和问题。家长很容易卷入与孩子在家庭作业上的权力争斗，因为他们担心作业问题会阻碍孩子在学校取得成功。可以说，家庭作业问题通常让孩子和家长都充满了强烈的消极情绪。为了应对，家长们会尝试各种方法，比如试错、贿赂、威胁、讲道理，只要他们觉得可能有用的方法都会尝试一遍。在应对家庭作业挑战时，可参考以下基本准则。它们将帮助你和孩子营造一个更有益的家庭作业氛围。

- 避免传递消极的非言语信息。非常重要的是，不要通过传递消极的非言语信息来营造消极的氛围。面部扭曲、身体僵硬、叹气、皱眉以及其他的消极肢体语言，都可能是非常强烈的非言语信号。叛逆的孩子可能相当敏感，他们会察觉到这些信号。这只会加剧家庭作业情境中的紧张气氛。

- 帮助孩子制定并尝试固定的家庭作业时间表。对于一些叛逆的孩子来说，决定何时坐下来做作业可能是一项难以承受的责任。叛逆的孩子感到越难以承受，就会变得越叛逆。努力通过与孩子讨论一个尽可能切实可行的时间来获得他们的配合。这也能解决为了让孩子做作业而不得不"四处寻找"或"管束"他们的问题。除非双方都同意，在做作业期间不应有任何干扰。给朋友发消息、看电视以及其他所有事情都应该等到作业完成后再去做。

- 对作业任务进行优先级排序。对于一些叛逆的孩子来说，决定先做什么会成为一个主要的紧张源。你自己有时不也会面临这样的纠结吗？他们可能会在这个选择上纠结很久，进而变得焦虑和不知所措。其他孩子可能会对所有作业一视同仁。大多数孩子如果能尽早处理更具挑战性的作业，效果会更好。然而，对于一些孩子来说，先完成较简单的作业能让他们进入状态，从而应对更难的挑战。看一看哪种方式最适合你的孩子。

- 在孩子做作业时，不要唠叨或在一旁盯着。唠叨通常是家长的一个大问题，而且往往只会导致孩子更叛逆，拒绝做作业。如果你唠叨，那就是在给自己制造巨大的挫败感和愤怒。你还会助长孩子的"习得性无助"，因为他们会变得过度依赖你。

- 首先关注正确答案。家长有时习惯直接挑出错误答案。下次孩子拿作业给你检查时，先关注他们在解决问题和正确拼写单词方面做得有多好。关注这些"小胜利"能极大地提高孩子应对更具挑战性问题的动力。对于错误的答案，要用平静的带有鼓励的语气说些类似"我打赌如果你回去检查一下，可能会得到不同的答案"的话。我必须强调，你的目标不仅是管理好叛逆孩子的消极情绪，也要管理好你自己的。如果你先关注错误答案并生气，那么当孩子回去继续做作业时，他们可能更在意失去你的认可，而不是完成作业。

- 不要让作业拖到很晚还未完成。有时家长允许孩子花几个小时做作业，或者一直做到完成。如果孩子的表现始终如一，或者作业确实需要这么长的时间投入，这是可以理解的。然而，如果你的孩子在一两个小时后并没有比开始做作业10分钟后有更多进展，我建议你让他停止做作业。让孩子学习合理的时间规划很重要。长时间纠结于作业，会引发他们越来越觉得自己不行的无能感。
如果孩子反复遇到难题，要保持建设性的态度，寻找其
他获得帮助的方法。如有必要，安排与老师见面，探讨
孩子学习困难或动力不足的原因。

- 不要替孩子完成作业。有些家长会替孩子完成整个作业
  任务。这被称为"纵容"，会让孩子对你产生不健康的依
  赖。虽然你的目的可能是帮助孩子完成一项困难的作业，
  但最终结果可能有百害而无一益。他们必须学会依靠自
  己，而不是你，来完成作业。如果孩子确实努力了但仍
  无法完成作业，给老师写个便条解释一下情况。我发现
  大多数老师都会理解。如果孩子有严重的学习问题或处
  于高度紧张状态，他们可能会感到极度挫败、愤怒和失
  望。这时可能需要额外的学业支持服务，详见附录 1，其
  中包含了如何对孩子的学习优势和劣势进行评估的建议。

## 兄弟姐妹间的竞争与争吵

"兄弟姐妹之间的竞争"是指家庭中孩子之间经常出现的竞争情
绪和行为。以 9 岁的小杰和他 7 岁的弟弟小思之间的情况为例：

> 小杰："我玩电子游戏的时候他一直打扰我。"
> 小思："他踩我脚了！"
> 小杰："别那样盯着我看！"
> 小思："不，是你别那样盯着我看！"

如果你在面对这类情况时，感觉自己想仰天咆哮，那你并不孤
单。幸运的是，有很多方法可以帮助你减少孩子之间的竞争。

- 将每个孩子视为独立个体。帮助孩子明白，因为他们是不同的个体，所以你对他们的对待方式不同，他们也有不同的特权和责任。
- 尊重每个孩子的空间、玩具，以及他们想要独处、远离兄弟姐妹的时间。
- 避免给孩子贴标签或相互比较。这会加剧他们的竞争心理。
- 当家庭迎来新成员时，让年长的孩子为他们重要的新角色做好充分准备。让他们觉得这也是他们的宝宝。
- 做个"侦探"。留意兄弟姐妹何时相处不融洽（比如晚餐前、在车里、睡前），并为这些时段安排各自独立且安静的活动。
- 审视自己对待每个孩子的方式，看看是否助长了竞争。确保自己没有偏袒任何一方。
- 对孩子之间应如何相处、合作、分享及对待彼此，抱有合理的期望。记住，一定程度的兄弟姐妹间的竞争和争取认可的行为是正常的。
- 当他们相处融洽或自行解决冲突时，给予积极的强化。这有助于消除他们"我们总是在争吵"的认知。
- 让每个孩子都觉得自己特别且重要。尽量每天都与每个孩子单独相处一段时间。
- 花时间给自己充充电。做一些只为自己的事。这可能包括与朋友见面，培养一项爱好，或者读一本好书——甚至可以是- 本与育儿无关的书！
- 保持冷静，要意识到兄弟姐妹间的竞争最终会减弱。我怀疑等孩子快成年时，他们还会为谁能坐在爸爸旁边的前排座位，或者谁能吃葡萄味的棒棒糖而争吵。提醒自己，兄弟姐妹间的竞争会有起有落，通常会随着时间的推移而减少。有些在叛逆和情绪反应方面存在问题的成年子女，可能仍会感受到兄弟姐妹竞争带来的压力和痛苦。要富有同理心，营造一种情感上的安全感，如果成年子女愿意，与他们探讨这些棘手的问题。

## 电话干扰引发的混乱

孩子们本能地知道你什么时候注意力分散。叛逆的孩子对这种情况尤其敏感，还会利用这个时机提出更多要求。当你在打电话，或者需要使用其他电子设备时，叛逆的孩子会觉得你在关注别人或别的事物，而不是他们。为了帮助你应对因电话干扰引发的紧张状况，以下建议可能对你会有一些帮助：

- 要记住，孩子可能并不理解你暂时没有空，因为他们往往以自我为中心，意识不到你正在和电话另一端的人交谈。

- 当他们打断你时，先对电话那头的人说"不好意思"（为孩子树立你期望他们具备的行为榜样），然后告诉孩子："我正在和别人通电话，大概还要 5 分钟。等我挂了电话，就听你说，帮助你解决问题。"当然，如果孩子情绪失控，你可能不得不中断通话。但大吼大叫或威胁惩罚只会增加孩子的焦虑，让他们更难与你配合。

- 一如既往，预防是最佳策略。对于年幼的孩子，在你打电话时，给他们安排一些可以做的活动，比如画画、涂色、玩喜欢的拼图，或者在电话旁边放一个玩具电话和一些办公用品，鼓励他们在你打电话时也"打电话"。

## 另一种形式的大吼大叫：火药味的短信

短信常常被家长、青春期前儿童、青少年以及成年子女用作互动方式。然而，由于缺少面对面交流时的沟通线索，短信的便利性大打折扣。必须意识到，在与叛逆孩子的短信交流中，无论是否有意，被视为大吼大叫的感觉，都可能破坏沟通的进程。如下面的案例所示，冷静、坚定且非控制的沟通风格有助于改善这种情况。

案例一：

戴先生（父亲）："你该停止做出愚蠢的选择了！长点儿心吧！我们不是说过要你和那群朋友保持距离吗？你比他们优秀多了！"

小锐（儿子）："你总是冲我大吼大叫，对我指手画脚。别再试图控制我的人生了！"

戴先生（冷静、坚定且非控制地）："我本意并非要对你吼叫，只是担心你会惹上麻烦，所以有些着急。我们晚些时候心平气和地谈谈吧。半小时后给我发个消息报平安好吗？我意识到我们需要学会如何不争吵地沟通这件事。我们一起努力改进，好吗？"

小锐："好的。"

小锐（20分钟后）："爸，你能现在来接我吗？我得回家做作业了。"

在上述简短的短信交流中，小锐将父亲戴先生的焦虑情绪误解为大吼大叫。这就是我所说的"火药味的短信"。注意戴先生最后用冷静、坚定且非控制的表达，成功阻止了冲突升级。

案例二：

小莉（青少年）："天哪老妈！你简直太离谱了。我完全不能接受。你别跟着我去舞会！"

朱女士（母亲）："够了小莉！我受够你的态度了！"

小莉："我的态度？你怎么不看看你自己？简直不可理喻！我都初三了，老妈你绝对不能在这场舞会上当监护人！你什么事都要管，就是要毁了我的人生。我受够了你对我的一举一动都要指手画脚！"

朱女士："那我刚给你买的、你舞会上要穿的裙子，是不是该退回店里去？我本不必花这么多钱，尤其是在你这样把我当垃圾对待的情况下！"

小莉："看吧老妈！你永远只会用钱说事，每次谈话都让我充满负罪感！"

朱女士（冷静、坚定且非控制地）："这样争吵对我们俩都没好处。我能看出你很意外。我感觉你在攻击我，但我想我也攻击了你。如果你不想让我当监护人，那我就不去。"

小莉（5分钟后）："算了老妈，你要来就来吧。但别像以前那样硬拉着我拍照行吗？"

朱女士："妈妈明白了，好。"

在朱女士和小莉的这段短信交流中，当朱女士缓和交流方式，减少情绪反应，表达同理心并做出让步时，小莉就会觉得威胁感降低了，反应也没有那么激烈了，对于妈妈在舞会上当监护人一事也更愿意接受。虽然这些只是简短示例，但在对青少年、成年子女及家长的咨询中，我反复看到，这种冷静、坚定且非控制的方式能够预防、减少并消除短信交流中的冲突。

## 睡觉时间

如果你能理解孩子在玩得开心时，停下手中的事情是多么困难，那么睡觉时间或许会进行得更为顺利一些。设身处地为他们想一想：谁会愿意关掉精彩的电视节目，或者停下电脑游戏去刷牙呢？

- 为了让孩子更轻松地过渡到上床睡觉时间，提前半小时通知他们必须停止活动，这样做是明智的，然后用一项有趣但安静的活动吸引他们回房间睡觉。
- 在开始睡觉程序之前，立刻做一些能滋养和支持自己的事情。如果你不是疲惫不堪，就能更好地应对。哪怕花 10 ～ 15 分钟读一本好书，或者听一听喜欢的音乐，都能在你哄孩子睡觉前让自己先平静下来。

## 万一你没能忍住大吼大叫，要有勇气及时道歉

如果你没能忍住，像火山一样爆发，对孩子大吼大叫了，那就真诚和他们讨论一下这件事情。要记住，叛逆的孩子可能会因你的大吼大叫受到相当大的负面影响，所以尽量通过道歉来缓解紧张的

气氛。询问孩子对这件事情的看法，如果他们愿意，给他们一个倾诉的机会。虽然你的目标是避免大吼大叫，但如果偶尔没忍住，勇于承认，这能为孩子树立对自己行为负责的重要人生榜样。要放得下这件事情，从经历中吸取教训，别为此类事情过分自责。

## 如果你觉得难以戒掉大吼大叫，试一试自我关怀

克里斯汀·内夫博士探讨了自我关怀（self-compassion）的价值。基于她对这一重要概念的研究，她阐述了人在犯错时，要保持情绪健康的应对方式。比如，如果你对孩子、青少年甚至成年子女大吼大叫了，自我关怀有助于你消除过分自责的情绪。

要做到自我关怀，你必须留意对自己所说的话。你对自己说话的方式，尤其是在你遭遇某种失败时对自己说话的方式，会影响你的健康和情绪，甚至影响你与他人的关系。内夫博士认为，犯错时自我关怀的核心是提醒自己：人非圣贤，孰能无过，下次我会更努力。她补充说，犯错、失误和失控是人类经历中不可避免的一部分，但我们大多数人却把这些小失误变成了因自己不够完美而自责的契机。当我们认为自己是无可救药的失败者时，我们就会对自己和他人封闭内心。自我关怀不是自怜（"我好可怜，我不该这么难受！"），不是不负责任（"我搞砸了？谁在乎！"），甚至也不是自尊（"只要我成功，我就会感觉良好。"）。它是认识到情绪低落是人类共有的经历，并理智地避免评判自己。面对挫折，懂得自我关怀的人会以温情的方式做出回应。自我关怀度得分高的人情绪更稳定，修复力更强，看待事物的视角更乐观，给出的生活满意度评价也更高。

如果戒掉大吼大叫对你来说很难的话，或许正是因为缺乏自我

关怀才让这件事变得非常困难的。只要记住，你有自我关怀的权利，这就能帮助你保持冷静，从而减少大吼大叫。

## 不再大吼大叫的成功故事

我的一位来访者辛女士，她有两个个性很倔强的孩子：12 岁的小文和 7 岁的小妮。"他们想做什么就做什么，实在是太叛逆了。"她抱怨道。辛女士发现自己"总是在大吼大叫"。她解释说："我会因为小文穿衣服太慢对他大吼大叫，会因为小妮在杂货店摸货架上的盒子对她大吼大叫。他们在车后座打架时，我会对他们俩大吼大叫，他们跟我顶嘴时，我也会对他们大吼大叫。"

虽然辛女士有权就恰当和不恰当的行为给孩子们反馈，但她在与我交流后，也意识到了自己把大吼大叫的原因，归结在了孩子身上。她开始明白，自己也是问题的一部分。就辛女士的情况而言，她对孩子的期望过高，提高嗓门大吼大叫对她来说已经成了某种习惯。辛女士通过审视自己下达指令的频率，并努力减少这种行为，她做出了有力的改变。辛女士明白了选择明智"战斗"方式的重要性。在小问题上她稍微让步也未尝不可，而在大问题上把住关就可以了。

接下来，辛女士向孩子们解释了听从她指令的重要性。她发现可以给孩子们提供解释机会，让他们说一说为什么不想听，如果反对意见看似合理的话，她也可以做出让步。辛女士还意识到，在必要的时候，她不用大吼大叫，可以针对孩子们的不当行为给出相应的后果。辛女士惊讶地发现，这些策略减少了孩子们的叛逆行为。一旦你掌握了今天的策略，也会有同样美妙的感受。

## 第 3 天的小结

今天你了解了为什么在管教叛逆孩子时，大吼大叫会带来诸多问题。减少大吼大叫会让你在管教叛逆孩子时更有掌控感。在对待叛逆孩子时，关于大吼大叫，请记住以下要点：

⊙ 对叛逆的孩子大吼大叫往往会适得其反，因为这会加剧他们叛逆行为的程度。

⊙ 情绪化的大吼大叫会以一种不健康的方式在情感上拉开你与叛逆孩子的距离。

⊙ 理解自己大吼大叫的原因很重要，只有这样你才能减少这种消极行为。

⊙ 有许多实用且易于使用的策略，能有效帮助你避免大吼大叫。

### 为第 4 天做准备

⊙ 提醒自己注意到，大吼大叫对孩子自尊和整体情绪健康会产生负面影响。

⊙ 把自己想象成一个冷静的指导教练，而非控制欲强、只会大吼大叫的家长。

⊙ 列一个可能引发大吼大叫情形的清单，对缺乏面对面交流线索的短信沟通保持敏感。

# 4

第 4 天

## 超越权力之争

因为你有一个叛逆的孩子，你可能经常会陷入两败俱伤的权力争斗之中。避开并超越权力争斗的关键在于，你要摒弃一定要赢的想法。

对于父母而言，几乎没有什么比和孩子陷入权力之争更为糟糕的事情了。当然你知道我在说什么。在陷入权力之争的时候，你坚持一种立场，而孩子却持相反的立场，双方都不愿改变，于是为"获胜"的争斗（说得更准确点儿，就是权力争夺战）就上演了。权力之争通常相当激烈，双方都非常情绪化，甚至会显露出最难看的一面，丑态百出。因为你有一个叛逆的孩子，你可能经常会陷入这类两败俱伤的权力争斗之中。今天，你将了解是什么让叛逆孩子热衷于制造权力争斗。在此，我还会清楚地告诉你，在应对叛逆孩子时，权力争斗为何毫无成效且问题重重，你在这些争斗中所扮演的角色是什么，你如何做才会走出权力之争。

你可能觉得与叛逆孩子之间发生权力争斗是不可避免的事情。毕竟，想一想那些紧张的对峙场景吧：你纠结于孩子花时间在电脑或手机上，而不是打扫房间、完成作业和上床睡觉；纠结于孩子对朋友的选择；纠结于他们在网上浏览的内容或联系的对象。

当你为叛逆的孩子设定界限，试图引导他们保持身心健康时，这些都很可能成为非常棘手的问题。我知道你平常的日子压力就已够大了，但作为叛逆孩子的家长，你不得不努力保护孩子的安全，因为当今世界问题重重，环境恶劣，诸如环境问题、校园暴力问题、诱人的网络诱惑问题，以及人们对拯救地球越发关注的问题。

然而，在这个过程中，你的孩子可能会觉得你限制过多或控制欲太强。如果你感觉自己已深陷这些"鱼死网破"、两败俱伤的权力争斗之中，那你并不孤单。避开并超越权力争斗的关键在于，你要摒弃一定要赢的想法。学会如何避免与叛逆的孩子发生权力争斗，能让你少受诸多烦恼和痛苦的折磨。你与孩子的权力争斗越少，孩子的叛逆行为也就会越少。我已经帮助许多家长和孩子结束了他们之间的权力争斗之战。好消息是，你也可以结束自己的权力之争。权力争斗几乎从来都不是关于你们正在争执的问题本身。它们通常发生是因为你的孩子（很可能还包括你自己）感到力不从心，想要获得更多的掌控感。一场权力争斗实际上是你的叛逆孩子（同样，很可能还包括你自己）试图弥补自己的无力感。

面对权力争斗可能会让人望而生畏，心烦意乱。许多家长都跟我分享过他们对与叛逆孩子权力争斗所产生后果的担忧。相信我，如果你能与这些家长感同身受，我能理解你的感受。想一想，那些觉得自己被压制或深感无力的叛逆孩子，常常会通过报复来争夺权力，这确实令人害怕。他们会试图伤害他人，而且往往最终会做出伤害自己的行为。对于两三岁的幼儿来说，报复行为可能表现为顶嘴、打翻食物或扔掉食物。到了五六岁，他们的报复行为可能就意味着拒绝收拾玩具。然后，后果会变得越来越严重。十岁或十一岁的孩子可能会对你恶语相向、打你或者摔东西。更为糟糕的是，十六七岁叛逆孩子的报复行为可能会更令人心烦意乱。这可能意味着滥用毒品和酒精、破坏财物、怀孕、学业失败、彻夜不归、离家出走，甚至企图自杀。成年子女可能会疏远、回避，或者恶语相向，以此来表达他们尚未解决的叛逆问题。当叛逆的孩子表现出这些行为时，他们大多数时候是对自己的自我价值感缺乏，充满了无力感，总是深感沮丧。阻止这种情况发生的关键是，学会如何避开权力争斗。想一想，在世界各地有叛逆孩子的家庭中，是否都能听到以下这样的话语。

"你休想强迫我做什么！"

"我绝对不会做的！"

"别老是对我指手画脚！"

"别管我！我恨你！"

这些都是叛逆孩子会说的话语，这样的话会把他们的父母卷入激烈的权力争斗之中。叛逆的孩子常常看似心情不错，然后突然就开启了权力争斗模式。就像火山爆发一样，这些权力争斗往往充斥着火药味十足的且一发不可收拾的消极情绪。在第 3 天的计划里，你了解了大吼大叫为何是个大问题，以及它是如何助长孩子的叛逆行为的。通过承诺控制自己不大吼大叫，你已经在减少孩子叛逆方面迈出了积极的一大步。这是个好消息，因为减少大吼大叫会让权力争斗的激烈程度降低，频率也会减少。不幸的是，即便你不大吼大叫，你们之间的权力争斗可能依然会发生。叛逆的孩子往往会毫无征兆地说出一些具有挑衅意味的、态度强硬的、具有挑战性的话语，比如上面列举的那些话语，而且这些话语似乎都是围绕着一些无关痛痒、鸡毛蒜皮的小事。今天，你将学习一些非常有效的避免权力之争的策略。一旦你能够避开权力争斗，就能进一步减少孩子的叛逆行为。千万要记住，你今天学到的技巧应该与你在第 2 天和第 3 天计划中掌握的技巧结合使用。你的每一天所学都应建立在前一天的基础之上，你正在不断获得更多的技巧来减少你孩子的叛逆行为。

## 叛逆孩子往往抱有不切实际的期望

叛逆孩子引发权力争斗的背后驱动力是，他们对自己应得之物抱有不切实际的期望。这是因为他们自认为与父母地位平等（见第 1

天计划的内容），且往往缺乏情商（见第 2 天计划的内容）。

权力争斗除了会带来伤害、愤怒和怨恨之外，权力争斗结束之后，叛逆的孩子可能会觉得父母对自己的爱减少了。虽然他们可能不会明确表达出来，但你的叛逆孩子内心强烈渴望感受到你的爱与认可。与此同时，他们向往成年人拥有的自由和选择权。我接触过的大多数叛逆孩子感觉都非常困惑，从理智上讲，他们知道自己被父母深爱着，但他们却感受不到父母的爱。当你对孩子大吼大叫，不认可他们的行为，并陷入与他们的权力争斗时，他们最终可能会觉得你并不爱他们，也觉得你没有尽心尽力去理解他们。正如我们之前讨论过且会继续探讨的，这就是为什么表达理解（即使你不认同）至关重要。

那些感觉不被理解的孩子，尤其是叛逆的孩子，即使在权力争斗尘埃落定之后，可能依然坚信父母是不爱自己的。正是你叛逆孩子的情感不成熟，使他们容易做出这些错误的假设。这让作为家长的你也感到非常困惑。章女士是 15 岁的萨萨的祖母，萨萨的父母在一场悲惨事故中突然离世之后，章女士一直独自抚养着萨萨。正如章女士向我描述的那样："我能看到萨萨心里在盘算着什么。她表现得非常叛逆，对人苛求，对我简直是尖酸刻薄，但她又暗自希望我告诉她，她有多乖巧，多么了不起。"

## 你的孩子思维不理性

这里有一个孩子极力引发权力争斗的典型例子。9 岁的轩轩因为一拳打在母亲肚子上，被母亲带到我的办公室接受心理咨询。在一次咨询过程中，轩轩向我倾诉了他扭曲的认知，他觉得父母根本不爱他。我们的对话如下：

> 我："轩轩，你是在告诉我，你总是处在烦恼中吗？"
>
> 轩轩："是的，因为我父母总是对我大吼大叫。"
>
> 我："轩轩，我记得我们都认同，自从你和你的家人来我这里咨询之后，你父母基本上不再大吼大叫了。"
>
> 轩轩："是的，可是，他们还是毫无缘由地总不让我做我想做的事情。"
>
> 我："你真的觉得是这样吗，他们从来都不让你做你想做的事情？"
>
> 轩轩："嗯，也许不是从不，但大部分时候是这样。"
>
> 我："嗯，你觉得为什么会这样呢？"
>
> 轩轩："因为他们不在乎我。他们只希望我十全十美。"
>
> 我："轩轩，这么说可太严重了。你为什么会这么想呢？"
>
> 轩轩："因为他们不爱我。"
>
> 我："真的吗？"
>
> 轩轩："嗯，也许他们认为是爱我的，但我感觉他们并不爱我，因为他们那些愚蠢的规矩，我从来都不能开心玩耍。而且关于那些规矩，他们从不听一听我的意见。"

和大多数叛逆的孩子一样，轩轩的脑海里充斥着夸张和扭曲的想法。他觉得父母在针对自己，故意不让他享受生活的快乐。但我与他父母的交谈却表明并非如此。他们很爱护轩轩，却感到疲惫不堪。后来他们也承认，虽然轩轩在情感上相当不成熟，但他们本来可以通过表达更多同理心来缓解他的叛逆行为的。

像轩轩这种扭曲、不切实际的想法，会引发导致叛逆行为的权力争斗。当你学会不陷入权力争斗的陷阱时，孩子会从你那里感受到更多无条件的爱。作为家长，你面临的挑战是在不卷入权力争斗的同时，坚守自己的原则和为人父母的价值观。紧跟我的思路，你将会看到一个没有权力争斗的令人兴奋的育儿新世界。不过要记住，大多数良好的育儿策略之所以失败，是因为父母放弃得太快，半途而废。所以，请你要保持耐心和决心。现在，让我们更深入地看一看这些令人抓狂的控制权之争中究竟发生了什么吧。

## 权力争斗可能会迅速且沉重地打击你

12 岁的娅娅和她的母亲罗女士已经和我打了好几个月交道了，在减少她们母女关系中的冲突方面，已取得了很大进展。当然，这并非巧合，这种进展与罗女士减少大吼大叫的频率是同步的。然而有一天，没有任何征兆，娅娅突然情绪失控，她用如下方式对母亲做出了回应。

"你就是个泼妇，我恨你。我就是要穿我的新上衣！你昨天答应我今天能穿的，如果今天你不让我穿，我就不去上学！"

在过去的 40 分钟里，娅娅一直在为这件上衣与母亲发生争吵。当时是早上 7 点 55 分，罗女士知道快要迟到了，而且娅娅的上衣似乎过于暴露。罗女士继续克制自己，尽力不大吼大叫，她用最克制的声音回应道："哦，真的吗？好吧，你绝不能穿这件透视上衣。"不出所料，娅娅的情绪越来越激动。"它一点儿也不透视，妈妈，我就是要穿它，你别想阻止我。"

当罗女士向我讲述这件事情时，我解释了娅娅是如何下定决心制造一场权力争斗的，而且还是一场情绪非常激烈的争斗！娅娅一心想打败罗女士，并且她毫不留情地这么做了。过去，在类似的情况下，罗女士的大声尖叫只会加剧娅娅的好斗和叛逆。但正如罗女士所学到的（正如第 3 天计划里所讨论的那样），大吼大叫会让你的叛逆孩子知道，你已经失去了对自己情绪的控制。过去，当罗女士失去对自己情绪的控制时，娅娅的焦虑和沮丧会随着她的叛逆情绪一同上升。随着她变得更加叛逆，情况不断升级，她们就陷入了无休无止的冲突循环之中。

那天，娅娅在权力争斗中取得了胜利，最终穿上了那件新上衣。罗女士自然感到心烦意乱又充满了担忧，因为在她看来，自己在这场权力争斗中输了。事实上，罗女士和许多有叛逆孩子的家长一样，想就娅娅的发脾气行为给她一些惩罚。她来到我的办公室寻求支持，想知道自己原本可以用什么样的不同的方式来处理这件事情。

在我们继续讲述罗女士的故事之前，我希望你通过下面的活动进行一些深入的思考。

## 你是否助长了权力争斗的发生

请仔细阅读下面这些问题，并依据你的答案来评估你在与孩子的权力争斗中所扮演的角色。

⑨ 如果我不再试图控制孩子，我会担心发生什么？

⑨ 在与孩子发生权力争斗时，我在想些什么？

⑨ 当我拒绝给孩子选择的权利时，我通常会怎么想或有什么感受？

⑨ 当孩子表现出叛逆行为时，我脑海中那些让我无法保持冷静的念头是什么？

⑨ 为什么我有时会对区区小事不依不饶、反应过激？

你对这些问题的回答可能表明，面对叛逆孩子试图压制你的行为，你感到受到了威胁，并会产生负面反应。很多家长在权力争斗中都曾感到自己缺乏魄力，感觉受到了孩子的威胁，你并不孤单。继续阅读，获取能帮助你开始避免与孩子发生权力争斗的技巧和方法。

## 无须权力之争地做好父母

你能够化解与叛逆孩子之间的权力争斗，而且方法比你想象的还要更多一些。让我们回到罗女士和她女儿娅娅的故事中去。为了帮助罗女士预防未来可能发生的权力争斗，我依据以下观察给她提出了相应的建议：

- 罗女士首先需要弄清楚事情的缘由。娅娅故意要穿过于暴露的上衣这件事，挑起了她们母女之间的权力争斗。娅娅这么做是因为她不够成熟，无法表达出真正困扰她的问题（其实根本不是穿这件上衣的事情），只能通过这种好斗的方式表现出来。娅娅沉浸在自己的情绪中，只关注自己，她的目的是不断激化冲突，直到母亲失去控制权。

- 罗女士没有大吼大叫，这就是一种胜利。如果罗女士大吼大叫，娅娅就会觉得自己成功激怒了母亲。一旦出现这种情况，娅娅就会认为自己控制了罗女士的情绪，从而赢得了这场权力争斗。

罗女士告诉我，在冲突发生时，她本打算给娅娅一些惩罚，但还是忍住了，想先咨询我的意见。我向罗女士解释，在冲突激烈的时候放弃实施惩罚是个明智的举动。对叛逆的孩子实施并坚持执行惩罚措施，可能会很困难。因为给予惩罚会引发另一场冲突，而在这场冲突中，你很有可能会失去主导权。如果你在孩子挑起权力争斗时实施惩罚，极有可能给你和孩子都带来更多的挫败感。（我将在第 6 天计划里介绍的"有效管教"方法中，进一步讨论如何运用惩罚措施。）

我建议罗女士调整自己的心态。我的目标是帮助罗女士在真诚回应娅娅的同时，防止权力争斗升级。我建议罗女士在未来遇到类似情况时，先做几次深呼吸，然后冷静而坚定地对娅娅说类似下面的这些话语：

"娅娅，请别用这种方式跟我说话。以前，我可能会冲你大吼大叫，但现在我不会了，因为这对我们俩都没有好处。我希望你别穿这件上衣，因为它过于暴露了，我不太能接受。但如果你非要穿，我也不会阻拦你。你要知道，我觉得这件衣服有损你的魅力。"

　　果然，大约一个月后，透视上衣的问题再次出现，罗女士以类似上述的方式回应了娅娅。起初，娅娅只是茫然无措地盯着罗女士，然后气冲冲地走出了房间。接下来发生的事堪称重大突破。罗女士走进客厅，看到娅娅在抽泣。娅娅向母亲倾诉，她觉得自己除了这件上衣，穿什么都"又胖又丑"。她带着羞愧之情，给母亲看了一些热门青少年网站上模特穿着透视上衣的照片，并表示将自己与她们比较后，深感自卑。如果当时罗女士没有试图理解女儿，没有忍住不发火，或者一心只想着给她惩罚，娅娅很可能不会如此敞开心扉。随后，娅娅向母亲道了歉。她还告诉母亲其他一直困扰着她的事情，包括父母离婚，以及被一位曾经的密友拒绝，这位朋友还在网上发布了一些关于她的刻薄言论。那天晚上，罗女士和娅娅出去购物，挑选了娅娅觉得既得体又舒适的上衣、紧身裤和其他服装。罗女士明智地借此机会与娅娅讨论了经过修饰、美化的网络及广告牌上那些穿着暴露、身材超瘦的模特形象所带来的负面影响。她向娅娅解释，这些对年轻人"应该"长成什么样的扭曲且不公平的描绘既不现实也不健康。娅娅很感激母亲的安抚。

## 张先生如何避免了与孩子的权力争斗

　　"让他赢了，我，我实在很难接受。"张先生对我说。我试图指导他不要再陷入与 9 岁儿子奔奔的僵持局面，但他对此反应强烈。他又说："当我听到他对我说'不'的时候，我就想抓住他，拼命摇晃他。"

　　张先生担心奔奔的叛逆行为越来越放肆。我让张先生列出他与奔奔直接发生冲突的每一件事情。张先生列出的冲突事件如下：

- 准备好去上学。
- 做家庭作业。
- 架子鼓课程之间愿意练习。
- 与弟弟相处。
- 晚上按时就寝。

在上述每一种情况中，张先生应对奔奔的方式都是大吼大叫，命令他回房间，或者剥夺他的某些特权。张先生一心想要赢得这些争斗。当张先生一心求胜时，通常意味着要压制奔奔。问题在于，奔奔越感觉到被压制，就越觉得自己充满了无力感。越觉得充满了无力感，他就会变得越叛逆。有一天，张先生来见我，说他有了一个重大的顿悟。他的妻子洛女士在一旁，笑容满面地听张先生讲述发生的转机：

> "昨晚，我真的尝试了一种不同的方法来应对奔奔，结果非常管用。我告诉奔奔，对于他还不打算去睡觉，这让我很失望。我没有大吼大叫，只是说我很担心他会睡眠不足，然后就走开了。真是神奇！奔奔就像变了一个人似的。大约 5 分钟后，他就停止了玩电子游戏，过来给了我一个拥抱，告诉我他要去睡觉了。一直以来，我总是逼迫他快点儿上床睡觉，结果只是让情况变得更加糟糕。"

那么，在权力争斗中谁输了呢？是家长！如果你继续感到无助，并且因为觉得无法控制孩子而越发沮丧，那你就会深陷权力争斗之中不能自拔。

张先生和罗女士都必须摒弃那种强烈的自我防御心理。在这两个例子中，他们意识到叛逆的孩子是在用一些古怪行为来激怒父母，以获取权力。这两位家长都明白，他们不必为自己辩护，也不必试图说服孩子自己是对的。通过避免情绪化的权力争斗，他们没有让自己陷入与叛逆孩子相同的情绪状态。从这两位家长的故事中，我们学到的最重要的一点是，他们通过放弃控制权，反而获得了控制权。他们的孩子在行为和对他们的反应上都出现了积极的变化。

## 转变你的思维方式

因为你的想法会影响你的言行，所以结束权力争斗的第一步是改变你的思维方式。为了帮助你转变思维方式，可以考虑以下几点：

- 对于你的叛逆孩子，关键不在于压制他们，而是赋予他们力量，让他们自我感觉更好。
- 当你冷静而坚定地表达自己的观点和信念时，孩子更有可能倾听。
- 从来没有成年人说过，因为父母太善解人意而让自己过了一个很糟糕的童年。

不幸的是，许多家长没有意识到，他们的反应方式可能会引发或延长权力争斗。正如你将在接下来的部分看到的，在回应孩子时保持冷静且坚定（但不固执），是至关重要的。

## 学会冷静和坚定

张先生和罗女士发现，成功处理他们面对的情况的方法是保持冷静和坚定。他们都传达了自己的想法，同时又没有失去自己镇定自若的状态。你这里会学到的经验是，如果你有耐心，在做出反应之前愿意从孩子的角度看待事情，你就能更好地控制自己的情绪。即使被激怒，你也需要尽力避免用充满敌意的言语或行为回应孩子。你仍然可以表达自己的意思，只是要冷静而坚定地说出来，而不是大吼大叫并威胁要采取惩罚措施。戒酒互助会家属组织（Al-Anon）为酗酒者的家属提供支持，它有一句口号："说其想说，但勿恶语伤人。"我很喜欢这句话，因为它非常适用于教育叛逆的孩子。

在上面的例子中，罗女士很冷静，因为她做了几次深呼吸，为与娅娅的交流做好了准备。罗女士很坚定，因为她让娅娅知道她的语气和言语是不可接受的。张先生使用冷静和坚定的策略也取得了成功。下表将为你提供更多关于如何做到冷静和坚定的方法（见表4-1）。

表 4-1　保持冷静与坚定的方法

| 保持冷静的方法 | 保持坚定的方法 |
| --- | --- |
| 提醒自己，选择冷静是你的自主决定 | 与孩子眼神交流时，稍作停顿 |
| 提醒自己，消极情绪是正常的，但以消极方式回应会给孩子树立不良榜样 | 保持坚定的眼神交流 |
| 回应孩子前深呼吸3次 | 以真诚且严肃的语气说话 |
| 语速放慢，而非加快 | 说其想说，但勿恶语伤人 |
| 记住，传达自己的意思比获得认同更重要 | 多用"我"开头的表述，而非"你"开头的表述 |
| 不要提高嗓门 | 自信地表达你认为合理的观点，而不是试图通过让孩子觉得自己错了来"取胜" |
|  | 发自内心地表达，但带着同理心，以促进建设性对话，即便孩子还没准备好这样做 |

　　许多家长在权力争斗中感到受到极大威胁，以至于无法做到冷静和坚定。通常，这些家长一心只想赢得争斗。但试图在与叛逆孩子的权力争斗中取胜，注定会失败。通过学习保持冷静和坚定，并运用本章稍后我提供的其他策略，你将拥有避免与孩子发生权力争斗所需的所有方法。

## 保持冷静与坚定并非易事

　　正如我在前面几天计划中所说的那样，刚开始采用我教给你的技巧时，你可能会感觉不自在、很别扭。我所讲的冷静且坚定的方法也是如此。张先生放弃他强硬、传统的方式时，肯定觉得很不自在。如果罗女士没有摒弃她过去处理权力争斗的方式，她永远也不会知道真正困扰女儿娅娅的到底是什么。在第 2 天计划中我提到过，叛逆的孩子缺乏管理情绪和处理问题的情商。这种情商的缺失不仅会引发权力争斗，还会让争斗持续下去。要记住，情商还包括自我安抚和有效沟通的能力。因为你的叛逆孩子在这些技能上有所欠缺，所以他们只能用极其苛刻和好斗的方式来试图得到自己想要的东西。没错，一开始要保持冷静和坚定可能看似并不自在。这似乎也有悖常理，就好像你不跟着激化冲突就是在放弃家长的权威似的。但你要提醒自己一个事实：无论孩子多大，你跟着激化冲突的本能反应，只会让你和孩子陷入更加糟糕的境地。

　　面对孩子的叛逆，你想要激化冲突的本能反应，源于我们在第 1 天计划中提到的"战斗、逃跑或僵住"反应。当你感到受到威胁时，肾上腺素会激增。当孩子叛逆时，你会产生一些强烈、异样且不安的感觉，这也很正常。仅仅是感觉到自己心跳加速或者听到自己声音颤抖，就可能会让人惊慌。而且不出所料，权力争斗越激烈，你的身体反应就越强烈。以下是更多关于保持冷静与坚定的建议，这样你就不会大发雷霆，或者对孩子说出一些日后会令你后悔的话。

## 保持冷静与坚定的方法

- 提醒自己，因权力争斗的威胁而感到"情绪激动"是正常的。你正在经历身体应对最初感知到的威胁和压力的正常反应。
- 提醒自己，孩子正在慢慢长大，这个问题不会永远存在的。
- 为自己对自身感受和情绪反应负起了责任而自我肯定。
- 在脑海中梳理并书面记录下你成功避免权力争斗的时刻，当你对自己的进展产生怀疑时，就拿出来看一看。
- 提醒自己，你放弃的权力越多，叛逆孩子试图夺走的权力就越少。试图获胜只会让权力争斗变得更加糟糕。

## 不要控制孩子

除了冷静和坚定的策略，我还推荐你运用威廉·格拉瑟的选择理论。格拉瑟强调，我们唯一能控制的行为就是自己的行为。当我们把格拉瑟的理论应用到有孩子，尤其是有叛逆孩子的人身上时，传达的信息清晰而简单：不要试图控制你的孩子。控制毫无作用，你这样做只会疏远孩子，破坏你与他们的关系。想一想，当你意识到有人试图控制你的时候，你难道不会感到沮丧吗？格拉瑟选择理论的核心观点是，强制手段会阻碍孩子承担自己的责任。如果你的孩子不愿对自己的行为负责，那么他们就会将自己的错误和不开心归咎于他人。以下是一些对孩子说话时控制与非控制方式的例子（见表 4-2）。

表 4-2　控制型与非控制型的表达方式

| 控制型的表达方式 | 非控制型的表达方式 |
|---|---|
| 我叫你把那些玩具捡起来。现在就去给我捡起来 | 满地都是玩具，还没有收拾好，我很苦恼。我请你把它们捡起来。如果你愿意，我可以帮你一起开始收拾 |
| 要么你为取笑妹妹道歉，要么一个月不许玩电子游戏 | 我知道你当时很沮丧，但你对待妹妹的方式真的让我难以接受。我希望你能向她道歉，因为我觉得这样做你自己也会感觉好受些 |
| 离你那个新朋友远点儿，他会惹麻烦 | 我是你的妈妈，你知道的，我很担心。请让我多了解一下你的朋友。这样我对你和他一起玩会更放心些 |
| 你从来都不吃早餐，显然我得强迫你开始吃 | 这是你的选择，但我希望你能考虑吃点儿早餐。不好好吃饭，你会感觉没精打采的 |
| 我不想听你说要在电子游戏里升到下一级。你最好现在就停止玩游戏 | 我们一起来找到一个合理的办法，平衡好做事和玩游戏的时间。先完成家务和作业，这样我就能给你玩游戏的时间。一旦我们看到你能持续做好作业和家务，之后我愿意灵活安排你玩游戏的休息时间。我真的想支持你玩会儿游戏，但我需要你的配合，好吗 |

这些例子中的每一个都展示了如何让你的表达方式听起来控制欲尽量少一些。请记住，冷静、坚定且非控制代表的是一种育儿态度，而非一套固定的说辞。这里所展示的例子仅用来启发你。如果你一开始言语上有所失误，对自己要有耐心。在学习对孩子保持冷静、坚定且非控制的同时，也要对自己保持同样的态度。

当你将不控制与冷静、坚定相结合的时候，你就为令人兴奋的积极改变铺平了道路。保持冷静、坚定且减少控制欲，将显著减少你与孩子之间的权力争斗，以及他们整体上对你表现出的叛逆行为。

你仍然对这种理念和方法持怀疑态度吗？我们来看一看夏女士的情况。夏女士正在厨房准备晚餐。她 8 岁的儿子小健走进来要一块饼干。他们的对话如下：

"现在不行，小健。再过 45 分钟我们就要吃晚饭了。"

"为什么不行？我现在饿了。"小健坚持道。

"你知道我们晚饭前不吃饼干的，小健。"夏女士有些不高兴地说。

"是的，但我快要饿死了。就给一块，好不好？"夏女士停下手中的活，愤怒地转向小健，强忍着没有大吼大叫。"我早就告诉过你，晚饭前不要吃垃圾食品，没什么好商量的。"

"可我真的饿了啊。我饿的时候为什么不能吃点儿东西？"

"晚饭前你就是不能吃饼干。你知道家里的规矩。你现在回自己的房间去。"

当夏女士和我讨论这件事情时，我问她，在准备晚餐时她自己有没有吃过什么东西。夏女士不好意思地低下头，然后笑了。她承认，自己在做晚餐时确实会吃点儿零食。然而，她觉得作为母亲，自己应该设定严格的界限，不允许晚饭前吃零食。但在和我交谈时，夏女士意识到，她自己"试吃"的行为，恰恰给儿子树立了她不希望他表现出来的行为榜样。她还意识到，自己命令式的语气只会加剧小健对饼干的渴望。更为重要的是，夏女士明白，小健想要饼干，与其说是真的想吃，不如说是想在母亲的拒绝面前"获胜"。我们想出了一个办法，在类似情况下让小健来当她的晚餐试吃员。当夏女士给小健这个特权后，他觉得吃垃圾食品会影响自己当好试吃员。如你所见，夏女士有效地避免了与小健的权力争斗。她以冷静、坚定且非控制的方式引导小健去品尝她正在准备的食物。夏女士还引导小健吃了比饼干更健康的东西。通过不与小健针锋相对，不试图压制他，她让自己掌握了主动权。由于夏女士避免了非要在争论中获胜的心态，小健也就能延迟自己立刻吃到饼干的欲望。

现在你已经了解了保持冷静、坚定且非控制的理念，这将大大降低你陷入权力争斗的概率。接下来的重要一步是明智地选择你的"战斗"。

## 明智地选择"战斗"

你的叛逆孩子很难接受挑战和应对挫折，所以，如果你试图控制孩子生活的太多方面，只会加剧他们的叛逆行为。保持冷静、坚定且非控制的好处在于，你对叛逆孩子的任何请求、评论或互动，反应过度的可能性就会降低。即便如此，我还是建议你只专注于孩子的一两个你希望改变的行为，比如，不说脏话或不打人，然后和他们讨论并协商如何实现这些改变。为了更谨慎地选择你的"战斗"，试着从孩子的角度思考下面的每个问题：

- 你的要求是否不合理？
- 你是否用命令的语气和强硬的要求激怒了孩子？
- 你是否在用对待年幼孩子的方式去控制大孩子？

7 岁的小蕾的母亲黄女士，运用以下思路来保持冷静、坚定且非控制，并明智地选择了与女儿的"战斗"。当她试图决定是否要对某事做出让步时，黄女士会问自己一个简单的问题："等她30岁的时候，这件事情对她或对我来说真的重要吗？"黄女士对我说："这个问题真的能帮我从大局着眼。然后我就能正确看待事情，决定某件事情是否真的值得争执。"比如，当小蕾坚持在开始做作业前先画她的芭比娃娃时，黄女士意识到小蕾确实需要那段时间来放松一下。黄女士决定不再为这件事情而发生争吵。黄女士过去常常会强迫小蕾停止画画，这引发了小蕾的激烈反抗。黄女士告诉自己，不要再干涉。她还心想："我敢肯定地说，等她30岁的时候，她可能根本就不想和芭比娃娃有太多关系。"

　　黄女士绝不是一个软弱的家长。她只是明智地选择了哪些问题值得关注。在安全问题上，黄女士有更坚定的底线。比如，她明确告诉小蕾，必须坐在车后座并系好安全带。小蕾清楚地知道，如果在这件事情上有分歧，她母亲肯定会坚持到底，绝不妥协。

　　为了更有效地选择"战斗"，请看一看以下与孩子沟通时问题的优先等级排序（见表4-3）：

表4-3　"战斗"重要性的优先等级与事例

| "战斗"重要性的优先等级 | 事例 |
| --- | --- |
| 1. 对孩子身心健康构成危险的行为、活动或问题 | 在无大人监管的情况下在危险区域行走 |
| 2. 对他人身心健康构成危险的行为、活动或问题 | 向他人投掷可能造成伤害的物品 |
| 3. 违法的行为、活动或问题 | 偷窃、威胁伤害他人 |
| 4. 干扰孩子自身教育的行为、活动或问题 | 拒绝做作业 |
| 5. 影响家庭正常运转的行为、活动或问题 | 破坏家中财物 |
| 6. 其他所有你需要解决的消极行为、活动或问题 | 摔门、拒绝收拾个人物品或倒垃圾 |

从这个表的第 1 项开始，依次往下处理。在解决下一个问题之前，先考虑针对一个问题的解决方案。只有在你针对某个问题努力了几个月却毫无进展时，才应打破这个规则。此时，你应该暂时专注于另一个问题，等新问题解决后，再回过头来处理第一个问题。关键在于，不要被小事情搅扰得烦恼不已，但一定要掌控好安全、健康以及身体暴力行为（比如打人）等重要问题。

# 避免权力争斗的其他 19 个秘诀

以下是其他 19 种易于应用的避免权力争斗的策略。这些小秘诀都来自实践——来自我在过去 30 多年里接触过的叛逆孩子的家长。运用我在第 3 天计划里与你分享的心态来应用这些策略。不要执着于立竿见影的效果，要专注于与孩子合作，而非成为他们的对手。秉持"合作"的思维方式是引导自己做到不控制孩子的绝佳方法。

## 秘诀 1：着眼于"预防"

关注到底是什么原因让你的叛逆且容易沮丧的孩子情绪崩溃的。留意那些引发冲突的导火索，并尝试识别出预警的信号。到现在为止，你可能已经很清楚哪些情况容易引发权力争斗。虽然这些情况不一定有规律可循，但你可能会发现，孩子在面对以下这类问题时，叛逆情绪更容易爆发：

- 你对他们的着装的反应。
- 你对他们的朋友的反应。
- 你要求他们停止上网、玩电子游戏或看电视。

- 你要求他们打扫房间。
- 你要求他们完成家庭作业。
- 你不认可他们的任何选择。
- 以情绪化的方式进行说教和传授人生经验。

　　试着在孩子情绪平静的时候，和他们讨论这些棘手的情况，并请求他们帮忙解决问题。我的一位来访者有个 14 岁的儿子叫平平，他抱怨并拒绝在早上 7 点服用治疗多动症的药物，而他父母认为这个时间吃药最合适。家庭气氛由此变得十分紧张。考虑到预防的重要性，平平和他的父母前来参加心理咨询。我认可了平平对服药的抵触情绪，然后询问他觉得怎样才愿意吃药。平平请求把吃药时间改为早上 7 点 20 分，而不是 7 点。他的父母同意了，这场权力争斗就此平息。

## 秘诀 2：思考如何用回应代替反应

　　我非常喜欢"回应，而非反应"这句话，因为它与冷静、坚定且非控制的方法高度契合，能帮助家长避免陷入孩子（以及自己）的情绪反应中。这对于引导孩子减少对抗、更加合作至关重要。完成这个 10 天计划的读者们告诉我，这种方法是他们避免过度反应、避免与叛逆孩子陷入权力争斗的关键，能让他们在应对压力时保持冷静和情绪稳定。

　　当你"反应"时，通常是出于本能，往往基于恐惧和不安全感。但事后，你可能会意识到这并非最理智或最恰当的做法。然而，选择"回应"，则意味着你会客观看待情况，以共情与合作的态度决定最佳行动方案。

我们来看一看下面这个 9 岁的优优和他母亲夏女士之间发生的"回应"与"反应"的对比示例。优优对去参加夏令营的第一天充满焦虑，因此对母亲夏女士很不尊重。

**优优对夏女士说：**"我讨厌这样！你总是让我做我不想做的事情。你从不关心我想要什么。求你了，妈妈，就让我待在家里放松一下吧！那里的人肯定都很愚蠢的。"

**夏女士"反应"式回应：**"你真是不可理喻，让人难以置信。你为什么非得把事情弄得这么难办？是你自己选择要去这个夏令营，而不是做其他事。你怎么敢对我摆脸色！你会迟到，还会让我上班也迟到！"夏女士显然是生气地做出了"反应"。她大吼大叫，这让优优很心烦，也使他们的关系变得紧张起来。

**夏女士以冷静、坚定且非控制的方式"回应"：**"优优，我不能接受你对我这么无礼。不过，我能理解你现在压力很大。初次见到新同学和辅导员，一开始可能会感觉不自在，这很正常。我知道你不想去夏令营。但是，优优，我觉得你今天去了之后，心情会好一些。我们来看一看你的物品清单，把今天需要带的东西都记好。这样做能让我们俩都冷静下来。"

从这个例子可以看出，当夏女士选择"回应"而非"反应"时，她对优优表达了认可与安抚。虽然不能保证这能让优优的焦虑"消失"，但夏女士的回应引导并帮助优优平复情绪，去面对并有望克服内心的焦虑，让他不再觉得孤立无援。夏女士保持冷静、坚定且非控制，这使她能看到优优的焦虑，而不是盲目地对他的叛逆做出反应，从而陷入权力争斗。她也意识到，作为家长感到无计可施时，转换到引导角色，就能避免自己陷入情绪上的权力争斗。

### 秘诀 3：想象自己吊在天花板上

等一下！在你跑去拿梯子开始攀爬之前，让我说明一下，我这里说的是比喻意义上想象自己吊在天花板上。如果你很难理解自己的孩子，我建议你想象从上方来观察自己和孩子的互动。这样做能让你保持专注，平复内心汹涌强烈的情绪。许多家长跟我说，他们自身强烈的情绪（通常是恐惧）以及由此产生的反应，阻碍了他们真正理解自己的孩子。这里提供了一个你能快速用来停止大吼大叫的方法：你可能还记得我在前面提到过的一位在商店里的父亲，他抬头看天花板来让自己重新镇定下来。对他的观察让我学到了宝贵的经验，并分享给我的来访者。下次你想大吼大叫的时候，想象有个挂钩，把自己"挂"到天花板上。通过自我观察你和孩子的互动方式，你就能更好地控制自己，做出更为恰当的选择。我发现，我接触的很多家长在想象自己俯视与孩子的互动时，能够超越那些破坏彼此理解的棘手情绪困扰。这为家长给予孩子他们迫切需要的认可和共情铺平了道路。我记得几年前，我的一个孩子真的把我惹恼了。我感到既生气又受伤，很想大吼大叫。但我想起了在商店看到的那位父亲，于是想象自己吊在天花板上。这么做让我既能看到孩子的想法（尽管他们表达的方式很刺耳），也能意识到自己的反应，而我的反应只会让我们都更加沮丧和愤怒。

如果你一开始情绪过于激动，难以想象自己吊在天花板上，那么先做几次集中注意力的深呼吸，让自己冷静下来可能会有所帮助。一旦冷静下来，通过想象自己从上方观察，你就能真正避免与孩子进行无谓的权力争斗。试一试，希望你真的能减少一些大吼大叫。

## 秘诀 4：提前告知时间和转换的安排

在执行计划或行动之前，提前告知时间范围和剩余时间。很多孩子在被打断手头的事，然后被告知去穿外套、鞋子时，反应会很糟糕。提前 5 分钟提醒会产生意想不到的效果。有些家长甚至会使用厨房定时器，或者在电子设备上设置倒计时，以此作为准备提醒。如果你带孩子一起去办事或参加某种会议，提前告诉他们到那里需要多长时间，以及预计什么时候会离开。尽量让孩子对日常生活的任何变化有所准备。叛逆的孩子往往比较固执。如果可能的话，提前告知孩子计划和活动的变动。对于青少年和成年子女，在提及诸如消费习惯、自我照顾方式或恋爱关系等敏感话题之前，尽量委婉地提前打个招呼。

## 秘诀 5：注意你自身的行为示范

记住，作为家长，无论好坏，你始终都在教育孩子。如果你大声尖叫、扔平底锅，或者一拳砸在门上，那你就是在教孩子变成你不希望他们成为的那种人。

- 尊重孩子，这样你更有可能得到孩子的尊重。
- 表现出灵活性，你也更有可能收获孩子的灵活回应。
- 做一个好的倾听者。
- 讨论如何在不争吵的情况下解决问题。
- 用你的人格魅力激励孩子。
- 在表达自己时，保持冷静、坚定且非控制。

### 秘诀 6：注意你的情感节奏

为了保持平衡、支持性的心态，成为孩子的引导者和情绪教练，留意你们讨论的节奏很重要。你可以想象自己和孩子正在赛车道上，以此来阻止权力争斗升级。别让孩子成为领跑赛车！如果你把自己想象成领跑赛车，即设定互动强度和速度的一方，你就能更好地控制自己的情绪，孩子也很可能会跟着调整。在人际关系中，发生冲突时，我们的话语就像在赛道上加速行驶的赛车一样脱口而出。你说得越快，你或孩子就越有可能像赛车失控一样，最终陷入糟糕的局面。相反，要用心保持一个可控的情感节奏。如果你感觉自己情绪在加速，注意到这一点，然后做出回应而非反应，就像把脚从想象中的油门上移开一样。

### 秘诀 7：保持底线要求的一致性

多年前在一场心理学大会上，我有幸与 B. F. 斯金纳合影，这张照片就挂在我的办公室里。当时我还是一名心理学专业的本科生，这位著名心理学家在研讨会结束后，抽出时间回答了我的几个问题，这让我兴奋不已。斯金纳博士的强化理论表明，我们在给孩子设定界限时需要保持一致。如果一会儿说"不行，不行，嗯，也许过一会儿……好吧，就这一次"，这给孩子的预期与你坚定地说"不行"是截然不同的。想想看，如果你在玩电子游戏，要是一直输，你还会继续玩下去吗？但当你不确定是否能得到想要的东西，因为得到的机会是随机的，你就会一直按那个按钮。孩子也是如此。

### 秘诀 8：说出你的观点后就走开

当你以冷静、坚定且非控制的方式表达了自己的担忧后，不要执着于让孩子立刻服从或给出积极的回应。播下种子，然后让它慢慢发芽。这是一种很好的练习方式，能让你不执着于立刻看到结果。比如，我的一位来访者雷女士告诉我："过去，我试图让小蕾（她 15 岁的女儿）在我表达观点时认可我，但这只会让她更为生气。现在，当我不喜欢她的语气或行为时，我只是冷静而坚定地说出我的感受，然后慢慢走开。通常情况下，小蕾之后会主动来找我道歉。她以前可不会这样！"

## 秘诀 9：有礼貌地提出请求

我发现，很多叛逆的孩子在父母说"请"和"谢谢"时，回应会积极得多。你可能觉得在孩子说出无礼的话语时，使用这些策略毫无意义。但根据我的观察，这些礼貌用语真的能迅速减少孩子的叛逆。尤其是当孩子习惯了你用更命令式、缺乏礼貌的方式跟他们说话时，效果更为显著。

## 秘诀 10：考虑一下"妥协"

当你察觉到权力争斗即将开始时，告诉孩子："我真的希望我们双方都能对达成的共识感到满意。"这传达出你想与孩子合作，而非与他们对抗的信息。当孩子看到你关心他们的需求得到满足时，他们可能会更愿意与你合作，也会格外努力去尊重你的需求。我建议你集思广益，寻找解决权力争斗的办法，绝不要轻视别人的想法。把所有建议都写下来，然后先把纸条递给孩子。他们可以浏览一遍，划掉自己不喜欢的。然后你再拿过纸条，划掉你不喜欢的。通常最后会剩下两三个建议，你们双方可以就此达成一致。对于非常看重手机的青少年，可以把你的建议通过短信发给他们。无论是通过纸条还是短信，这都是一种很好的解决问题的方法，经过足够的练习，甚至不用写下来就能完成。

## 秘诀 11：避免贴负面标签

无论是仅在心里想，还是实际上说出了口，负面标签都不利于解决问题，所以尽量将负面标签重新表述为更正面的说法。比如，叛逆的孩子常常被贴上"固执己见"的标签，不妨用"坚定不移"来替代。注意不要给孩子贴上"固执己见"的标签，如果已经这么做了，就停止使用。另一个要避免的重要标签是"说谎者"。相反，要认为孩子是因为在情感上感到不够安全或自信，才不敢对真相承担责任。此外，我还看到"懒惰"这个标签也伤害了很多孩子。作为"懒惰"的替代词，我喜欢用"动力不足或受阻"。

下面是更多负面标签的替代表述（见表 4-4）：

表 4-4　负面标签与重新表述的正面标签

| 负面标签 | 重新表述的正面标签 |
| --- | --- |
| 固执己见 | 坚定不移 |
| 自私自利 | 重视自我 |
| 嫉妒 | 关心且有保护欲 |
| 控制欲强 | 自信 |
| 斤斤计较 | 小心谨慎 |
| 富有心机 | 深思熟虑 |
| 吹毛求疵 | 细心 |
| 热情过度 | 热情洋溢 |
| 疯疯癫癫 | 与众不同 |
| 痴迷 | 专注 |
| 说谎者 | 努力变得更诚实 |

## 秘诀 12：提升自身的自信和自尊

你对自己感觉越好，就越能避开权力争斗。为自己阅读了这本书而给自己点个赞吧。提醒自己，养育孩子并非易事，而你已经在尽最大努力做个好家长了。想一想你在生活中面对过的所有挑战。最为重要的是，不要因为自己的错误而过分自责。每个人都会犯错。从心理健康专家、有类似经历的其他家长，或者孩子年龄相仿且应对良好的家长那里寻求支持，他们可能拥有一些你可以尝试的好主意。

高女士是一位单亲妈妈，她来参加了几次心理咨询，以解决自尊问题。她得意地跟我分享了一个她觉得很有用的激励短语。她说："为了自我引导并向孩子们展示自尊，我经常思考或说出'知晓自身价值'（Know Your Value）这句话。当生活变得艰难时，我就会这么说，因为提醒自己知晓自身价值能带来安慰，也能鼓励孩子们自尊自爱，尤其是当我为他们做出一些他们不太喜欢但符合他们最大利益的决定时。"请记住，正如我在第 3 天计划时所讨论的那样，当你做得不够好，甚至感到无助或绝望时，表达自我关怀非常重要，它能给予你支持。记住，提升自己的自尊和自我关怀能力，会增强你在与叛逆孩子的权力争斗中保持冷静、坚定且非控制的能力。

## 秘诀 13：运用幽默

尽管我的孩子们总会说："爸爸，你一点儿都不好笑。"但我发现，偶尔来点儿幽默有助于缓解紧张气氛。许多家长发现，不带嘲笑或讽刺，以恰当的方式运用幽默，能够化解权力争斗。

## 秘诀 14：给孩子合适的方式来获得掌控感

我们都希望能感受到自己有力量，如果没有合适的机会，我们就会通过不当方式来获取这种掌控感，比如陷入权力争斗或者欺负兄弟姐妹。在与孩子发生冲突时，停下来问一问自己："在这种特定情况下，我怎样才能让孩子获得更多的掌控感呢？"方法可能很简单，比如，向他们求助，倾听他们不同的观点，或者给他们一项完全由他们负责的特定任务。

### 秘诀 15：记住少说为妙

作为家长，要注意避免唠唠叨叨。说话时尽量简洁明了。唠叨的例子如："为什么我总要提醒你挂好外套？你以为我是什么？管家吗？"在这种情况下，简短而友好地提出要求可能效果会更好。比如你可以说："请把外套放好。你能意识到这对我很重要，我很感激。"并且一定要用友好的语气，面带微笑地说。

### 秘诀 16：提供选择并征求意见

如果你的孩子过于消极和苛刻，用冷静、坚定且非控制的语气告诉他们有两个选择。如果他们想留下来，就可以换个话题，停止抱怨；或者如果他们愿意，也可以去家里其他地方抱怨。给予选择能让孩子感到自己有掌控权。同样，要让孩子知道，他们对你来说有多重要。告诉他们，你希望他们留在身边。他们觉得自己对你越重要，就越不太可能调皮捣蛋。秉持"合作"的心态，在买衣服时征求他们的建议，在木工项目设计上询问他们的意见，或者问一问他们如何装饰家里。还可以向他们征求庆祝节日的新点子。

### 秘诀 17：说"我理解，但是……"

当你的孩子执意要让情况变得不可收拾时，就该用上"我理解，但是……"这几个有力的词语来化解争论了。比如，"我理解你说的话，但是，我不能让你独自走到他家去"。以冷静、坚定且非控制的方式反复使用这几个词（就像坏掉的唱片不断重复），有助于缓和局势，避免被孩子拖入权力争斗。如果说"我理解，但是……"后孩子仍有抵触情绪，那不妨试着说一说："我们对此有不同看法，所以我们心平气和地来聊一聊，这样能更好地理解彼此。"这两种回应都能让你进入引导和指导的模式，摆脱与孩子权力争斗的困境。

## 秘诀 18：让孩子有能力自信地表达自己

千万不要害怕教孩子以尊重的方式对你说"不"。孩子有权持有与你不同的观点和做出不同的选择。关键在于教导孩子，这并不一定会妨碍最终达成妥协。我接触过很多成年人，他们小时候不被允许说"不"。大多数人会通过其他方式来表达拒绝，比如叛逆或者做事敷衍。要教孩子恭敬地说："不，我不想洗碗，但我会扫地和用吸尘器清理地毯。"这样能营造出合作与支持的氛围。

## 秘诀 19：并非所有事都会引发权力争斗

要想到并非所有事都是权力争斗。尽管孩子有叛逆的习惯，但有时他们可能并非故意要把你气得发疯。他们只是在考虑自己满足需求的问题，想和你保持点儿距离而已。不要把孩子所有的行为都看成是对权威的反抗。

## 关注屏幕带来的益处

在探讨与屏幕技术相关的担忧之前，务必牢记，当今的信息时代为我们的孩子带来了诸多好处。各种各样的知识触手可及。比如说，我接触过一个7岁的孩子，他在妈妈的移动设备上轻点几下，就兴致勃勃地跟我分享了他家新养的狗狗的有趣信息。一个9岁的孩子向我介绍了她"纯为好玩"而研究的世界奇观项目。我的一位青少年来访者跟我讨论了他在网上学到的关于人体的知识，以及这如何激发了他想成为一名医生的兴趣。我有一位29岁的男性来访者，多次尝试完成传统的四年制大学学业均告失败，但他通过一个为期9个月的课程获得了信息技术证书学位，随即就找到了一份薪水高得惊人的工作。在咨询过程中，许多来访者会用他们的移动设备或我的计算机，通过分享音乐和体育爱好与我建立联系。我们可以从虚拟世界中即时获取无穷无尽的信息。

互联网不仅是一个知识的无限平台，还是一个庞大的娱乐媒介。孩子们会跟我分享并展示他们与来自全球各地的玩家一起玩的刺激且富有挑战性的游戏的精彩细节。青少年们告诉我，通过数字屏幕与同龄人建立联系提升了他们的自尊心。年轻人得意地分享着，他们如何通过上网找到与志同道合的同龄人聚会的地方。通过移动应用程序、手机短信、社交媒体平台及其他即时通信或视频聊天形式，他们与同龄人进行着积极的互动。在很多情况下，他们从未见过面，却感觉彼此有了联系，并且得到了认可。

## 情绪脆弱的孩子更易受到负面影响

虽然互联网对孩子们来说可能是一种高度互动且有益的体验，但它也可能成为逃避日常生活的问题根源。对于那些有自尊问题的孩子来说尤其如此，包括叛逆的孩子，他们可能更容易迷失在屏幕世界之中。

互联网可能会导致过度刺激，并干扰孩子们满足日常生活的需求。当儿童和青少年被诱人的内容分散注意力时，时间感仿佛消失了。只需轻触、点击或滑动一下，孩子们就能进入一个不同的世界，在那里他们现实生活中的问题不复存在。孩子们过度使用科技产品以及网络成瘾已成为令人担忧且日益严重的问题。

在我的工作中，我遇到过孩子们因网络欺凌、色情短信、骚扰和网络跟踪而面临的新压力。跟我接触的许多家长尤为担忧的是，他们的孩子可能接触到色情内容，以及他们担心孩子容易成为性侵犯者的目标。也有可能，当青少年无法控制冲动，听从内心驱使发送自己不适当的照片时，可能会导致毁灭性的后果。与吸毒和酗酒类似，互联网为儿童和青少年提供了一种逃避痛苦感受或麻烦处境的方式。我见过一些孩子为了上网牺牲了必要的睡眠时间，还远离家人和朋友，遁入他们自己创造和塑造的舒适网络世界。

金伯利·扬博士是网络成瘾康复中心前主任，也是屏幕成瘾领域的国际专家。她指出，那些缺乏有益或滋养性人际关系或者社交及应对技能较差的孩子，更有可能养成不适当或过度使用网络的习惯。也有观点认为，被诊断患有注意缺陷多动障碍的孩子，过度使用网络和成瘾的风险更高。在我的工作中，我见过许多患有注意缺陷多动障碍的孩子，难以摆脱似乎将他们深深吸引的屏幕的束缚。我还发现，对于患有自闭症谱系障碍（Autism Spectrum Disorder，ASD）和焦虑相关问题的孩子来说，这种情况尤为明显。因为他们感到孤独和疏离，难以结交新朋友，所以这些有上述困扰的孩子便转向虚拟的电子游戏角色，以及在线游戏和社交媒体论坛中看不见的远方陌生人，去寻找现实生活中缺失的关注和陪伴。

我曾接触过一位抑郁的青少年，他长时间泡在网上，用他的话说，因为他的虚拟朋友"比我那些不正常的疯狂家人正常多了"。他解释说，在社交聊天论坛上分散注意力，能让他从哥哥吸毒成瘾及由此引发的家庭动荡中解脱出来，获得一种安慰。相比之下，我也曾为另一个处于类似家庭状况的孩子提供过咨询。然而，他能够通过参加体育运动作为自己的宣泄方式。他还说，过去有时"当我花太多时间上网时，我感觉自己在社交上就是个失败者"。

正如麻省理工学院社会研究教授雪莉·特克尔所指出的，通过即时消息建立和结束的关系经过了"编辑"，避开了面对面交流中那种让人展现真实自我的脆弱元素。我一直很惊讶，在我的办公室里，有那么多青少年通过数字信息来表白和分手。这可能会让孩子们难以以高情商的方式与同龄人交往。我还有一位成年来访者，她的丈夫通过短信告知她要离婚，并询问她希望如何接收离婚文件！

我越来越多地听到家长们讲述，他们费力地想把孩子从电脑屏幕、电子游戏机以及各种移动技术设备前拉开。接下来我将探讨屏幕过度使用问题和屏幕成瘾的问题。即使在阅读以下内容后，你觉得你的孩子没有出现与过度使用或沉迷于任何类型屏幕技术相关的问题，这部分内容对于防止你的孩子过度使用电子产品到不健康水平的程度，可能仍然是有参考价值的。

## 我的孩子是否过度使用屏幕技术或屏幕成瘾了

必须认识到，大多数使用屏幕与同龄人发短信、使用社交媒体或玩电子游戏的儿童和青少年，都能学会不让这些活动影响他们在家庭、学校和社区中的正常生活。他们最终能学会应对科技带来的内在干扰和刺激。他们能够上学、参加活动、工作，进而升入大学。

　　然而，与此同时，许多孩子深陷屏幕技术之中，这对他们产生了不利影响。在第 1 天计划中，我提到了《精神障碍诊断与统计手册（第五版）》，其中包含了精神障碍的描述、症状及其他诊断标准。这本最新版的诊断手册在第三部分（标题为"有待进一步研究的状况"）中，将网络游戏障碍列为其中一项。该部分将网络游戏障碍描述为"持续且反复使用互联网进行游戏，通常与其他玩家一起，导致临床上显著的功能损害或痛苦"。

　　除了存在问题的电子游戏使用，在我的咨询工作中，我还看到青少年过度使用手机和在社交媒体上花费过多时间所引发的问题。这些问题表现为孩子睡眠不足、逃避和抗拒做作业和做家务、拒绝参加家庭聚餐，甚至忽视个人卫生。金伯利·扬博士指出了孩子存在问题性甚至病理性使用屏幕的几个潜在危险信号：

- 上网时没有时间概念。
- 牺牲必要的睡眠时间来上网。
- 上网时间被打断时变得烦躁或愤怒。
- 一天多次查看在线消息。
- 若不被允许上网就变得易怒。
- 因上网耽误做作业与家务。
- 宁愿上网也不愿与朋友或家人共度时光。
- 不遵守为上网设定的时间限制。
- 谎报上网时长，或趁没人时"偷偷"上网。
- 与网上结识的人建立新关系。
- 离开电脑时似乎一心想着回到网上。

- 对接触网络之前喜欢的活动失去兴趣。
- 一旦不上网就变得易怒、情绪多变或沮丧。

此外，有问题地使用屏幕技术的危险信号还包括：

- 尝试减少上网时间但并未成功。
- 把上网当作逃避问题、悲伤或焦虑的方式。
- 因过度上网而失去重要的人际关系，放弃重要的教育或社交活动。

留意上述这些危险信号，你就能意识到科技对孩子有限的注意力和功能水平的多重影响。被科技的迷人魅力所吸引，儿童和青少年把空闲时间都用在了社交网络、玩电子游戏、发短信、即时通信、阅读博客、下载和观看娱乐内容以及其他电子屏幕带来的消遣上。

## 以冷静、坚定且非控制的方式设定屏幕使用界限

在此提供了 14 条策略，可以帮助你鼓励孩子从网络世界和屏幕中夺回对自己生活的掌控权。多年以来，我与许多受这些问题困扰的孩子打过交道，我可以直接告诉你，与那些以强硬、刻板方式单方面实施制裁，从而常常引发孩子反抗的家长相比，那些引导和指导孩子管理屏幕使用的家长，更有可能得到孩子的配合。这些策略中，有些可能比其他的更适合你家孩子的情况。选择对你自己最有用的方法。如你所见，所有策略都是基于冷静、坚定且非控制的方法：

（1）冷静地告诉孩子，你对他们行为上出现的一些变化感到担忧，并具体指出这些变化，比如疲劳、成绩下降、放弃爱好或社交退缩。

（2）对孩子过度使用屏幕表示理解，承认他们一想到限制屏幕时间就会感到受到了威胁。请记住，你认可他们的观点，反过来也会帮助他们理解你的观点。

（3）如果你有伴侣，要留意孩子可能会试图利用你们两人之间的分歧。孩子可能会学会如何向持怀疑态度的家长求助，从而制造矛盾。如果你是单亲家长，花些时间思考要说的话语，并为孩子可能出现的情绪反应做好准备。我将在第 7 天计划中进一步讨论单亲家长需要的小策略。

（4）如果你因为给孩子设定屏幕使用时间界限而感到内疚，要想到，这可能是因为你自己担心孩子会因此生你的气。千万记住，叛逆的孩子很擅长当场情绪爆发，说出指责性的话语，让父母感到内疚或自责。

（5）保持冷静、坚定且非控制的态度。可以这样说："我希望你能帮我一个忙，让我可以给你更多屏幕使用的时间。为此，我请求你与我合作，在为我们双方设定可管理的界限时，不要与我对抗。"

（6）为确保你保持冷静、坚定且非控制的态度，正如之前所讨论的那样，要专注于回应而非反应。冥想练习有助于培养这种处事方式。如果你对孩子的情绪做出反应，或者更为糟糕的是，偏离主题，对着孩子长篇大论地指责他们不尊重你，这只会加剧权力争斗。关键在于：认可孩子的感受，但始终专注于管理他们的屏幕使用。

（7）给予支持，提醒孩子你爱他们，关心他们的幸福和健康。家长们经常告诉我，孩子们把关于他们屏幕使用情况的询问，理解为指责和批评。与其严格要求孩子汇报每天上网多长时间、进行哪些活动，不如与他们聊一聊在屏幕时间里做了哪些有趣的事情。

（8）提醒孩子，对于电视，你更容易监控他们的观看习惯，但对于互动性的网络世界，你需要他们的帮助与合作，以便适度参与。如果孩子访问了不适当的网站，以非羞辱性的方式表达你的担忧。鼓励孩子采用一种诚信机制，记录一两周的屏幕使用情况，以重建你们之间的信任。要明白，如果孩子对此拒绝或抵触你监控他们的使用，那么他们很可能在否认自己有问题性使用甚至成瘾的情况。

（9）提高自身的科技知识水平。如果你或孩子在网上遇到不当行为，无论是暴力电子游戏、网络欺凌还是网络诱骗，不要忽视。针对这些不当行为采取行动，与孩子谈论这个问题，以坦诚且委婉的方式与其他孩子的家长沟通，或者向相关部门报告。

（10）积极关注孩子的网络活动。平静地告知孩子，你会查看你们共享账户的网络使用情况。了解诸如监控软件和安装过滤器等家长控制手段，需要一定程度的电脑知识。与孩子讨论你将这么做，否则你会破坏你正在努力建立或加强的信任。

（11）如果你发现孩子有网络成瘾的迹象，不要陷入羞辱和控制的反应方式。我见过太多家长冲动行事，贸然把电脑拿走作为惩罚。这通常只会导致孩子强烈反抗！这种强硬方式最令人担忧的是，孩子会内心认定自己是坏孩子。通过采取合作的立场，你有可能在与孩子的网络使用权力争斗中获得他们的配合。然而，如果你对孩子反应过激且控制欲强，他们会把你视为敌人，而非盟友。

（12）如果你的孩子在屏幕使用时间的选择上，或者在过度使用网络方面持续存在问题，你可以让孩子在客厅等公共区域使用平板电脑和笔记本电脑等个人设备。

（13）让孩子分享他们对网络兴趣和体验的想法与感受。保持沟通顺畅。

（14）如果你的孩子确实有网络成瘾问题，他们会出现诸如紧张、愤怒和烦躁等真正的退缩症状。若出现这种情况，向合格的心理健康专业人员寻求帮助。具备相关专业知识的人员会与你和你的孩子合作，鼓励并设定明确的网络使用时间限制。我经常看到，孩子们被限制在完成作业后每晚使用一小时网络，周末可以多几个小时。坚守规则，与孩子的治疗师合作，记住，你并非单纯地试图控制他们，而是在努力帮助他们摆脱心理依赖。

## 第 4 天的小结

今天，你学会了许多避免与叛逆孩子产生权力争斗的有效方法。当你继续 10 天计划之旅时，请记住下面的这些要点：

◎ 叛逆孩子的情感还不成熟，他们想要权力争斗。当你想赢时，就会引发这些权力争斗。

◎ 当你感觉到自己正陷入权力争斗时，打破内心的刻板想法非常重要。当你感觉被卡住时，想办法从新的角度来解决问题。

◎ 与你的孩子明智地"战斗"，并保持冷静、坚定且非控制的态度，是避免权力争夺的关键。而且，把注意力放在孩子身上而不是他的挑衅行为上，这样会消解冲突。

◎ 有许多策略你可以用来避免权力争斗。在你和孩子之间的权力争斗处于白热化时，一定要记得运用它们，不要很快就放弃。

## 为第 5 天做准备

◉ 提醒自己不要陷入与叛逆孩子之间的没有结果的权力争斗之中。

◉ 记住一个巴掌拍不响。如果你不让自己陷入没有意义的争执和争吵之中，你和孩子之间就不会发生任何权力之争。

◉ 用冷静、坚定且非控制的态度和你的孩子讲话或回应他，然后寻求孩子的反馈。如果你的孩子还太小，没有办法用语言做出充分的反馈，你可以通过镜子、与你的伴侣或你的好朋友一起练习。

◉ 看到你的内心真正关注的是什么，它们会引发焦虑，可能会导致你对孩子想要的和需要的抱持特别严厉的态度。

◉ 意识到飞速发展的技术带来的诱惑，它们在抢夺孩子的时间和注意力。

◉ 采取积极的支持性措施来讨论和监控孩子运用网络技术所产生的影响。

# 5

## 第 5 天

# 强化孩子的积极改变

在此之前，你所学的一切都集中在制止和预防孩子的叛逆行为上。今天我们将采取不同的方法，专注于如何鼓励孩子做出更多的积极行为。

在现在为止，你参与我的 10 天计划的旅程差不多过半了，或许你发现你孩子的叛逆行为已经有所减少。如果是这样的话，我想，你一定对已取得的进展感到非常高兴。如果你还没有看到孩子身上发生明显的改变，现在你千万不要半途而废。有些孩子比其他孩子需要更长时间来减少叛逆行为。你必须对自己的期望保持现实的态度，所以请你千万不要放弃。如果你继续践行目前所学到的方法和策略，并继续推进我的 10 天计划，你和你的孩子就会朝着正确的方向前进。为了更好地了解你已经取得的进展，我们来花一点儿时间简要回顾一下你目前已做过的事情吧：

- 直面孩子叛逆行为的现实情况。
- 运用理解的力量，更好地体会孩子的挫败感及其受限之处。
- 学会控制自己想要大吼大叫的冲动，并大幅减少了这种行为。
- 意识到将自己视为孩子的情绪教练，有助于避免把孩子的消极行为当成针对自己的行为。
- 通过保持冷静、坚定且非控制的方法，能明智地选择该应对哪些问题，从而避免了与孩子之间的权力争斗。

在此之前，你所学的一切都集中在制止和预防孩子的叛逆行为上。今天我们将采取不同的方法，专注于如何鼓励孩子做出更多的积极行为。

## 正面强化的力量

这可能让你难以置信，但你的孩子其实真的想感受良好的情绪。

毕竟，他们常常显得愤怒，甚至举止恶劣。作为一个叛逆孩子的家长，你很容易觉得，在某种程度上，孩子不仅感受不好，而且似乎还乐于如此，不然，他们为什么有时会这样表现呢？

正如智者所说："我们生活的根本目的就是追求幸福……我们生活的每一个举动都是朝着幸福前进。"无论我们称之为幸福还是愉悦，我们所有人，甚至是叛逆的孩子，都喜欢自己感觉良好。所以，我希望你能坚信，接下来我要说的话是千真万确的：你那拒绝听从任何指令的 5 岁孩子，或是对你满脸厌烦的 15 岁孩子，又或是在生活中感到迷茫、不知所措的成年子女，实际上都渴望幸福，都想要感觉良好。

然而，尽管叛逆的孩子想要感觉良好，但他们总是不知道如何去做才能感觉良好。他们更多时候体验到的是不好的感觉。大多数叛逆的孩子由于在与他人相处方面存在困难，都存在自尊方面的问题。作为他们的家长和情绪教练，你的职责就是提醒他们如何获得良好的感受。一个非常简单的方法就是，夸奖早上自己能穿好衣服的 5 岁孩子，表扬按时回家的 15 岁孩子，或是表扬与你分享焦虑和困扰的成年子女。

奖励对大人和孩子的良好行为都能起到激励的作用。仔细想一想，任何时候，当你特别想做某件事情时，一定是因为你做这件事情会让自己感到愉悦（这就是一种奖励）。无论老少，我们都是愉悦的追求者。当你的孩子做出积极行为后，得到一个微笑、一句赞美或是一个拥抱，这些奖励都会让他们感觉良好。给予奖励以强化未来行为的过程被称为"正面强化"。这是一个强大的工具，几乎能立即进一步促使你叛逆的孩子想要表现得更好，或者更为配合。虽然奖励所有孩子的积极行为都很重要，但叛逆的孩子尤其需要得到奖励。他们需要额外的正面激励来弥补他们对自己的负面感受。而且，给你叛逆的孩子正面奖励，你自己也会感觉良好。毕竟，你也能从这些积极的情绪中受益，不是吗？

## 奖励什么时候会变成贿赂

由于正面强化与言语和非言语的奖励联系紧密，家长有时会将"奖励"与"贿赂"或"溺爱"相混淆。7岁男孩小飞的母亲简女士最近问我："我这样做，会不会让小飞觉得，做他本来就应该做的事情就该得到奖励呢？他会不会被惯坏，或者总是期待我给他奖励呢？"

这个问题问得很好，我经常从叛逆孩子的家长那里听到类似的疑问。我让简女士先想一想她自己（叛逆孩子的家长常常需要被提醒这样做）。

> 我："我看到你带着健身包。你是要去健身房锻炼吗？"
>
> 简女士："是的，这是我唯一的放松方式。我尽量每周至少去4次。"
>
> 我："所以说，你去努力锻炼，是因为这能缓解你的压力？"
>
> 简女士："是的，我就是这样想的。"
>
> 我："我记得你说过体重对你很重要，那现在你的体重控制得怎么样了呢？"
>
> 简女士："嗯，当然很好，这是我锻炼的最大原因之一。"

　　我："所以，可以说你去健身房对你很有帮助，因为它既能缓解你的压力，还能帮你控制体重。"

　　简女士："没错。这个努力很值得。"

　　我："所以，可以说你因为付出努力，得到了回报。这和被贿赂去健身房存在很大的区别。"

　　简女士完全明白了我的意思。在工作领域，大多数人每天去上班（无论是亲自到岗还是线上办公），按时出勤，努力工作，然后获得薪水作为回报，而不是被贿赂或被溺爱。他们因努力工作而挣得这份报酬。而且，无论你身处何地，如果你对他人友善，通常当他人也以友善回报你的时候，你就得到了奖励。这里的共同之处在于，所有这些"奖励"都让人感觉良好，并且增加了你继续选择这些积极行为的可能性。这些都是正面强化在实际生活中的例子。

　　正如我稍后会进一步讨论的，奖励并不总是，也不应该总是非言语或物质形式的。事实上，家长能给予的最有力的奖励很简单，不花一分钱，而且随时可用，这就是口头表扬。再想一想它的力量和价值，它是经得起时间考验的。我还没有遇到过哪个成年子女抱怨父母在他们童年时给予了太多的鼓励和表扬呢！

## 别再盯住消极行为不放

　　一般来说，父母往往会把孩子的积极行为视为理所当然，叛逆孩子的父母也不例外。"但丽娜本来就应该把洗碗机里的餐具拿出来，她做完家务的时候，我为什么要注意到，甚至说声'谢谢'呢？"倍感沮丧的母亲徐女士问道。

133

在养育叛逆孩子的过程中，父母往往会过度关注消极行为，比如不配合、不做家庭作业、不按时回家。这种过度关注完全可以理解，这些负面行为确实会把你逼疯！你已经习惯了孩子的叛逆行为，很容易就会想：森森为什么没有把食物扔到地上呢？他每次都会这样做的。或者，今天婷婷怎么可能会有这么大的改变呢？她总是表现出好像讨厌我们的样子。与此同时，你的叛逆孩子已经意识到，当他们把食物扔到地上、把门摔得砰砰响的时候，你会更加关注他们。虽然世界各地的父母都很难接受这个事实，但孩子们却真的会开始认为，只有当他们做错事情的时候，你才会真正注意到他们。孩子可能并没有意识到，当他们行为不端时，会得到你大量的关注。但你猜怎么着？他们其实心里非常明白。孩子们可能并不总是理性的，但他们很擅长找到获得自己最想要的东西，即获得你的关注的方法。

父母很难理解这个观点，即关注不良行为会助长不良行为，因为这看起来太不合逻辑了。婷婷为什么想要被父母吼叫呢？比起放学回家打个招呼，甚至比起被忽视，这样做怎么会感觉更好呢？

不幸的是，人类行为并不总是理性的，孩子们的行为也不一定合乎常理。你的孩子寻求负面关注，是因为他们往往能从你那里得到强烈且迅速的回应。父母难以接受这个观点，还是因为，这意味着他们做错了什么，他们忽视了积极的方面，而关注了消极的方面，是他们造成了这种局面。他们是成年人，本应该更明白事理，所以他们觉得自己是不称职的父母。但事实并非如此。孩子情绪上的不成熟和固执己见，导致他们以制造问题的方式来应对事情。你不必再感到内疚。而且，你应该为自己正在积极尝试解决这个问题、通过阅读这本书让孩子生活得更好而感到欣慰。

你和叛逆的孩子都经历了很多。你的耐心受到了考验，你的感情受到了伤害，你对自己成为一个耐心且善解人意的父母的幻想也破灭了。有时，你甚至可能感觉被孩子虐待了。至少，你可能觉得自己已是疲惫不堪，当然，就像我们之前讨论的，你可能觉得自己很失败，或者觉得孩子有什么问题。

今天要讲的技巧和策略非常重要。你通过遵循今天的步骤，运用表扬和其他奖励方式，你将激励孩子和你自己关注积极行为带来的快乐。在第 3 天计划里，我提到过想象电视或手机中的画中画功能，把孩子具有挑战性的行为放在小画面里，周围用他们积极行为的大画面环绕。今天你将看到，你真的可以改变这种局面，终结孩子寻求消极关注的有害模式。你可以不再内疚，不再担忧。我这种积极主动的方法对父母来说非常具有解脱感。最棒的是，它非常简单，容易运用，你现在就可以开始运用了。

## 是时候进行正面强化了

今天让你了解正面强化是有原因的。如果我在第 2 天或第 3 天计划里就让你对叛逆的孩子使用正面强化，你可能会沮丧地把这本书扔到一边。就在两三天前，你可能还得费很大劲才能找到机会奖励你的叛逆孩子。

但在我的 10 天计划进行到了这个阶段时，我敢打赌，你肯定发现孩子的叛逆行为已有减少了。一旦孩子的叛逆行为在减少，你就处于一个全新且更好的状态，能够"捕捉"到孩子的积极行为。当你"捕捉"到并奖励孩子的积极行为时，他们就更有可能表现出更多的积极行为，而你也就能观察到更多。

今天，最重要的信息之一就是，你越是鼓励孩子的积极行为，他们的叛逆行为就会越少。其原因如下：

- 你的孩子不可能同时既听从又叛逆。所以听从越多，叛逆就会越少。
- 你和孩子越多注意到积极的行为，包括听从行为的增加，你们就越愿意接受并支持这些行为。

在你开始参加我的 10 天计划之旅之前，你可能已经习惯了每天都预料到孩子会"做错"什么。你知道孩子的不良行为一定会出现的。这总是让我想起，我从一位让我敬仰的前同事那里第一次听到的一句话："被关注的行为总是会重复出现。"

孩子的叛逆行为在你的关注范围内很是突出，因为它让你心烦意乱、倍感沮丧。所以你密切关注着这些行为。相信我，人们关注消极的倾向很常见，不仅仅在育儿方面。我在员工与雇主、伴侣以及兄弟姐妹的关系中都看到过对消极情况的过度关注。想一想看：当老板叫你去办公室时，你的第一个念头不是"我要被表扬了"，而通常是"糟了！我做错什么了吗"。

在我的第一本书《你怎么就不懂我的心》中，我展示了夫妻往往如何陷入并专注于对彼此的消极看法的，以及他们如何学会以更积极的眼光看待彼此的。亲子关系也是如此。你必须有意识地决定在消极中看到积极的一面。

## 表扬确实是有效的

根据我的经验，我一次次看到，父母仅仅通过真诚且持续地表扬孩子的积极行为，就成功地将孩子的行为从消极转变为积极了。然而，仍有许多父母坚持认为："表扬对我们家的孩子肯定没用。"

当父母坚持认为表扬无法对他们的叛逆孩子起到正面强化作用时，我会询问他们，是不是用表扬来制止不恰当的行为，而非表扬恰当的行为。我记得我女儿上幼儿园时，有一位家长试图哄劝哭闹不止、紧紧黏着自己的孩子冷静下来，家长说："如果你不哭了，我一会儿就带你去吃冰淇淋。"

我完全理解父母为什么这么做，毕竟带着一个失控的孩子出现在公共场合，既让人非常难受又感觉很尴尬。但这种方式属于贿赂，根本不会起作用的。

这种强化方式是有问题的，孩子会意识到，如果他们在学校大哭大闹，只要停下来就能得到冰淇淋。青少年也会很快明白，如果他们一直把房间弄得乱七八糟，最终总会因为打扫房间而得到奖励，不管是去喜欢的商店购物、网购，还是获得玩电子游戏的时间。同样，在没有进行建设性对话的情况下，就急忙"救场"给成年子女提供金钱，这并不能帮助他们学会健康的理财技能。

当父母用正面的结果去制止孩子的不当行为时，几乎总会产生适得其反的影响。因为在消极行为发生的那一刻，口头表扬不太可行，父母往往会借助非言语的物质奖励，比如说玩具或糖果来解围。这种情况下，你就是在贿赂，会促使孩子继续这种不当行为。

在孩子做出积极行为之后给予奖励，效果则截然不同，而且作用会强大得多。就像有的家长会说："我真为你今天早上的表现感到骄傲。你没有哭闹着黏着妈妈，而是直接走进了学校。你真是个勇敢的女孩。"还有家长对11岁的儿子说："你妹妹挑衅你时，你没有理会她，我真的很欣赏这一点。"这就是捕捉到孩子做出恰当行为的时刻。你可以把这些例子看作发挥积极作用的时刻。

奖励期望出现的行为与贿赂不同，因此会取得成功。我遇到过一些家长，他们坚信奖励孩子的积极行为仍然属于贿赂。我不认同这种观点。你的叛逆孩子如果一直行为不当，将会面临一生的失望与排斥。你采取措施帮助孩子在情感上更加成熟，是因为你爱他们，希望他们能拥有最好的生活。给孩子的顺从行为提供奖励，是孩子成长过程中积极且必要的一部分，有助于正面塑造孩子的自尊心。

## 警惕你自身的情感包袱

有些家长在表扬孩子这件事情上需要额外的支持。你可能从自己父母那里收到过关于表扬的负面信息，比如"我们不会说那种话"，又或者你来自一个经常充满争吵的家庭。你需要记住：对孩子的口头表扬和因不良行为而大声斥责是不能并存的。对孩子大吼大叫，会抵消表扬所起到的积极作用。

## 表扬的力量

胡先生找到我时，对他所谓"软弱、温情、腻歪的育儿方式"持公开的怀疑态度。几年前，他与第二任妻子朱女士结婚了。他和11岁的女儿小梅经常发生冲突，矛盾点似乎常常集中在小梅杂乱不堪的房间上。朱女士在这个重组的小家庭中起到了一定的稳定作用，然而，正如你很快就会看到的，她也感受到了压力和紧张气氛。

在第一次咨询中，我阐述了我推荐的减少孩子叛逆行为的方法。胡先生的反驳并没有让我感到备受鼓舞。他说："博士，我跟你说，我就是个爱大吼大叫的人，这可能改不了。而且我小的时候，父母也从不表扬我，所以别指望我会对女儿的一切用甜言蜜语来解决。我能怎么说呢，兄弟，我这人比较守旧。"

我用冷静、坚定且非控制的语气（没错，这本书里提供的策略甚至对我与来访者打交道都有帮助）向胡先生解释，如果他继续大吼大叫，我觉得我帮不了他。我还告诉他，我认为家长的表扬对所有孩子的养育都非常重要，包括叛逆的孩子。我们同意暂停咨询。3 周后，胡先生情绪激动地打电话给我，请求来见我。由于对女儿日益严重的叛逆行为感到绝望，胡先生尝试停止大吼大叫，并遵循这本书里的其他策略。朱女士作为一位明智的继母，在家庭矛盾中一直扮演着相对被动的角色。她告诉我，当小梅表现得叛逆和好斗时，她主要的应对方式就是咬牙忍耐。然而，这常常让朱女士感到情绪透支。不过，在胡先生新给予的支持下，我让朱女士运用我倡导的冷静、坚定且非控制的方式，向小梅表达自己的感受。结果是，与刚开始相比，这个家庭的紧张气氛大大减少了。

仅仅过了几周，胡先生就亲眼看到，通过表扬而非大吼大叫，他正成为一个更称职的家长。一天，胡先生路过小梅的房间，往里面一看，差点儿惊得站不稳——所有乱七八糟的东西都收拾好了。胡先生的第一反应觉得是朱女士帮忙打扫的。但当他告诉朱女士时，她同样很震惊。结果发现，小梅"突然"决定打扫自己的房间。小梅私下向我解释说，因为家里的大吼大叫和争吵少了很多，她"觉得偶尔做件好事情也挺不错的"。

在后续的一次咨询中，胡先生告诉我，他为自己打破了成长过程中形成的模式而感到自豪，他对女儿说："哇，小梅，你的卧室看起来整洁干净，简直棒极了。你把地上的衣服都捡起来了，你清理了书桌，还整理了床铺。我带你去买那件你一直想要的新衣服怎么样？"女儿的回应让胡先生震惊不已："谢谢你这么说，爸爸。我今天真的不想要新衣服。也许下周吧。听到你喜欢我的房间，感觉真好。我还以为你觉得我就是个懒鬼，永远都改不了呢。"胡先生、小梅以及朱女士，他们三人的关系真的迎来了转机。

这就是用表扬代替大吼大叫所能带来的改变。

## 你的期望可能过高了

有些家长之所以不愿意表扬孩子，是因为他们对孩子的期望过高了。

我第一次见到 13 岁的小迈时，很明显能感觉到，父母对他的期望让他感到无力应对。小迈"不小心"打碎了一扇一个月前刚安装好的彩色玻璃门，他的父母非常生气。小迈的父亲魏先生是一位成功的房地产开发商，看起来就像刚从男士时尚网站的屏幕上走下来的一样。小迈的母亲尹女士一点儿也不逊色，她是一位极具魅力、气场强大的女性，是一家大型医疗用品公司的负责人。

魏先生和尹女士都向我抱怨说，小迈"懒惰成性"，而且"每天都会让我们感受到他越来越多的抵触情绪。上周，他打碎了家里的彩色玻璃门，他甚至看起来都不觉得愧疚"。小迈的学习成绩在不断下降，魏先生和尹女士告诉我，他对什么都不在乎。

当我们单独相处时，小迈透露，他的姐姐琳琳是家里的"明星"，她足球踢得很好，还是个优秀学生。小迈觉得自己无论做什么，都达不到父母的要求。

一开始，小迈不太愿意把自己的感受告诉父母，但在我的鼓励下，他还是向父母说了自己的感受。魏先生和尹女士开始意识到，儿子一直在努力跟上家里紧张的节奏和高要求。我运用第 3 天计划提到的策略，问魏先生和尹女士："如果今天是小迈生命的最后一天，你希望他带着这种自我认知离开吗？要知道，你们本来可以做点儿什么改变这一切的。"听到这些话，父母两人都哭了，他们意识到自己在小迈的叛逆行为中起了推波助澜的作用。

我鼓励魏先生和尹女士调整对小迈的期望。当父母告诉小迈，他们为他在最近一次难度颇高的数学考试中得了 C+ 而感到骄傲时，小迈惊呆了。数学一直是小迈最头疼的科目，听到父母对这个曾经的"大麻烦"给予表扬，他感到如释重负，也激发了他更积极向上的动力。后来，小迈的数学成绩稳定在了 B，他向我坦言，一旦感受到父母的支持，并且与他们在数学作业上的争吵大幅度减少之后，他竟然能超越自己的预期！

## 为什么口头表扬是最好的奖励方式

前面提供的两个案例都说明了表扬的本质在于，你不一定要提供物质奖励。事实上，小梅甚至拒绝了爸爸给她买新衣服的提议。为什么呢？因为她已经得到了梦寐以求的奖励：爸爸的赞赏。

口头表扬是最好的奖励方式，因为它并非来自商店或某个应用程序，不需要花费任何成本。最重要的是，比起得到一个玩具、一份零食，或者再去一次体育用品店，它对孩子来说更有意义。当然，给配合的孩子其他类型的奖励，比如更多玩电子游戏的时间、一个新玩具、糖果或冰淇淋，并不一定不合适或错误。在某些情况下，这可能是进一步鼓励叛逆孩子积极行为的恰当且有效的方式。（关于如何有效地给予物质奖励，详见本章后文"如何有效地使用其他奖励"部分。）

我从未见过哪个孩子或成年人，内心深处不希望听到父母说"我们为你感到骄傲"或者"我真的很钦佩你在这件事情上投入的时间和努力"。各个年龄段的人都渴望得到父母的认可。对孩子来说，你是一个有影响力的人。过去如此，将来也永远如此。你的表扬在孩子心目中是有分量、有意义的。无论你的孩子是 8 个月、8 岁，还是 28 岁，他们始终都想知道你为他们感到骄傲。

## 如何对孩子进行口头表扬

既然你已经知道表扬作为一种奖励，对孩子的积极行为能产生多么有效的作用，那么，确保你的表扬有意义，就显得尤为重要。在给予孩子表扬时，务必牢记以下几点：

**表扬态度要真诚至上**　尽管叛逆的孩子觉得自己与你是平等的，但他们内心也有羞愧感。我接触过的大多数叛逆孩子，都很难相信父母的表扬，因为他们常常觉得那并非发自真心的表扬。运用第 2 天计划中提到的理解的力量，你现在就能更轻松地做到真诚表扬孩子，因为你以更为积极的视角在看待孩子。你已经意识到，他们情绪上的不成熟和叛逆行为并非他们主动选择的。要做到真诚至上，你只需诚实，发自内心地表达。比如，可以说："你能按时回家，我为你感到骄傲。"

当你的表扬具体明确时，也会让人觉得更真诚、更有力。告诉孩子，你具体表扬的是他们的哪一点，能让他们确切知道自己到底是哪里做得好。像"谢谢你说'请'和'谢谢'"这样的评价，能让孩子清楚知道自己表现了哪些积极的行为。这比仅仅说"你今天很有礼貌"更为有效。说"我真的很喜欢你毫无怨言地帮我装卸杂货"，比说"我喜欢你购物时的表现"更具体。

**表扬用语要简洁明了**　为了不让孩子觉得你不真诚，给出积极评价后就不要再继续唠叨。简洁为好："你今天在商店里既耐心又乐于助人。"不要没完没了地说，以免削弱表扬的效果。如果他们表现得满不在乎，别被误导。你不必非得说服他们，比如"哦，不，我是认真的！我简直不敢相信你今天表现得这么好"。

他们听到了你的表扬，并且感觉良好。相信你积极话语的力量，然后就此打住。

**表扬要突出对比性**　让孩子知道他们做的与以前有何不同，以及为什么这样做有帮助，这很重要。

> "谢谢你没等我要求就收拾了餐桌。你这么做的时候，我就能专心打扫厨房了，你可帮了我大忙。"
>
> "我打电话的时候，你主动去给狗狗碗里添了食物，我真的很感激。"

**表扬要及时，越快越好**　发现孩子做出正确行为后，尽量尽快给予表扬。延迟的时间越长，对激励他们做出更多理想行为的效果就会越弱。不过，有时你可能之后才意识到孩子做出了一些值得表扬的好选择，这也没有关系。比如，你可以说："我在回想（作为孩子的引导者，教导他们反思的重要性很有价值）你今天和弟弟分享坑具的事。你想得真周到。"

**表扬要多样化且是随机性的**　每次表扬孩子时，避免千篇一律。你的口头奖励越多样，就越有吸引力。稍微思考一下这个问题。如果有人每天都以同样的语气和神态跟你打招呼说"嗨",你可能会开始分心去想别的事情。然而,如果这个人表现得更有活力,或者向你提问,你可能会更专注。如果每次孩子做了好事情,你都说"干得好",这句赞美就会开始失去意义。他们会觉得你只是机械回应,而他们想得没错。变换你的评价方式,能帮助孩子始终觉得你的表扬是真诚且发自内心的。

**不要吝啬表扬**　有些家长担心,如果表扬太多,孩子会抵触表扬。只要你是发自内心,且不过度,我认为对于孩子的积极表现,表扬再多也不为过。(后面的表 5-1 给出了一些何时表扬孩子的建议。)

## 表扬能迅速创造奇迹

黎女士和贾先生是 7 岁叛逆男孩比比的父母。我为这个家庭做过几次咨询,他们取得了显著的进步。他们刚开始来找我的时候,比比经常通过打家里的猫和大发脾气来发泄他的沮丧情绪。但黎女士和贾先生在遵循我的表扬方案一段时间后,比比的攻击性行为明显减少了。在一次咨询中,我问这对父母是否表扬过比比。黎女士和贾先生都不好意思地低下了头,说:"没有怎么表扬过比比。"当我问及原因时,他们解释说,他们害怕"招惹麻烦"。我让他们明白,对比比的积极行为给予表扬,会让家庭这条"船"更坚固,更经得起风浪。

几周之后,比比和父母一起来找我做后续回访。他笑容满面,咯咯直笑,心情格外愉快。当我问比比为什么这么开心时,他告诉我妈妈终于发现他做了件很了不起的事情。黎女士和我都笑了,她感慨道:"童言无忌啊!"

下面是一份值得表扬的积极行为表（见表5-1）。你可以随意复印，放在显眼的地方以便随时参考。它能帮助你识别并奖励孩子的积极行为。表底部留有空白行，你可以添加孩子特有的任何行为。

表 5-1　值得表扬和奖励的积极行为

| | | |
|---|---|---|
| 整理床铺 | 平和地说话 | 轻声地说话 |
| 分享玩具 | 遛狗 | 鼓励他人 |
| 请求帮助 | 按时起床 | 积极向上 |
| 打扫房间 | 友好待人 | 接受差异 |
| 诚实 | 认真负责 | 幽默风趣 |
| 有耐心 | 善良体贴 | 完成作业 |
| 灵活应变 | 有创造性 | 懂得道歉 |
| 乐于助人 | 打扮得体 | 举止得体 |
| 独立自主 | 有兴趣爱好 | 会刷牙 |
| 表达情感 | 不发脾气 | 冷静 / 放松 |
| 不抢风头 | 眼神交流 | 鼓舞人心 |
| 不打断别人 | 开始做作业 | 不晚归 |
| 讲礼貌 | 会倒垃圾 | 有自觉性 |
| 安静地散步 | 自己洗澡 | 难过时能更快恢复情绪 |
| 接受失望 | 为部分冲突承担责任 | |
| | | |
| | | |

我发现，孩子们很感激父母记录并回顾他们值得表扬的行为。许多家长听从了我的建议，开始制作一本"积极行为记录册"，记录年幼孩子的积极行为，并与他们一起回顾。这里有个小窍门，让孩子帮忙装饰和设计这本"记录册"，让他们参与到"发现你的闪光点"这个过程中，意识到它的价值。重要的是，表扬不仅针对孩子表现完美的积极行为，那些虽不完美但朝着积极方向发展的行为也应包含在内。比如说，如果你的孩子一开始取笑弟弟妹妹，但随后停止并道歉，或者一开始"给你脸色看"，但之后缓和了态度，你要让他

们知道，与之前那种完全的欺负行为或跟你大吵大闹相比，你很欣赏他们能更快恢复冷静的行为。

## 偶尔给青春期前或青春期的孩子发送积极表扬的短信

如果你的大孩子或青少年有移动设备，你可以给他们发信息，强化他们的积极行为和取得的成绩。短信和社交媒体信息已成为青少年之间的主要交流方式。然而，父母发的短信常常被青春期前的孩子和青少年视为烦扰，尤其是当父母询问他们是否安全或是否在回家路上时。偶尔随机发送鼓励性的短信，可能会让孩子对你信息的最初反应从"他们想要什么 / 我又做了什么?"转变为"看到这个短信，真不错"。

需要注意的是，不要期望立即得到回复。这可能会影响你给予鼓励和支持的初衷。如果你发了短信强烈期待快速得到回复，你可能很快就会感到沮丧的。这有可能让你进入反应而非回应模式（如第 4 天计划里讨论过的）。你可以看一看下面这些我指导家长发给孩子的短信示例。从孩子们跟我分享的情况来看，他们真的很感激这些积极且鼓舞人心的交流。

短信示例：

"我真的很高兴我们刚才聊了聊，能够相互倾听，我很喜欢这样的沟通。"

"你对弟弟的关心，让我很是感动。"

"即使你的篮球比赛输掉已成定局，你还是认真坚持到最后，我很喜欢你的这种精神。"

"坚持住！我知道你们英语老师要求很高，我相信你！"

"知晓你的价值很重要。"

## 赞美能够穿透重重障碍

星宇 16 岁，是我见过的最叛逆的青少年之一。星宇喜欢与众不同，他的黑色指甲油和眼线笔就是向世界宣告这一点的。星宇在学校表现很差，和一群经常惹是生非的不良少年混在一起，还坚持自己有抽烟的权利。然而，最让星宇的母亲洛女士担心的是，每当母子两人发生争执时，星宇就威胁要自杀。而这些争执大多数是因为洛女士让星宇完成家庭作业引起的。

星宇在给自己惹上麻烦并再次扬言要自杀后，和洛女士一起来找我咨询。附近一家特色商店的保安抓到星宇在偷东西。当我们单独交谈时，星宇向我吹嘘他以前也偷过其他东西，只是没被抓到而已。沉默许久后，星宇说："我知道我不该做这些事情，我就是太心烦了，然后就会干些蠢事。"

星宇向我保证，他并非真的想要伤害自己。他还说："我讨厌和妈妈对着干，但她总是管着我，然后就开始发疯似的对我大吼大叫。她总说我不负责任。她还唠叨着让我给她打电话，就因为有一次我忘记打电话了，她就没收了我的手机。你知道，她太过分了，她甚至还看我的短信，这真把我给惹急了。"我向星宇保证他并不蠢笨，并赞扬他有勇气对我坦诚相待。

几天后的一次咨询中，洛女士说："也许是因为我作为单亲妈妈，想要过度补偿，但我总是唠叨星宇，然后就对他大发雷霆。"我向洛女士保证，她不是世上唯一爱唠叨的家长。然后，在向她解释了这

147

本书中的原则后，我让洛女士忍住不要发火，对星宇采取更冷静、更坚定且不要过度控制的方式。

我牢记着星宇和他母亲分别跟我分享的事情，之后安排他们一起来进行后续咨询。好事正在发生。洛女士说，星宇也证实，她不再唠叨，更明智地选择在哪些事情上要坚持原则。洛女士也不再突然没收他的手机和查看他的短信了。星宇说，洛女士也证实，当母亲给他设定合理的限制，且不再事无巨细地管他时，他不再那么爱争吵了，对母亲也更坦诚相待了。

我们商定星宇要遵守合理的宵禁时间。星宇真诚地承诺，和朋友外出时会给母亲发短信。几天后，洛女士给我发消息分享了更多的好消息。她表扬了星宇和朋友在公园时给她打电话报备，星宇告诉她，他很感激母亲对他的认可。在接下来的几个月里，洛女士惊喜地发现，她和儿子的冲突减少了很多，星宇也不再和原来那帮同龄人混在一起了，而是和一些更正常的朋友出去玩。他还毫无怨言地完成了法庭因他盗窃而判处的社区服务工作。

## 如何有效地使用其他奖励

虽然我认为表扬是家长日常能给予孩子的最佳奖励，但有时其他奖励与表扬相结合，能进一步鼓励孩子的积极行为。一个新的人偶玩具、一瓶指甲油、更多玩电子游戏的时间，或者一件衣服，能让奖励充满趣味与惊喜。你可能还记得，在第 4 天计划中，我提到多年前我有幸见到著名心理学家 B. F. 斯金纳的情形。他关于正面强化的理论相当复杂，但其中有两个主要结论与你面临的情况密切相关。第一，斯金纳博士表明行为是会受到奖励的控制的。第二，当我们不知道奖励是什么时，会变得更有动力。这就是为什么孩子们喜欢惊喜盲盒。

在给孩子非言语奖励时，遵循以下 6 个步骤：

（1）关注孩子重视的东西是什么。给孩子糖果或冰淇淋作为奖励很容易，但这可能导致孩子摄入过多糖分，甚至在某些孩子身上引发肥胖问题。了解孩子除了甜食之外，还看重什么，很有帮助。额外的看电视或玩电脑时间、更多使用手机的特权、与朋友过夜、周六购物，或者去游乐园游玩，大多数孩子喜欢这些，并会将其视为强大的激励。

（2）让孩子参与。最有力的奖励是那些孩子真正渴望得到的东西。让孩子和你一起坐下来，看一看表 5-2、表 5-3 中的清单。一起想出几个选项并商定使用它们。这能给孩子一个努力的目标。

（3）不要用非言语奖励取代言语奖励：当你觉得孩子有显著的积极改变或成就时，比如在学校进入荣誉榜、在难度较大的考试中得到 B（甚至 C+），或者两周内没有和兄弟姐妹争吵，此时可以用其他奖励作为言语表扬的补充。许多年幼的孩子觉得糖果是一种奖励。再次提醒，考虑给糖果奖励时一定要适度。表 5-2 和表 5-3 为学龄前 / 小学阶段孩子和青春期前 / 青少年提供了建议的奖励清单。

（4）奖励应在良好行为之后给予。为避免贿赂之嫌，只有在孩子完成你要求他们做的事情之后，才给予奖励。

（5）制造惊喜。奖励偶尔出人意料，效果会更为显著。发现孩子早早开始做作业，或者某天下午在学习，这时自发地给他们一张音乐礼品卡，或者他们期待已久的新滑雪板，会进一步激励他们。

（6）最后一条似乎也是最基本的常识。如果你说要给孩子奖励，一定要做到。你可能会惊讶，有多少家长违背与孩子的约定，之后当孩子不履行承诺时又大惊小怪。

表 5-2　学龄前 / 小学阶段孩子的奖励建议

| | | |
|---|---|---|
| 玩黏土或彩泥 | 和朋友玩耍 | 在移动设备上玩游戏 |
| 帮助爸爸妈妈做事 | 和爸爸或妈妈单独去某个地方 | 和爸爸妈妈一起骑自行车 |
| 出去吃冰淇淋 | 在浴缸里多泡一会儿 | 喂宠物 |
| 去公园 | 在沙箱里玩 | 用拨浪鼓、平底锅或铃铛制造声音 |
| 和爸爸妈妈玩棋盘游戏 | 去图书馆 | 用蜡笔画画 |
| 和爸爸妈妈一起探索有趣的儿童专属网站 | 去户外玩耍 | 去看电影 |
| 在床上蹦跳 | 去动物园 | 获得一款新的电子游戏 |
| 晚睡一会儿 | 骑在爸爸的肩膀上 | 去外面吃饭 |
| 帮助规划一天的活动 | | |

表 5-3　青春期前 / 青少年的奖励建议

| | | |
|---|---|---|
| 得到一部新手机 | 听歌曲 | 比平时晚点儿回家 |
| 找一份兼职工作 | （有驾照的青少年）开车去学校一天 | 周末睡懒觉 |
| 参加夏令营 | 做一个特别的发型 | 和朋友去购物 |
| 全家外出吃饭时允许单独坐 | 邀请朋友去外面吃饭 | 去迪士尼乐园或其他游乐园 |
| 拥有自己的支付账户 | 演唱会门票 | 购买一款新的电子游戏 |
| 重新布置自己的房间 | 与朋友一起参加活动 | 玩滑板 |
| 电脑使用时间 | 独自进行一次安全的旅行 | 获得一笔钱用于新的消费 |
| 观看视频 | 重新装修自己的房间 | |

## 不要忘记关注孩子的努力

虽然我们已经谈了很多关于行为和成就的内容，但孩子的努力
同样重要。表扬和其他奖励是强大的正面强化工具，有助于增加任

何已展现出的积极行为。我还想强调鼓励的重要性。鼓励关注的是孩子的努力，而表扬关注的是孩子行为的结果。两者在强化恰当行为方面都很有价值。为了切实地鼓励孩子，你可以尝试以下的方法。

**给予孩子无条件的接纳**　就像前面提到的小迈的例子，高成就的父母有时会有意或无意地传递这样一个信息：他们只在孩子达到自己的标准时才会接纳孩子。因为所有孩子都有一个基本需求，那就是归属感，希望被接受和被需要，尤其是被父母接受和需要。作为父母，如果将你的接纳建立在孩子的成就之上，会削弱他们的自尊心。

**在孩子失败时给予支持**　如我之前提到的，自尊心常常是叛逆孩子的一个核心问题。自尊心建立在对成就的积极反馈之上。同时，自我关怀（如第 3 天计划中所讨论的）关乎我们在面对失败时如何支持自己，这对孩子的情感健康也非常重要。持续引导孩子把自己的不足和失败视为成长的机会，这一点也非常重要。

**展现对孩子的信心**　所有孩子都能学习，尽管有些孩子可能需要比其他人更长的时间来掌握一个概念或一项技能。当孩子经历挫折和失败时，你对他们继续前行的能力保持信心，你对他们最终会成功保持信心，你对他们能在生活中有所建树保持信心，这种鼓励可能就是决定孩子成败的关键。要展现对孩子的信心，你必须真正相信自己的孩子有能力取得成功。如果你都不相信他们，那他们不仅要克服自身的疑虑，还要克服你的质疑。

**寻找曾经优点的例证，鼓励孩子迈出下一步**　我们回忆起过去的成功经历时，都会感觉良好。铭记过去的成功可以为迎接新的挑战提供动力。叛逆的孩子往往对自己过去做得好的事情不屑一顾。你可以用冷静、坚定且非控制的方式，提醒他们过去的出色表现，以此来鼓励孩子。如下例所示：

"你之前写的关于亚伯拉罕·林肯的文章，真是太好了。我相信你一定能写好这篇论文的。"

**把较大的任务分解成较小的任务** 叛逆的孩子缺乏灵活性，当面对较为复杂的学校作业等任务时，很容易不知所措。以下例子展示了如何用鼓励的话语来减轻艰巨挑战带来的压力和要求：

"我知道要想完成这个作业，会比你平时做的作业花费的时间要长。但我敢打赌，如果你把它分成几个部分来做，完成的效果一定会很好的。"

## 让你的爱源源不断地流淌

我想此刻你已经知晓我的首要育儿理念了：你对孩子的爱，再多也不为过。尽你所能，通过言语和行动让孩子知道你爱他们、珍视他们，这很重要。既然你已经掌握了不少抑制和减少孩子叛逆行为的技巧，那就尽量让你的接纳是自由且无条件的吧。你的孩子会深深感激这样的表达的：

- "我真的很喜欢和你在一起。"
- "我喜欢你那爽朗的笑声。"
- "我知道你没入选团队很失望，但你已经尽力了，这才是最重要的。"
- "我很高兴你是我的儿子 / 女儿。"

要慷慨地表达你的理解与爱。对于他们的错误和任何暂时的挫折，尽量保持耐心与理解。不要在他人面前批评他们。每天花些时间倾听孩子说话，与他们交谈，并对他们的活动表现出兴趣。改变与孩子互动的方式，传递肯定的信息。如前文所述，短信对孩子可能会产生强大的影响，因为他们通常觉得短信"重要"，不容错过。你可以用短信来传达上述的要点。

同时，不要忽视面对面、即时且无修饰交流的神圣性。并没有规定所有交流都必须通过电子方式进行。尽管青少年似乎偏爱这种媒介，而且你也能轻松地与孩子一同进入那个"屏幕世界"，但我建议你也要"保持真实"，做真实的自己。在表扬孩子时，永远不要低估那些面对面、共处同一空间时刻的力量。当然，不要害怕抚摸、拥抱和亲吻你的孩子。让他们知道，无论发生什么，你都会永远爱他们。

## 正面强化对你也有帮助

到目前为止，这本书的重点一直是你可以用在孩子身上的技巧，但同样重要的是，你也要表扬和强化自己。

我现在就要祝贺你完成了我的 10 天计划的一半。想一想你在育儿方面投入的心思和精力！你愿意努力提升自己作为家长的能力，这是非常值得骄傲的事情。认可自己，你也在帮助孩子。我常对我辅导的家长说："金子会顺流而下，其他东西也是如此。"你对自己感觉越好，你的孩子对自己的感觉也会越好。

### 认可自己作为家长的付出

浏览以下积极行为的列表，凡是你能勾选的，都值得自我肯定。

（　　）协助孩子进行如厕训练

（　　）挑选衣服

（　　）教孩子系鞋带

（　　）辅导作业

（　　）晚上读故事

（　　）带孩子去打保龄球

（　　）给予关爱

（　　）观看学校体育赛事

（　　）为节日装饰房屋

（　　）即便孩子对自己有逆反情绪，依然给予爱

（　　）做饭

（　　）给孩子洗澡

（　　）帮助孩子学习阅读

（　　）带孩子去参加玩伴聚会

（　　）参加家长会

（　　）举办睡衣派对

（　　）参加学校音乐会

（　　）表达爱意

（　　）倾听孩子讲述一天里发生的事情

（　　）帮助孩子应对学业困难

（　　）协助孩子进行大学申请或求职申请

无论你完成了上述多少积极的育儿行为，都应该为此感到欣慰。正如你将在下一部分看到的，你对自己说的话，对于你如何看待自己所做的所有好事以及所犯的错误，都起着十分重要的作用。

# 用积极的自我对话奖励自己

自我对话是你在心里与自己进行的对话。我们都会这样做，而且频率比我们意识到的更高。你的自我对话可能涉及购物时买什么、何时给汽车换机油、规划下一项活动，或者思考他人在做什么。当你的自我对话是积极的，你可能会更平静、更放松。比如，如果你对自己说："我对自己处理那场冲突的方式感觉良好"或者"我很高兴我没有大吼大叫"，你就是在表扬自己，压力也会随之减轻。

消极的自我对话，比如"我根本就不应该当家长"或者"我真是没救了"，则会起到相反的作用，降低你的自信心。更加留意你的自我对话，尽可能保持积极的自我对话。很多人认为是周围的人让自己产生这些感受的。一个典型的例子就是，当你叛逆的孩子说"你让我太生气了！"时，就好像你能控制他们的感受一样。但现实是，别人无法让你产生任何感受。是你对别人行为的认知方式，导致你产生相应的感受。

如果你时刻铭记自己为孩子做的所有积极的事情，就会对自己的育儿努力感觉更好。我也建议你警惕那些可能会对自己说的消极话语：

- "我是个尖酸刻薄的妈妈。"
- "我从来没有过属于自己的时间。"
- "我天生就不是当家长的料。"
- "每个人都只知道向我索取，却没有人给过我什么。"

你可能还记得在第 2 天计划的内容中提到的，如果给孩子贴上负面标签，他们就会朝着这个标签的方向发展。这同样适用于你自己。在面对挫折或问题时，贬低自己作为家长的身份，只会让事情变得更加糟糕，并抹杀你之前所有的努力和改变。如果你刻意避免这些关于自己和育儿状况的消极想法，你就会感觉更好一些。

作为这些消极话语的替代，以下是一些积极自我对话的例子：

- "即使我犯了错误，我仍然可以努力成为最好的妈妈。"
- "我可以给自己留些时间，而不用感到内疚。"
- "我为自己在设定界限时保持冷静、坚定且非控制的态度而感觉良好，即使这些界限没有立即被接受。"
- "虽然得到孩子的认可很好，但我不需要孩子的认可也能感觉良好。"

从上述消极自我对话的例子中可以看出，这些表述过于笼统，且只关注育儿过程中的消极情况。就像你在应对叛逆孩子时所体会到的，人们很容易只盯着问题不放。以下这些积极的自我对话语句，能帮助你关注自己作为家长的优势：

- "这是一个教孩子新东西的机会。"
- "我只需一步一个脚印，尽我所能。"
- "当孩子难缠时，我可以允许自己保持冷静。"
- "保持冷静、坚定且非控制有助于我保持内心平静，减少冲动反应。"
- "仅仅因为我今天没忍住大吼大叫了，并不意味着我一直会这样。"
- "我可以明智地选择应对哪些问题，从而获得孩子的配合。"
- "我在学习和成长，这有助于我成为一名好家长。"

- "我已经尽力了。"
- "我可能会犯错误，但这并不意味着我就没有价值了。"
- "我感到沮丧或焦虑，也没有什么大不了的。"
- "我并非孤立无助的。如果需要，我有人脉和资源可以求助。"
- "从大局看，这其实没什么大不了的。"
- "我不会给自己压力，非要做个完美的家长。"
- "即便生活艰难，我依然可以享受生活。"

## 给你自己提供其他奖励

我也鼓励你偶尔用物质方式奖励一下自己。养育一个叛逆的孩子非常消耗你的精力。尽管这本书旨在减少孩子的叛逆行为，但你作为家长的工作，仍然会充满各种要求和挑战。这样想：你对自己好，才能把更好的自己带给孩子。以下是一些你可能会喜欢的奖励示例：

- 做美甲。
- 泡个舒服的澡。
- 购买一首新歌或一张新专辑。
- 出去吃晚餐。
- 不带孩子出去过夜或度过周末。
- 换一部新手机。
- 锻炼身体。
- 坚持自己的精神追求。
- 参加一门新的成人教育课程。

- 买一件新衣服。
- 读一本你一直感兴趣的新书。

## 第 5 天的小结

今天你了解了表扬及其他奖励方式对强化孩子积极行为的作用。记住从第 1 天计划起，你已经取得了很大的进步。请牢记以下这些强化孩子积极行为的关键要点：

☉如果以正确的方式给予表扬，能显著增加孩子的积极行为。

☉积极行为的增加会减少叛逆行为出现的频率。

☉其他奖励可与表扬相结合，以此认可孩子的积极行为。

☉鼓励孩子付出的努力并自由表达爱意，是给予孩子的非常重要的礼物。

☉对自己积极的育儿努力和行动进行自我强化，对你和孩子都非常有价值。

## 为第 6 天做准备

☉提醒自己并时刻意识到，口头表扬对你和孩子意义重大。

☉发自内心地表达，相信鼓励和表扬孩子这一过程的积极作用。

☉记住既要关注孩子的成就，也要关注他们付出的努力。

☉创造性地表达你的表扬。既要重视面对面的表扬，也要通过短信等其他方式表达。

☉肯定自己已经尽最大努力成为最好的家长，并且仍在努力做得更好，以此给自己正面强化。

**6**

第 6 天

# 有效管教，告别绝望

有效管教建立在冷静、坚定且非控制的方法之上，助力你在应对孩子的棘手行为时，更巧妙地处理，避免陷入绝望的境地。

欢迎你来到第 6 天计划之旅，走进管教叛逆孩子的世界。当你读完今天的内容，你将会理解，如何在不陷入绝望的情况下对你的叛逆孩子进行管教，何时和如何对你的叛逆孩子实施相应的后果惩罚。你已经了解到，将自己视为教练角色，有助于你避免陷入并摆脱那些情绪反应的陷阱。作为叛逆孩子的家长，你很容易掉进这些陷阱。今天你将学到的内容，是基于以一种更具合作性、鼓励性且更有效果的方式，而非惩罚性且无效果的方式，来运用管教手段的。

作为叛逆孩子的家长，你可能尝试过多种管教方式。如果你觉得管教这个话题（以及尝试实施管教）令人十分困惑，那你并不孤单。许多家长在心烦意乱时，试图对孩子进行管教，事后却怀疑自己做得是否正确，对孩子是不是太严厉或太宽松了。

更为糟糕的是，关于管教的信息铺天盖地，有太多的书籍和专家！当你试图弄清楚这一切时，最终可能会对应该怎么做感到更加抓狂和困惑。不过，这里有个好消息，今天你可以开始放松了，因为我将为你提供一种清晰且极为可靠的管教孩子的方法。

我见过无数家长，他们向我列举了一系列试图管教叛逆孩子的方法。通常，在描述管教策略时，他们会无奈地举起双手，说："无论什么方法都没有用的！"或者他们告诉我，他们之所以来见我，是因为他们实在不确定应该如何管教自己的孩子了。

贾女士是 11 岁叛逆孩子贺贺的母亲，在描述她对管教的挫败感时，她说："我一次又一次地给他相应后果，但这些似乎对他完全没有产生好的效果！"贾女士代表了我所说的"后果狂热型"家长。这类家长数量众多，他们变得如此沮丧和绝望，不断对孩子施加当时看似有力但实际上软弱无力的后果，后来才意识到这些都无济于事。你有过这样的经历吗？我们大多数人至少在某种程度上有过。在实施越来越严厉但在叛逆孩子眼中和耳中却无效的后果之后，很容易变得沮丧和绝望。

有效管教建立在冷静、坚定且非控制的方法之上，助力你在应对孩子的棘手行为时，更巧妙地处理，而非一味蛮干。在设定限制、边界和后果的过程中，管理好自身的压力水平，是掌控局面的关键。把自己当作孩子的情绪教练和引导者，将有助于你在管教时避免陷入绝望的境地。身为家长，照顾好自己，并让管教成为一种增进亲子关系而非疏远关系的经历，从而帮助孩子从错误中学习，这正是本章的核心内容。

我也目睹了夫妻在管教孩子失败时，他们自身关系所承受的压力。许多家长在与我讨论尝试过的管教方式时，最终会在咨询过程中相互争吵。我看着他们在试图弄清楚究竟发生了什么时，越发沮丧。

一天晚上（巧的是，就在我写这一章的时候），白女士和安先生带着他们 12 岁的儿子恩恩来参加咨询。在我与白女士最初的电话沟通中，她告诉我安先生对恩恩太严厉，而她自己又太宽松。然而，当他们来与我交谈时，我发现实际情况恰恰相反。恩恩只是冷笑，而父母双方在试图理清状况时，变得越来越困惑。恩恩坦然向我承认，他会私下向父母双方抱怨另一方不公平。他靠在椅背上得意地说："没错，我可把他们拿捏得死死的。"

你可能觉得任何形式的管教对你的孩子都从未起过作用。如果是这样，你绝不是唯一有这种感觉的人。要记住，与其他孩子相比，叛逆的孩子极具挑战性，且对管教极为抵触。这是因为他们在情绪上不成熟、固执且易冲动，在处理冲突方面存在困难。说实话，到目前为止，管教对你来说可能也是一个极易引发情绪的领域。鉴于这些复杂因素，是时候让你学习一些巧妙的管教技巧了，即便在最棘手的情况下，这些技巧也能发挥作用。你要时刻牢记，你能给予孩子的最佳管教，是你自己具备自律能力，以冷静、坚定且非控制的方式回应他们！

在继续阅读之前，请完成以下活动，这样你就能开始更好地理解管教对你意味着什么。

---

## 管教对你意味着什么

在回答以下关于管教的问题时，请结合你自己成长过程中的经历、你所读过的内容以及所学知识。

- 描述你对管教的定义。
- 你生活中的哪些经历塑造了这个定义？
- 是什么阻碍了你管教孩子？
- 你的孩子对你尝试的管教方式有何反应？
- 在管教孩子之前、之中和之后，你有怎样的感受？

---

既然你对自己关于管教的观点有了更清晰的认识，我想分享一些我在这个问题上的看法。再花点儿时间思考一下"管教"这个词及其定义。"管教"（discipline）一词源于"门徒"（disciple），意思是教导。要有效地运用管教，你必须将其视为教导和支持孩子的一种方式。有效管教需要深入理解和实践，尤其是对于叛逆的孩子而言。你需要以不同的视角看待你的叛逆孩子。你的孩子在情绪上不成熟，在冲动、过度反应以及表达自身感受等方面存在问题，他们需要尽可能多的帮

助。在这个 10 天计划的每一天，我都在鼓励你以不同的方式与孩子相处，应对他们的情绪局限。有效管教只是其中的一部分。

还记得在第 4 天计划之旅中，我谈到与孩子合作而不是成为他们的对手的重要性吗？这是让有效管教对你有效的关键要素。家长们常常将管教视为"向孩子展示谁说了算"或者"让他们为自己的错误付出代价"的方式。我完全支持维护家长权威，让孩子为自己的消极行为负责，但你必须开始将管教视为教导和支持孩子的方式，而非夺回控制权的手段。这是让管教发挥作用的唯一途径。

在管教叛逆孩子时，家长往往纠结于他们认为应该有效的方法，而不是实际有效的方法。比如，许多家长按照自己小时候被父母管教的方式，或者他们认为"正确的做法"来管教自己的孩子。这通常涉及以严厉的方式进行惩罚或施加处罚。如果你这样做，你就是在告诉孩子："我之所以让你明白我是对的，是为了让你知道你错了。"但这样做，你永远不会明白，孩子最初为什么会做出不当行为，你实际可以做些什么来防止此类不当行为再次发生。

归根结底，惩罚并不能教导或支持孩子做出重要的积极改变。相反，惩罚心态利用羞耻感、控制和恐吓来影响孩子改变行为。在试图鼓励叛逆孩子做出积极改变时，没有什么比盲目、僵化地坚持这种方法会更快失败的了。

我希望你像看待有效教学一样看待有效管教。你越将管教视为培养责任感，而非施加惩罚性后果，就越能支持孩子学习、成长并获得一种个人责任感，而不是让他们变得消极抵触。这意味着努力鼓励和支持孩子学习并做出正确选择。当他们没有做出正确选择时，帮助他们从错误中学习，而不是过度严厉地惩罚他们。

掌握管教的艺术始于并终于你与孩子之间建立牢固而积极的关

系。当叛逆的孩子感到被理解而非被控制时，他们做出不当行为的可能性会小得多。正如你继续阅读将会看到的，通过充分的理解和爱来维持与孩子的紧密关系，能让你保持耐心，避免过度反应。这也能让你设定合理的界限。一旦你以这种方式看待管教，实施起来就会容易得多。

我开发了一种管教方法，称之为"有效管教"，我发现这种方法对叛逆孩子效果显著。那么"有效管教"意味着什么呢？

## 有效管教：关乎爱与理解

现在你应该知道，我极力倡导你尽可能给予孩子爱与认可。当你和孩子之间有深厚的相互理解时，管教才能发挥最佳效果。有效管教，意味着运用这种理解，在没有情绪剧变和激烈冲突的情况下引导孩子。

你叛逆的孩子很可能会继续"试探"你到底有多理解他们。叛逆孩子的家长可能会非常苦恼，因为他们觉得孩子对自己的不当行为毫无悔意。如果你的孩子也是这样，你并不孤单。叛逆的孩子往往不像家长期望的那样经常表现出悔意。但如果你因为孩子缺乏悔意而心烦意乱，问题只会越发严重。相信我：我接触过的许多叛逆孩子会向我表达悔意，但一开始，他们往往觉得向父母表达悔意让自己太过脆弱。就像我在第 2 天计划之旅中所说的，叛逆孩子缺乏情绪成熟度和应对技巧，这导致他们试探你。如果你对此情绪化，就无法有效地实施管教。避免掉入这个陷阱的最佳方法是牢记，缺乏悔意是叛逆孩子整体特点的一部分。换句话说，这并非个例！随着你一直遵循我的计划，希望你已经看到孩子的叛逆行为有所减少。

你越理解孩子的不当行为，管教他们时就会越有效。

我将与你分享一些我对孩子为何会有不当行为的看法，并以我对叛逆孩子及其家庭的咨询案例为例。

**蕾蕾想要关注**　9 岁的蕾蕾告诉我，她妈妈开始了一份新工作，"她再也没时间陪我了"。看到妈妈花越来越多的时间打电话，查看电子邮件，蕾蕾觉得自己被冷落和忽视了。本身就容易叛逆的蕾蕾把妈妈桌上的文件弄得乱七八糟，还"不小心"弄丢了几份，就为了引起妈妈的注意。

**安安深陷其中**　16 岁的安安在与女孩相处方面从未有过"成功"的体验。他在一个社交网站上认识了 15 岁的莉莉。虽然他们从未见过面，且相距三千多公里，但用安安激动的话来说，他们"瞬间建立了奇妙的联系"。他告诉我，莉莉"是唯一懂我的人"。安安感到有完成学业的压力，但由于他花数小时与莉莉交流，学业受到严重的影响。

**成成觉得自己不够好**　14 岁的成成坦言，他觉得自己比不上哥哥，哥哥是当地的体育明星。成成应对这种情绪的方式，是在一场重要比赛当天藏起哥哥的橄榄球服。

**白白想要报复**　8 岁的白白向我承认，他试图偷妈妈的钱，因为妈妈在他拿到糟糕的学业进展报告后没收了他的电子游戏，这让他很生气。

**鹏鹏心生嫉妒**　15 岁的鹏鹏承认，他嫉妒父母把所有关注都给了患有焦虑和抑郁症的弟弟。鹏鹏开始公然吸烟，以此表达自己的嫉妒。

**丁丁感到害怕**　10 岁的丁丁在父母提到可能要搬到另一个社区时感到害怕。她交朋友有困难，唯一的朋友就是隔壁的邻居，所以她把父母精心整理好的关于新房子的资料扔了出去。

**娜娜倍感沮丧**　27岁的娜娜得知自己现在得自己支付汽车保险费用时，对母亲琳琳非常生气。"搞什么？妈妈。你好像就是想毁了我的生活！"娜娜喊道。表面上看，娜娜表现得好像理应如此，但实际上，她是因为之前忽视了琳琳关于她该独立承担这份早该承担的责任的提醒，而对自己感到沮丧。

以上所有例子都有一个共同点——在这些孩子不当行为的表象之下，潜藏着更深层次的问题。每个孩子都在与自己无法解决的强烈情绪做斗争，他们渴望得到关注。由于做出不当行为，他们通常能得到很多关注。尽管这种关注是消极的，但总比完全没有关注要好。

## 身体状况同样重要

有时家长们会忘记，孩子的不当行为可能源于身体问题。虽然在大多数情况下，身体问题是暂时的，不会导致持续的叛逆行为，但重要的是你要意识到，身体因素确实会引发我所说的"短暂叛逆行为"。8岁的小伟有几周时间变得更加易怒和固执。当时，小伟的父母没有意识到他开始发烧了。小伟即将患上严重的感冒和链球菌性喉炎。在这个案例中，小伟的父母很快意识到身体问题可能影响了他的叛逆行为。去看医生后，小伟身体好多了，一旦身体恢复，他的叛逆行为就大大减少了。所以，如果你的孩子正经历一段困难时期，可以考虑身体不适是否可能是罪魁祸首。以下列举一些可能的身体原因：

- 发烧。

- 肠胃不适。

- 耳朵疼。

- 饥饿。

- 经期紧张和疼痛。

- 过敏。

- 因各种担忧而身体过度紧张。

　　请记住，正是你的爱与理解，让你能够透过孩子叛逆的表象，去探寻究竟是什么核心问题在困扰着他们。理解孩子的担忧源自何处，是有效管教中极为重要的一部分。你越清楚是什么在困扰着孩子以及背后的原因，就越有能力以建设性且有效的方式应对局面。

　　既然你已经了解了孩子可能出现不当行为的原因，我想探讨一下在管教方面另一个容易让人困惑的源头：针对消极行为给予相应后果。父母不经意间给予叛逆孩子消极关注的一种方式，就是在对孩子的行为给予后果时过于草率。正如你将在下一部分看到的，你针对不当行为所给予的后果以及给予的方式，与孩子对这些后果的反应有着直接的关联。同样重要的是，不要让这些后果损害孩子的自尊心以及他们与你的关系。有效管教的核心在于你与孩子之间关系的质量。

## 谨慎给予后果

　　大多数家长听到"管教"这个词时，就会想到"后果"，这通常意味着剥夺特权。这些年来，我见过无数家长在给予后果时，都没有停下来去探究一下，孩子问题行为最初发生的原因是什么。你必须明白，孩子为什么会有这样的行为表现，才能针对他们的不当行为给出有效的后果。仅靠后果并不能教会孩子对于自我价值、解决问题和自我控制而言至关重要的价值观和技能。没有你宝贵的引导，后果将起不到作用。有效管教的核心是爱与引导。教导孩子你能接受什么、不能接受什么固然重要，但对于叛逆的孩子来说，帮助他们学会为自己的行为负责、从行为中吸取教训以及与他人建立积极的关系，同样重要。你所给予的后果，要么有助于孩子减少叛逆，要么会起到阻碍作用。

作为叛逆孩子的家长，你亲身体会过使用后果这一方式是多么难以预测且困难重重。这是因为实施不当或过于严厉的后果，最终会被叛逆的孩子视为惩罚。由于叛逆的孩子往往将自己视为与你平等的个体，他们会反抗惩罚。

如果你的孩子对自己的行为既不后悔，甚至都不承认，他们就会将愤怒发泄到那个施加后果（在他们看来就是惩罚）的人，也就是你身上。叛逆的孩子不会承诺做出改变，反而往往毫无悔意，立刻表现出强烈的愤怒并付诸行动。这是因为当叛逆的孩子感到被后果控制和施压时，他们的思维会变得更加扭曲。具体来说，他们会认为自己没有做错任何事，任何后果都是不公平的。他们一边发泄一边想着甚至说着诸如"看吧，这就是你们让我陷入麻烦的下场"之类的话。或者，叛逆的孩子可能会学会通过向你或其他权威人物隐瞒不当行为来逃避惩罚。如果你对不当行为施加过多不愉快的后果，你的孩子（甚至可能包括你自己）最终可能会感到过度内疚。在这些情况中的任何一种里，孩子的自尊心都会受到伤害，这实际上会增加他们继续出现不当行为的可能性。

关键在于，你需要仔细考虑如何对叛逆的孩子运用后果这一手段。运用后果往往需要进行权衡判断。

## 何时需要给予后果

对于家长而言，要知道是否该对孩子的不当行为给予后果，以及给予何种后果，并非易事。以下一系列指导原则旨在帮助你确定何时以及是否应该对孩子运用后果。

- 你的孩子是否违反了你们双方都认可的规则？你是因为疲惫不堪、心力交瘁而反应过度，还是确实存在问题？你看待这件事是否公平？如果孩子没有违反已知的规则，那就无须给予后果。

- 你的期望是否现实？你的孩子真的能够做到你所期望的事情吗？有时候家长可能会失去判断力。如果鉴于孩子的年龄或情绪成熟度，你的期望不切实际，那么就无须给予后果。如果你做得不公平，那就改变期望，不要给予后果。

- 你的孩子当时是否知道自己在做错事？如果不知道，那就解释为什么这是错的，但不要给予后果。帮助他们明白你的期望是什么，为什么有这样的期望，以及他们如何才能达成。主动提出帮助他们。

- 如果你的孩子知道自己在做错事，故意无视合理的期望，并且对为问题行为承担责任毫无兴趣，那么我建议使用后果。理想情况下，如果你能够以冷静、坚定且非控制的方式与孩子有效地讨论这些问题，那么我鼓励你们尝试共同商定后果。

# 尽量少用后果法

关于对叛逆孩子使用后果，我能告诉你的最重要的一点就是尽量少用。后果固然重要，但对于叛逆孩子而言，只有在你已经运用了前几天所学的所有其他技巧和策略之后，后果才会起作用。如果可以的话，试着与孩子讲道理，即便你不同意他们的观点，也要考虑他们的立场。以身作则并引导孩子去认可他人的不同观点，这将帮助他们学会这项宝贵的技能，并应用到自己的生活中。

以下是一些你可以参考的示例：

- "我知道你觉得自己的做法有道理，但我不能认同你有权推你的妹妹。"

- "是的，你有权认为自己应该可以晚睡得多一些。而且你告诉我你朋友被允许这么做的时候，我也听到了你的想法。但与此同时，我还是希望你现在就准备上床睡觉。不过你可以在那儿看几分钟书。"

- "我理解你这个周末想要新运动鞋。没错，你有权表达自己应该拥有新鞋的观点。但同时，我现在不愿意花这笔钱。不过如果你有兴趣，我愿意谈谈某种折中的办法。"

我曾经为刚离婚不久的高先生提供过咨询服务，他有两个孩子：11 岁的天天和 10 岁的丽丽。高先生告诉我，两个孩子在往返于他和前妻住所的路上经常调皮捣蛋。尤其是天天，时常会闹事，有时甚至还会打丽丽。过去，高先生对天天使用了太多的惩罚措施。事实上，高先生甚至承认，有一次天天打了丽丽后，他抓住天天，把他抵在墙上。所以，有一天高先生去接孩子，看到天天又一拳打在丽丽的胳膊上，他的第一反应就是冲着天天大吼大叫，让他道歉。天天瞬间进入叛逆状态，回敬父亲"有本事你让我道歉"。高先生深吸了几口气，提醒自己要保持冷静、坚定且非控制的态度。这场"战斗"确实值得打，但他知道必须换种方式。

高先生转向儿子说："天天，过去我可能会继续大吼大叫，或者强迫你道歉。但今天我不会这么做了，因为这对你我都没有什么帮助。所以，天天，我请你向妹妹道歉，因为这样对待她是不可接受的行为。我看到过其他情况，你能很好地处理自己的沮丧情绪，所以今天看到你打她，我很失望。我知道，当你感到沮丧和生气时，你可以不断学会做出更好的选择。"高先生说完，开始思考要剥夺天天什么作为惩罚，但他的思绪被打断了，因为天天转向妹妹，真诚地道了歉。管教就是教导。高先生教导了，天天也学到了，在这种情况下，惩罚就没有必要了。高先生展现出了本章前面提到的那种至关重要的自律能力，即能够做出回应而非冲动反应。高先生的回应很有分寸，他控制住了自己的情绪。这起到了引导和影响天天反思自己错误行为并为之负责的作用。

关键在于，频繁使用惩罚措施是无效的，因为孩子们，尤其是叛逆的孩子，会逐渐适应某种程度的惩罚强度。久而久之，频繁使用惩罚措施的家长为了达到同样的效果，就不得不越来越严厉。这样一来，惩罚可能会失控，以至于孩子的恐惧、怨恨和愤怒会压倒任何学习的可能性。

## 让孩子承担后果时，始终保持冷静、坚定且非控制

有效管教对高先生有效，因为他在处理天天的问题时，保持了

171

冷静、坚定且非控制的态度。我的管教方法之所以行之有效，之所以可靠，就在于排除了情绪因素。排除情绪因素后，在给予后果时，你就能做到冷静、坚定且非控制。也许你在想，如何在给予后果的同时做到非控制呢？问得好。答案是，只要你在管教时想着教导孩子，而非压制孩子，你就不会显得在强制。相信我，管教中掺杂的情绪越少，效果就越好。

## 无效管教与有效管教

大多数家长在给予后果时情绪激动、感情用事，这是无效的管教方式。以下是无效管教（ineffective discipline，ID）与有效管教（discipline without desperation，DWD）的对比示例，你能立刻看出其中的差别。

**无效管教**："你打了你妹妹，显然你控制不住自己。马上回你房间去！"

**有效管教**："你打了你妹妹，我很担心。请你回房间，好好想一想自己做了什么。等大家都冷静下来，我们再来讨论这件事。"

**无效管教**："都过去两个小时了，你还没放下电子游戏。这下你完了，一周内都不许玩任何电子设备！"

**有效管教**："电子游戏似乎影响你做其他事情了。接下来两天你别玩游戏了，这样就能补上作业。我们来讨论一下，看看怎样能更好地安排你玩游戏的时间。"

**无效管教**："你竟敢这样跟我说话！下午别想去商店了。"

**有效管教**："我不能接受你用那种方式跟我说话。我不带你去商店了，因为那样做感觉我在纵容你这种不良行为。我希望你能坐下来，跟我讲一讲为什么我们说话时你总是这么生气。"

　　**无效管教**："你老是晚归，我受够了！这周五晚上别想去参加舞会了。"

　　**有效管教**："听着，我们真的得谈一谈。我不知道你为什么老是超过宵禁时间才回来。我很担心你的安全，所以对于你周五去参加舞会，我有些犹豫了。你有什么办法来解决这个问题吗？"

## 使用合情合理的后果法

　　这听起来可能简单得离谱，显而易见，但你可能会惊讶地发现，家长们很容易忘记，如果孩子不知道自己做错了什么，他们就无法从后果中吸取教训。诚然，许多叛逆的孩子知道自己的行为不当，但情况并不总是如此。而且，许多叛逆孩子往往以自我为中心，即便他们知道自己做错了，也常常意识不到自己行为造成的影响。所以，在你不假思索就给出后果之前，先问一问自己："我的孩子意识到自己做错事情了吗？他们明白自己的行为造成了多大的问题吗？"

　　在很多情况下，孩子必须面对"自然后果"。比如，如果孩子不肯吃晚饭，过一会儿他们就会饿，可那时晚饭已经结束了。或者如果他们玩一个易碎的玩具时动作太粗暴，可能会把玩具弄坏，就再也玩不了了。如果十几岁的孩子熬夜太晚，第二天可能会极其疲惫。这些就是通常所说的"自然后果"，因为它们会自动发生。自然后果能很好地让孩子吸取教训，因为他们通常会在意这些后果。

　　"逻辑后果"发生在你作为家长介入的时候。只要有可能，采

173

用那些无须孩子配合就能实施的后果。规则和后果必须对家长和孩子都清晰明确。我建议在冲突发生前就把它们写下来，这样在情绪激动时，就不会就后果如何产生争议了。如果乔乔一直玩电子游戏，拒绝做作业，爸爸妈妈就需要以冷静、坚定且非控制的方式，拿走游戏机或设备并锁起来。如果孩子违反了骑自行车可去范围的规定，你可能得把自行车收走几天。如果孩子不做家务，而且你已经不止一次以冷静、坚定且非控制的方式提醒过，那就得剥夺他们去朋友家过夜或看电影的特权。对于不当行为设定逻辑后果，如果有选择地、非攻击性地实施，能让孩子明白要为自己的行为负责。和孩子讨论他们需要做些什么才能恢复特权，这也是有效管教的一部分，因为这能让他们不断学习承担责任。在给予后果时不掺杂个人情绪，就不会有损害他们自尊心的风险。

## 保持言行的一致性

正如我之前提到的，B. F. 斯金纳指出，当我们不确定是否会得到奖励以及会得到何种奖励时，我们会以极大的热情去追求目标。想想看，一个孩子在杂货店看到糖果，向妈妈讨要。妈妈说："不行，别烦我了，不然回家后不许出去玩。"如果孩子继续哀求，妈妈最终不堪其扰，让步了，而且孩子还是被允许出去玩，那么妈妈就是在告诉孩子，只要他纠缠不休，就不会受到之前威胁的惩罚。这样一来，就会鼓励孩子反复这样做。

所以，如果你对 7 岁的孩子说："要是你再把鞋子扔在地板中间，就必须把整个杂物间整理干净。"下次他们再把鞋子扔在地板中间时，你就必须执行这个后果。如果第二天他们又这么做了，你就得再次落实后果。

保持言行一致性很重要。如果你给出了"如果……那么……"的表述，就必须兑现"那么"这部分的内容。很多家长向我抱怨说，他们太累了，没法落实"那么"之后的事。我们都有过这样的经历，掉进这个陷阱。但要记住，有效管教依赖于一致性。从长远来看，你越坚持一致，就越能节省精力，因为你能阻止不当行为的发生。

## 孩子的不当行为出现时马上给出后果

"等你爸爸回家再说！"这种管教方式对所有孩子都不好，而叛逆孩子情绪易变，这对他们来说更是一场灾难。延迟的后果只会让叛逆的孩子有时间激动起来，更有可能否认对自己的行为负责，对这种情况也会更加愤怒。鉴于叛逆孩子有挑战父母的倾向，他们很可能会把延迟的后果与实施惩罚的家长联系起来，而不是与自己之前的不当行为联系起来。在不当行为发生后立即做出反应会有效得多。

周女士是 9 岁的瑞瑞的妈妈，她痛苦地认识到了延迟后果为什么行不通。她告诉我："在开始和你合作之前，我觉得如果告诉瑞瑞晚点会惩罚他，就能真正引起他的注意，让他一整天都反思自己做错了什么。但我现在意识到，这只会让他忧心忡忡又生气。"我请周女士帮我理解瑞瑞在等待延迟后果时，愤怒加剧会带来哪些复杂情况。她说："随着时间推移，他与我越来越难以相处，到了晚上我拿走他的电子设备或其他要没收的东西时，他出于怨恨又做了 5 件错事。我现在明白了，不会再这么做了。我现在把实施后果当作最后手段，而且我迅速行动时，感觉更好。"

## 乐于协商

叛逆的孩子常常觉得没人能"对他们颐指气使"。他们对权力的渴望可能会给他们带来麻烦。这里有一个很好的例子。前一段时间，我建议 9 岁的皮皮的父亲康先生，在应对皮皮的叛逆行为时要保持冷静、坚定且非控制。几周后，皮皮的叛逆行为确实有所减少。但有一天晚上，当康先生宣布要带皮皮和他弟弟出去吃晚餐时，皮皮大发脾气。"你总是去他想去的地方，从不关心我想要去哪里吃饭。"他说。皮皮觉得自己应该有权力决定全家人去哪里吃晚餐。康先生采用了冷静坚定的方式，但皮皮继续抱怨，然后他把弟弟的掌上电子游戏机扔到地上，用脚踩碎，塑料外壳都裂开了。

康先生认为皮皮需要承担一些后果。他保持冷静、坚定且非控制的态度，告诉皮皮弄坏弟弟的游戏机是不可接受的。康先生告知皮皮，他将在一周内不能玩电子游戏。皮皮提出抗议时，康先生问他是否愿意采取其他行动，以缩短不能玩游戏的时间。皮皮同意向弟弟道歉，赔偿弟弟坏掉的游戏机，并在完成日常清理洗碗机的家务之外，再负责倒一周的垃圾。康先生仍然让皮皮为自己的行为承担后果，但通过灵活处理并协商后果，康先生教会了皮皮一些重要的社交技能。记住，管教的本质就是教导。

## 避免陷入绝望情绪的 7 个管教秘诀

除了你前面读到的有效管教的方法，这里还有更多的管教秘诀，希望能帮助到你和你的孩子。

### 秘诀 1：树立好榜样

你是孩子的榜样。比如，如果你想教导孩子，固执己见无助于解决冲突或问题，那你自己就不要固执己见。

### 秘诀 2：设定界限，但注意不要制定过多规则

在制定规则之前，问一问你自己：这有必要吗？这条规则能保护孩子的健康和安全吗？它能保护他人的权利或财产吗？太多规则即便并非不可能，也很难执行。

### 秘诀 3：尽可能让孩子参与家庭规则的制定

孩子不太可能违反他们自己参与制定的规则。我发现，当孩子们觉得自己参与制定了关于使用手机、玩电子游戏和看屏幕时间的规则时，他们会出人意料地愿意减少这些行为的时间。

### 秘诀 4：帮助孩子理解规则以及违反规则的后果

如果你和 7 岁的孩子约定好他们不应该独自在街上闲逛，如果他们违反了这条规则，那就得准备好执行相应后果。

### 秘诀 5：私下给予回应

在他人面前让孩子难堪，会引发孩子不必要的愤怒，损害他们的尊严和自尊心。

### 秘诀 6：告诉孩子你有多爱他们

当他们行为不当时，让他们知道你不喜欢的是他们的行为，而不是他们本人！

### 秘诀 7：记住要强化积极的行为和选择

就像我们在第 5 天计划中讨论的那样。前面提到的安安，向父母坦承了他与莉莉的网恋。尽管父母担心安安在时间管理上的困扰，但他们表扬了他有勇气分享自己在亲密关系中感到的困惑和迷茫。当安安与莉莉的网恋最终结束时，他感觉不那么孤单了，因为他与父母的关系更亲密、更坦诚了。这再次表明，有效管教是引导和支持孩子从错误中学习，而不仅仅是强加给孩子通常只会引发抵触和

冲突的刻板后果。

希望你对目前学到的有效管教的内容感到满意。既然你已经知道了有效管教是什么，接下来我想让你清楚它不是什么。

## 有效管教并非孤立的育儿技巧

在电影《功夫梦》（*The Karate Kid*）中有一个我很喜欢的场景。主角丹尼尔搬到了加利福尼亚，在那里，他遭到一群青少年空手道恶霸的骚扰和殴打。他向公寓大楼的日本管理员宫城先生求助，并向他学习空手道。如同典型的好莱坞电影情节，丹尼尔在这个过程中也学到了关于生活的道理。接下来，讲一讲我特别喜欢的那个场景。

在为宫城先生洗车、打磨甲板和粉刷围栏几周后，丹尼尔非常沮丧。他觉得老师在利用他，而不是教他空手道。当丹尼尔表达愤怒时，他的空手道师傅把他带到屋后，让他做出洗车、粉刷围栏和打磨甲板的动作。然后，宫城先生向丹尼尔发起一连串的拳打脚踢，你瞧，那些动作竟然都是非常有效的空手道招式。丹尼尔惊讶地意识到，一直以来，他从师傅非传统的教导中学到了很多空手道技巧。

我举这个例子想说什么呢？我的意思是，从你开始读这本书的那天起，实际上你就一直在和我学习管教方法。在这部经典电影的重拍版中，故事背景和"坏人"都有所改变，但"学习过程中练习与耐心的重要性"这一核心信息始终不变。就像我一直说的，管教即教导。请记住，教导的一个重要部分也在于你要乐于持续学习。看一看你目前学到的宝贵经验吧。

- 你学会了如何更好地理解你的孩子。

- 你知道了大吼大叫对帮助孩子减少叛逆行为毫无益处。
- 你懂得了如何通过保持冷静、坚定且非控制的态度，以及明智地选择"战斗"来避免权力斗争。
- 你掌握了如何以有力的方式赞扬、鼓励和奖励积极行为。

这些在管理叛逆孩子以及增进与他们的联系方面，都是巨大的突破。你在教他们一种新的相处方式。你在示范如何更有效地控制自己的情绪，这也引导着他们努力去做同样的事情。你越多地运用（并持续运用）前几天学到的策略，你的孩子就会越少叛逆。所以好处在于，你已经在很好地运用有效管教方法了，因为你一直都在运用其中的部分内容。

## 有效管教不是为了证明你能掌控一切

我相信你很清楚，我一直在强调对叛逆孩子不要采取控制性的手段。很多家长容易忘乎所以，陷入"纪律执行者"的权力感中。我不知道听过多少家长吹嘘他们的孩子很清楚什么事情不能做。然而，当孩子出现行为问题让他们措手不及的时候，这些家长往往会感到相当受挫。

几年前，在我孩子参加的一次体育活动中，作为母亲的艾女士向她的朋友吹嘘自己不会容忍孩子的任何"胡搅蛮缠"。她说她的孩子们"很清楚"她什么时候没心情听他们抱怨。遗憾的是，几个月后艾女士打电话给我，在电话里哭得很伤心。她向我寻求建议，解释说她14岁的大女儿决定搬去和父亲一起住，因为她觉得艾女士"惩罚太多"。艾女士向我承认，她对女儿过于严厉。用她自己的话

179

说就是一个"痴迷于掌控的家长"。我建议艾女士和她女儿去咨询心理医生，修复她们的母女关系。后来艾女士和女儿的关系有所改善。不管怎样，艾女士改变了态度，不再以自己专横、控制欲强的育儿方式为荣。

艾女士的育儿方式就是我们常说的专制型方式。她很擅长为孩子的不当行为设定后果，但不擅长与孩子进行良好的沟通和理解他们。像大多数专制型家长的孩子一样，艾女士的大女儿感觉缺乏亲密、温暖的亲子关系。正如我在第4天计划中提到的，你越试图控制叛逆的孩子，他们就越会试图控制你。作为家长，我们有时必须克服想要控制孩子的本能。当你过度专注于掌控一切时，孩子不会把你当作能在解决问题时给予他们共情和帮助的人。

## 有效管教不同于惩罚

许多家长来找我，寻求更好地管教叛逆孩子的方法。正如我在本章开头提到的，家长们刚开始坐下来交谈时，常常会把惩罚和管教混为一谈。惩罚本质上是一种惩处手段，它会破坏家长与孩子之间的联系和信任。如果你是那种倾向于惩罚孩子的家长，那么你可能将其视为让孩子为自己的错误"付出代价"。到现在为止，你应该已经意识到，孩子的问题行为源于情绪上的不成熟以及应对能力的有限。所以，让孩子为自己的过激行为和错误"付出代价"其实并不公平。记住，孩子并非自己选择生来就情绪不成熟、性格固执的。

我发现，一些倾向于惩罚、痴迷于后果的家长，就像想用猎枪打小鸟一样，做法往往很不合理。看一看下面这些话吧：

- "我罚她禁足 3 周，因为她太没有礼貌，我受够了。"
- "我告诉他不能和我们一起去家庭度假，因为他给这个家带来这么多伤害，我绝不可能带他去。"
- "他从来不听我的，所以我最后把他所有东西都没收了，但结果适得其反，他大发脾气。"
- "如果你不吃完晚饭，一个月都不能去你表哥家！"
- "够了！你未经我允许就把车开走了。现在一年之内都不许你开车！"
- "你把我给你买日用品的钱拿去看那场疯狂的演唱会了。所以，以后别再跟我提让我帮你什么忙了。"

当家长对叛逆的孩子采取过度惩罚的管教方式时，只会引发更多问题。如果他们真的兑现这些威胁，那就是对孩子的不当行为反应过激了。叛逆的孩子已经在情绪困扰、紧张的家庭关系、失去的友谊、浪费的时间和快乐中付出了太高昂的代价。尽管叛逆孩子的家长常常被孩子伤透了心，但我的工作就是帮助这些家长学会以不同的视角看待管教，摒弃惩罚心态。家长需要理解孩子身上发生了什么，而不是一味执着于控制他们。罚孩子禁足 3 周，能帮助你找到他们情绪如此反复无常的根源吗？不让孩子参加家庭度假，真的能解决根本问题吗？在你沮丧时没收孩子的东西，当时可能感觉很解气，但他们大发脾气之后又会怎样呢？

## 关于体罚的特别提醒

我 12 岁的时候，有个朋友叫天伦，他有点儿笨手笨脚，动作还很莽撞。在"多动"这个词还没像如今这样家喻户晓的时候，他就已经很亢奋好动了。有一天我去他家玩，天伦正朝他妹妹扔沙袋。他没有砸到妹妹，不幸的是，却砸破了一扇窗户。天伦的妈妈对他大吼大叫，说他继父回家后会"教训他"。我看到天伦一听到继父的名字，就吓得浑身发抖。天伦的继父洪先生，身材魁梧，是个硬汉，他可不认同温情脉脉的育儿方式。洪先生回家后，我记得他问是谁打破了窗户。值得称赞的是，天伦看着继父，承认是自己干的。洪先生严厉地让天伦上楼去拿"皮带"。天伦回来后，我和他在客厅里坐了 3 个小时，等着惩罚降临，而他继父则自顾自地忙事情。洪先生觉得，如果把惩罚推迟到当天晚些时候，孩子们会更能体会到这是一种惩处。就好像天伦和继父之间的对话从未发生过。直到洪先生转向他，说了句"走吧"，然后押着天伦上楼进了他的房间。一分钟后，天伦的惨叫声响彻了整个屋子。我记得当时我的心在颤抖，可能身体也在发抖。

研究表明，像打骂这样的体罚以及言语虐待，对于改变行为并无效果。对叛逆的孩子实施体罚，只会导致灾难性的后果。虽然体罚可能看似能迅速见效，但从长远来看，其危害大于好处。孩子们会为了避免挨打而不敢造次，但没人监督的时候，他们就会随心所欲。因为他们并没有真正学会区分恰当和不恰当的行为。体罚会羞辱和打击孩子，让他们觉得自己"很坏"。

向孩子展示"暴力是可以接受的"，会摧毁他们的自尊心，甚至可能助长孩子的身体攻击行为。如果你过去有过对孩子过于粗暴的行为，也别太自责。我们都会犯错的。拉尔夫是我从幼儿园就认识的好朋友，他常提醒我，只有死人才是完美的不再犯错的人。换句话说，活人则没有完人。在此，我强烈建议你停止对孩子使用体罚手段。相反，采用我这套 10 天计划中的策略，包括我今天分享的内容，作为替代方法，是明智的做法。

## 切记不要过度纵容孩子

如果父母过于软弱，对叛逆孩子的问题行为不加以回应，就会失去在孩子心中的可信度和应有的尊重。过度纵容的父母几乎没有规则意识，也没有始终如一的界限。我见过许多叛逆孩子的父母，既有控制欲强、专制型的，也有过度纵容的。如果你是个纵容型的家长，就意味着你没有给孩子制定必要的规则和框架。即便制定了规则，你也没有执行过。作为纵容型家长，你是在让孩子掌控局面。纵容型家长常说这样的话：

- "他累了自然会去睡觉。"（却忽略了这是上学日的晚上 11 点！）
- "她要是喜欢早餐吃冰淇淋，我觉得也没有什么。"
- "为什么非得我去提醒他少玩电子游戏，还得和他讨论？他要是学习成绩不好，自己会明白过来的。"
- "她对我没礼貌没有关系，我知道这只是暂时的。"

在纵容环境中长大的孩子习惯了随心所欲，因此很难与他人相处。他们可能被宠坏了，自私自利，而且确实会非常叛逆！如果你选择了这种放任自流的育儿方式，现在也别太自责。你变得过度纵容可能有多种原因。也许你自己是在严厉、专制的父母抚养方式下长大的，所以决定尽量少用管教手段。如果是这种情况，那么你的纵容很可能是对严苛惩罚式成长经历的一种反应。又或许你选择这种宽松的方式，是因为感到压力太大，没有精力制定并执行规则。那些沉迷于酒精或毒品的父母，在管教孩子方面也可能会有所妥协，无法设定始终如一的界限。

如果你意识到自己对孩子过于纵容，那就努力认清自己在哪些方面、怎样过度纵容了，并下定决心做出改变。也许你不喜欢冲突，因为害怕更多的争吵和混乱，在情绪上成了叛逆孩子的"人质"。如果是这样，那就继续采用我所说的冷静、坚定且非控制的方式与孩子沟通。即便孩子一开始反应消极，你也要保持冷静，真诚地表达自己。鼓励孩子也以同样的方式与你进行交流。指出如果他们能和你一样，以冷静、坚定且非控制的方式相处，就能得到你更多的积极关注，也会获得更多的特权。记住，这种育儿方式的"强化"可能具有挑战性，或许需要一些时间。然而，从长远来看，如果你避免过度消极、逃避问题，孩子的叛逆行为就会减少，也会更加尊重你。

## 第 6 天的小结

今天你了解了有效管教的力量。有效管教能帮助你保持冷静，同时帮助孩子从错误中学习，在未来做出更好的选择。在今后的日子里，请记住有效管教的以下关键要点：

◉ 管教不一定是令人困惑、充满过度情绪的折磨。

◉ 不大吼大叫，保持冷静、坚定且非控制，是有效管教的基本原则。与孩子建立良好的关系，是帮助他们做出积极改变的最佳方式。

◎仔细考虑后果并谨慎使用，这对管教叛逆孩子很重要。记住，后果的目的是培养责任感，而非让孩子感到羞耻。

◎有效管教包含同理心、爱与关怀。

## 为第 7 天做准备

◎请记住，具备自律能力来管理自己的情绪，是帮助孩子管理他们情绪的关键。

◎要记得，孩子具有挑战性的行为往往反映出他们正在经历的更深层次的冲突与挣扎。

◎当你确实要给予后果时，不要大吼大叫。相反，以冷静、支持且合作的方式讨论问题。记录下你给予后果的成功方式，以便追踪其效果。

◎记住要强化孩子做出的正确决定。通过"捕捉"他们做出更好选择的时刻来引导孩子，这将有助于在需要给予后果时，让他们更愿意接受。

◎不要过度纵容。请记住，尽管过度反应通常效果不佳，但这可能比完全不回应要好。

# 7

第 7 天

## 调动家人的支持

你会发现兄弟姐妹的强大影响力,以及如何
将其最大化从而进一步减少孩子的叛逆行为。我
还将向你展示如何与伴侣更好地合作,以支持叛
逆孩子的进步。

我期望你的孩子能朝着正确的方向持续进步。显然，你也有同样的期望。基于此，今天你将了解到家庭支持在促使和维持叛逆孩子积极改变方面所起的重要作用。在 10 天计划中你一直在学习并应用的冷静、坚定且非控制的方法，以及你的情绪引导技巧，都将体现在今天所介绍的策略中。你会发现兄弟姐妹的强大影响力，以及如何将其最大化从而进一步减少孩子的叛逆行为。我还将向你展示如何与伴侣更好地合作，以支持叛逆孩子的进步。如果你是单亲家长，你将学到为你的叛逆孩子调动家庭支持的方法。你还会发现如何获得大家庭成员的支持。我将从各种可能的角度，为你提供大量的方法和策略，帮助你让家人参与并支持叛逆孩子的持续进步。我们先从兄弟姐妹说起。

## 兄弟姐妹的力量

心理学中的家庭系统理论指出：家庭成员之间会深刻地相互影响，这种影响可能是积极的，也可能是消极的。家庭本质上是父母与孩子组成的伙伴关系，他们有着不同的个性和需求，共同跳着一支"舞蹈"。如你所知，在家庭这个"舞蹈"中，每个家庭成员都有自己的行为方式，也期望他人按自己的方式行动。如果一个家庭成员在舞蹈中改变步伐，其他所有人的步伐也会随之改变。换句话说，每当你的孩子表现出叛逆行为时，就打乱了这支"舞蹈"，其他家庭成员能感觉到（甚至可能在不知不觉中助长这种行为）。在你开始这个 10 天计划之前，你叛逆孩子的情绪和反应很可能主导着家庭的情感氛围，与此同时，你的其他孩子一直在观察着他的要求，注意其操纵的手段。

如果一个家庭中的每个人都习惯了彼此的"舞蹈动作",那么家庭中的任何变化都会让成员们感到不适应,甚至可能会觉得尴尬。毕竟,我们大多数人都是习惯的产物。随着你的叛逆孩子的行为开始改善,你可能会发现,这会在其兄弟姐妹中引发焦虑、抵触,甚至新的叛逆情绪。兄弟姐妹们往往不愿意支持叛逆孩子的积极改变,因为他们已经习惯了过去的状况,即使情况并不理想。

那么,现在该怎么办呢?你面临的最大挑战之一就是,让其他孩子帮助支持叛逆孩子的进步,因为家中减少叛逆行为的新"舞蹈"对他们来说既陌生又不受欢迎。你的其他孩子不仅习惯了叛逆孩子的行为问题,而且当叛逆孩子捣乱时,他们还有机会脱颖而出。其他孩子可能担心,如果叛逆孩子有所改善,他们就会失宠。这听起来很疯狂,不是吗?然而,尽管兄弟姐妹会受到叛逆孩子的取笑、殴打,受到父母给予叛逆孩子过多关注的影响,但他们往往还是会对叛逆孩子的进步感到一种威胁,这是一个需要克服的大障碍。

你首先要做的是,对其他孩子对叛逆孩子积极改变的反应表示理解。正如我在第一本书《你怎么就不懂我的心》一书中提到的,同理心是维系人际关系的情感纽带。你越理解其他孩子的感受,就越能帮助他们支持叛逆孩子的积极改变。花几分钟完成以下问卷,这样你就能更好地了解叛逆孩子过去的行为对其兄弟姐妹产生了怎样的影响。

### 兄弟姐妹情况问卷

以下是一系列问题,可以帮助你更好地了解你孩子的叛逆行为是如何影响其他孩子的。

- ⊙ 当你的叛逆孩子行为不端时，你的其他孩子是怎么做的？
- ⊙ 其他孩子对他们兄弟姐妹的叛逆行为表达了哪些感受？
- ⊙ 你的其他孩子以什么方式保护自己或应对你的叛逆孩子？
- ⊙ 哪些兄弟姐妹受你孩子叛逆行为的负面影响最大，具体表现在哪些方面？

当你思考这些问题的答案时，尽量留意叛逆孩子对其他孩子的影响。下一部分包含一些建议，可帮助你让所有兄弟姐妹齐心协力、相互支持。

## 不要对你的孩子们进行比较

你的叛逆孩子很可能在家庭中被定性为"问题孩子"。至关重要的是，你不要对孩子们进行负面的比较。我接触过许多成年人，他们小时候在家庭中有"问题孩子"这样的标签，据他们讲述，成长过程中与兄弟姐妹的这种比较给他们带来了情感伤害。

为了帮助兄弟姐妹应对并支持正在发生的变化，让他们明白自己与叛逆孩子具有同等价值，这至关重要。兄弟姐妹们需要看到并相信，即使叛逆兄弟姐妹的问题行为有所改善，他们在家庭中依然"出色"。

许多家长没有意识到，他们所做的比较会影响其他孩子将叛逆孩子视为家庭的替罪羊。在面对挑战和挫折时，许多本意良好的家长不经意间会通过言语或非言语的方式传达出比较的信息。

以下是一些言语比较的例子：

- "她的要求太多了。"
- "我们得把她送走。"
- "她快把这个家拖垮了。"
- "没有哪家的孩子这么难管的。"
- "我真看不到她有什么前途。"
- "她根本不在乎别人怎么看她。"

以下是非言语方面的例子：

- 翻白眼。
- 叹气。
- 咕哝。
- 倒抽气。
- 耸肩。
- 挥拳。

如果你已经传达或还在传达这些信息，可能会导致你家中的其他孩子觉得你的叛逆孩子：

- 不怎么惹人喜爱。
- 抚养起来更费劲。
- 不那么讨人喜欢。
- 抚养起来回报更少。
- 更让人烦恼。
- 比其他家庭成员更不受重视。

你必须注意，不要在叛逆孩子和他们的兄弟姐妹之间进行令人不愉快的或负面的比较。如果家中其他孩子察觉到这些情绪，你就有很多修复工作要做了。

我曾接触过一个家庭，他们偶然发现，7岁的叛逆女儿娜娜觉得自己被家人拿来与 10 岁的姐姐菲菲进行负面的比较。有一天，娜娜去参加夏令营，她的妈妈左女士在打扫她的房间时，震惊地发现一张纸，上面画着的娜娜比菲菲要小很多，而且她还在画中的自己旁边写了"失败者"这个词。左女士很快意识到，娜娜内心已经将自己与菲菲进行了负面的比较，觉得自己是个"失败者"。

我和娜娜一起进行了几次辅导，在她做出一些积极的行为改变后，她开始对自己感觉良好了，如下文你将看到的那样。我鼓励左女士和菲菲好好谈一谈，并寻求她的支持。她向菲菲解释说，为了让娜娜的进步持续下去，菲菲来和我讨论一下娜娜的积极变化很重要。在与左女士和菲菲的一次辅导中，我和左女士让菲菲意识到，支持妹妹改变的姐姐"真的很酷"。然后我让菲菲去等候室，我向左女士示范如何运用同理心，让菲菲知道左女士理解她与娜娜相处时的困扰。菲菲回到辅导室后，她承认看到娜娜得到左女士那么多关注，哪怕往往是消极关注，对她来说都非常难受。左女士向菲菲保证，娜娜的积极改变会让她自我感觉更好，这样一来，左女士就能有更多时间和精力关注菲菲了。在下一次辅导中，左女士、菲菲和娜娜坐在一起，一起回顾了娜娜已经做出的 7 个积极行为改变：

- 在菲菲或左女士用手机时，不再试图抢她们的手机。
- 按时准备好去上学。
- 想要新娃娃、毛绒动物玩具和其他玩具的频率降低了。
- 说"请"和"谢谢"的频率增加了。
- 愿意和菲菲一起玩。
- 被要求停止取笑菲菲时，会马上停止。
- 对晚餐的选择不那么挑剔，更能接受。

左女士说，当她和菲菲对娜娜的这些改变表示认可时，"娜娜表现出满心欢喜，容光焕发"。菲菲亲眼看到，作为姐姐给予支持，对娜娜意义非常重大。支持妹妹的改变，让菲菲感到满足，而非因娜娜的变化而觉得自己的地位受到了威胁。

## 兄弟姐妹支持行动清单

花几分钟时间，和你的其他孩子一起进行头脑风暴，想一想你和他们能做些什么来支持你的叛逆孩子。让他们明白，通过与叛逆孩子一起创造并分享美好时光，叛逆孩子会感觉更有归属感，而不是疏离感，也就不太会为了吸引注意而做出叛逆行为了。你可以从我提供的清单中选择合适的活动内容，或者在下表的空白处添加其他活动内容（见表 7-1）：

### 表 7-1　活动内容

| | | |
|---|---|---|
| 散步 | 烘焙或烹饪 | 遛狗 |
| 玩电子游戏 | 表扬积极的改变 | 打篮球 |
| 一起探索电子游戏教程 | 玩牌 | 踢足球 |
| 看电视 | 一起画画或设计 | 玩棋盘游戏 |
| 去玩滑板 | 看搞笑视频 | 化妆 |
| 在手机上安装有趣的应用程序 | 尝试最后一章中的趣味游戏 | |

## 开展"合作行动"，享受乐趣

叛逆孩子在家庭行为方面如同"局外人"，把自己与兄弟姐妹隔离开来。结果，兄弟姐妹们可能会产生竞争心理，想尽办法打压叛逆的孩子。兄弟姐妹之间的竞争对任何一个孩子都没有好处，对于正在努力做出积极改变的叛逆孩子来说，尤其如此。他们越觉得兄弟姐妹在与自己竞争，就越可能觉得很有必要把叛逆行为作为重新吸引你注意的"最佳方式"。

如果竞争是你家兄弟姐妹间的主要相处模式，你必须注入合作元素，重启兄弟姐妹关系系统。你越鼓励兄弟姐妹之间要合作，他们就越能融洽相处、共同成长。我指导过许多家长在家中开展一项名为"合作行动"的任务。家长尽可能多地设置合作任务，从而开始教导孩子们相互合作，而非相互竞争。以轻松、自然的方式开展"合作行动"，对孩子取得成功至关重要。以下是一些你可以和孩子们一起尝试的有益的合作活动：

- 让他们比赛在规定时间内收拾好玩具，而不是相互竞赛谁快。
- 一起拼一幅拼图。
- 在花园里一起挖土、种植。
- 按照新菜谱一起做饭。
- 共同创作并表演一个哑剧。
- 合作创作一幅画或设计。
- 大家一起探索都感兴趣的安全且有趣的网站。
- 一起吃饭，不发生争吵。

## 强调公平并非均等

你的孩子们需要明白，你会尽最大努力满足他们每个人独特的需求，但这并不意味着你对他们的待遇会完全一样。即便你真的能平等对待孩子（这实际上是不可能的），他们仍有可能觉得自己在关注、管教或回应方面没有得到公平的份额。"这不公平"是所有孩子的口头禅，不只是叛逆的孩子会这么说。

至关重要的是，兄弟姐妹们要理解，你叛逆的孩子在情绪方面存在一些重大局限，而你正在帮助他们克服这些问题。如果兄弟姐妹们难以理解这一点，并且你仍被指责不公平或不平等，尝试以非防御性和富有同理心的方式来缓和紧张气氛。

以下是西西、琳琳和妮妮的母亲王女士处理"不平等"问题的方式。妮妮是那个叛逆的孩子，她需要一套与西西和琳琳不同的行为规则，这让西西和琳琳感到很沮丧，因为她们觉得这不公平。王女士对西西和琳琳的感受表示理解，并乐于倾听她们觉得如何处理才算更公平的建议。比如，西西和琳琳很不满妮妮每天早上能比她们多睡 15 分钟。这条规则是为妮妮制定的，因为她正在服用治疗多动症的药物，这使她早上更容易感到疲倦。西西和琳琳询问下午能否多一些使用手机的时间，以弥补妮妮多睡懒觉的特权。王女士同意了这个请求，前提是这不会影响她们完成家庭作业。王女士解释说，这次协商对她来说是一次胜利。"过去，我会对另外两个女孩发火，告诉她们，她们太不懂事了。现在，我试着体谅她们的感受，结果真的奏效了。她们也不再抱怨妮妮能多睡一会儿了。"王女士惊讶地发现，当她不再为公平问题辩护时，女儿们也不再执着于公平与否了。我发现，当兄弟姐妹觉得自己的意见被倾听，并且在可能的情况下得到其他补偿时，随着时间的推移，他们的愤怒情绪就会减少。最为重要的是，在试图解决与公平相关的问题时，你要对所有孩子保持冷静、坚定且非控制的态度。

## 关注时间点但也要适时灵活调整

留意兄弟姐妹发生冲突的时间以及其他规律。也许改变一下日常安排，提前用餐或吃点心，或者在孩子们无所事事时安排一项精心策划的活动，有助于避免一些冲突。

樊女士是 3 个孩子的母亲，她决定在晚餐前更灵活地提供健康的零食。她注意到，孩子们饥饿且快要"饿怒"（如第 1 天计划中提到的，"饿怒"是指因缺乏食物而变得愤怒或沮丧，或两者皆有）时，兄弟姐妹之间的紧张关系会显著加剧。通过更灵活地提供零食，冲突减少了，她叛逆孩子的抵触情绪也减轻了。

## 建立新的家庭仪式

孩子们往往喜欢家庭仪式，即使他们不承认。仪式能给人一种安全感，并且非常抚慰人心。家庭仪式是指全家人有意识一起做的任何事情。无论活动是什么，重要的是全家人都要给予高度的关注。关键在于坚持做这件事的常规性。它可以是从周日早上吃百吉饼，到每周日晚上玩不同的棋盘游戏等任何事情。只要确保你始终如一地进行就好。

仪式在精神和情感层面都很有益。单身父亲夏先生发现，他的 3 个孩子每周日一起做辣椒酱时，就会增进深厚的感情。每个孩子都会从调料架上挑选自己的调料加入。莉亚开启了一个仪式，让每个孩子在晚餐时从一本笑话书上读一则笑话。所有孩子都开怀大笑，对彼此有了新的认识。有些叛逆的孩子可能会抗拒参与这类仪式。但如果以非控制的方式呈现仪式感，并且你能合理调整期望，你的叛逆孩子可能会比你想象的更容易接受。

## 仪式对孩子们都有益处

以下是仪式对所有孩子（不仅仅是叛逆孩子）的一些益处：

- 营造支持与情感治愈的氛围。
- 给予舒适感与安全感。
- 培养家庭凝聚力。
- 为共享时光构建框架。
- 传承民族传统。
- 培养共享喜悦和美好回忆的意识。
- 带来欢乐。

## 让孩子们有更多时间在一起回忆美好时光

大多数兄弟姐妹都喜欢一起回忆美好的时光。谈论孩子们过去一起度过的欢乐时光，是帮助他们重新建立联系的好办法。这对小宾和小思的母亲蒲女士来说，效果十分显著。16岁的小思多年来在家和学校都不断出状况，这让15岁的小宾觉得自己"被亏待了"，因为小思占用了父母太多的时间和精力。一天晚上，蒲女士给两个儿子讲了带他们去露营时，小思的头发被帐篷拉链夹住的事情。他们回忆起为把小思的头发从拉链中弄出来，整个帐篷上下晃动的情景，不禁笑了起来。在那次经历中，小思非常害怕，是小宾安慰了他。回顾这一幕，两个男孩都觉得既有趣又开心。这样的美好回忆能够淡化那些令人不愉快的记忆。

24岁的小荷被邀请与同母异父的弟弟妹妹分享关于母亲的有趣往事时，她觉得自己对母亲的"新家庭和新孩子"的威胁感与疏离感减轻了不少。

拿出旧的家庭照片和影片一起观看。一起搜索并浏览数码存储的照片，制作一个酷炫的视频或幻灯片，让孩子们添加一些搞怪的特效，同时确保不会出现恶意的嘲笑。一旦这么做了，你会惊讶于这些能唤起的有趣回忆。一起回顾这些照片和影片，并分享对过去欢乐的感受，对你和孩子来说都是一种抚慰。

## 让孩子享受属于自己的时间与空间

确保每个孩子都有足够属于自己的时间和空间。孩子们需要有机会做自己的事情，与自己的朋友玩耍，而不被兄弟姐妹打扰，并且他们的空间和物品需要得到保护。12 岁的小捷，当父母允许她有更多与朋友独处的时间时，她感觉获得了 10 岁弟弟东东的更多支持。父母在帮助引导东东接受小捷对隐私需求日益增加的过程中，保持冷静、坚定且非控制的态度。东东因能够遵守保护小捷空间的界限而得到很多的表扬。这意味着东东现在进小捷房间前要敲门，而小捷有权不让他进来。我指导小捷告诉东东，他愿意尊重她的界限和个人空间，这对她意义重大。小捷后来跟我说："现在东东对我更尊重了，这让我也想对他更理解、更友善。我真的很开心爸爸妈妈意识到我现在需要更多隐私，而且他们让东东明白我不是故意对他冷淡的。"

## 尽可能提供一对一相处时间

确保你能与每个孩子单独相处。让他们列出想和你一起做的事情，然后注明每项活动的花费以及大概所需时间。根据可负担程度、兴趣或可行性对这些活动进行排序，然后挑选一项，安排时间并付诸行动。你和孩子为此付出的努力，将会带来超值回报。15岁的蕾蕾感觉自己被冷落了，因为在过去一年里，9岁的弟弟小吉处于叛逆期。蕾蕾告诉我，尽管她喜欢父母给她买的衣服和其他物质性的东西，但真正让她享受的是父母的积极关注。"父母给了我想要的一切，但对我来说最重要的，是他们花时间陪我。"

所有孩子都需要与父母一对一相处，并得到关爱。他们需要积极的肯定、情感支持、悉心照料，而最重要的是，需要父母的时间。这意味着无论你们是在交谈、玩游戏还是一起做项目，都要给予孩子全身心的关注。对于孩子和成年人而言，没有什么比得到专注的关注和爱更重要的了。

来看一个感人的故事，何先生是3个孩子的父亲。一天，他12岁的儿子乐乐站在旁边，等他打完电话。乐乐没有打断他，但就那样显眼地站在那儿。何先生转头问乐乐有什么事。乐乐问何先生能不能陪他去外面打篮球。何先生的第一反应是说自己很忙，因为工作压力很大。何先生满含泪水，在与我的一次咨询中回忆起这件事："我突然顿悟，再过几年乐乐就会忙着和朋友们在一起，去各种地方。我意识到现在不陪他，以后可能就没有机会了。于是我放下手机，我们一起打篮球、练习传球和投球技巧，玩得特别开心。"

## 奖励孩子对愤怒情绪的控制

提醒其他孩子，叛逆的孩子需要持续的支持来管理自己的愤怒情绪。鼓励他们运用健康的情绪管理技巧，树立"做正确的事"的榜样。通过你控制自己愤怒的方式，向他们展示如何应对自己的愤怒。让孩子们看到你能成功控制愤怒，这一点很重要。秉持家庭"共渡难关"的精神，提醒孩子们，你自己也还在努力控制愤怒情绪。我的一位来访者金女士，指导其他孩子在生气时，从 1 慢慢数到 10，以此来控制自己的生气情绪。她说："现在，我看到图图（那个叛逆的孩子）会学哥哥姐姐的做法。过去我们家一生气就会'立刻爆发'。现在我们都试着采用'准备、瞄准、开火'的方式。实际上，我现在觉得说'准备、就绪、行动'比'行动、就绪、准备'更好。孩子们学会三思而后行，我就不停地表扬他们，现在他们发脾气的次数比以前少多了。"你越努力向其他孩子传授这些技巧，当叛逆孩子生气时，就会得到越多的支持。一旦所有孩子都学会处理愤怒情绪，他们就不太可能激怒叛逆的孩子。

### 管理愤怒的家庭新"舞步"

如果家庭中的每个人都尽自己的一份力来控制愤怒，那么受益的将不仅仅是叛逆的孩子，而是所有人。当你、你的伴侣以及所有孩子开始感到愤怒时，以下是消减愤怒的一些建议：

- 承认自己的愤怒，有助于缓解情绪。
- 问一问自己为什么生气，以便理解自己的情绪。
- 与你信任的朋友进行交谈。
- 发挥想象力，想象手中拿着一个柠檬。想象柠檬底部被挖了个洞，然后挤压柠檬汁，再把柠檬扔掉。注意当你挤出柠檬汁并扔掉它时，愤怒感是如何减轻的。
- 做 3 次深呼吸。

- 提醒自己冲突和问题不会永远存在。
- 避免产生有害的想法和言语（例如：讨厌、应该、必须、从不、总是）。
- 与父母交谈。
- 去散步。
- 画一幅表达愤怒的画。
- 从 1 数到 10。
- 抱一抱你的宠物。
- 为了冷静下来，想象自己在雪地里打滚。（在这种情况下，狗狗也可以成为很棒的情绪引导者！）
- 看一个有趣的电影片段或整部电影。
- 拍打枕头。
- 画一幅关于你愤怒情绪的画。
- 玩电子游戏。
- 锻炼身体。
- 播放一首歌并跟着唱。
- 写一封愤怒的信或邮件，但不要发送。
- 回想美好的事（也许是一次有趣的假期或你最喜欢的运动）。
- 骑自行车或去玩滑板。
- 专注于一项爱好或玩心爱的玩具。

以上建议旨在帮助兄弟姐妹，以及你和你的伴侣支持叛逆孩子的成长。你也可以看一看本书末尾部分提供的新游戏活动，其中有一些有趣、能缓解紧张气氛、促进亲子关系的游戏。现在，我们来看一看婚姻或伴侣关系在支持叛逆孩子方面能起到什么作用。

# 婚姻 / 伴侣关系越稳固，孩子的叛逆行为会越少

你可能听过这样的说法：把孩子置于伴侣之前是不明智的。但说实话，说起来容易做起来难。遗憾的是，我接待过许多濒临离婚（或曾经在一起后又分开）的夫妻来我办公室咨询，原因是他们在满足孩子需求的同时忽略了自己的婚姻。当你有一个叛逆的孩子时，夫妻之间要保持亲密关系会更具有挑战性，因为这会带来很多情感上的压力。你帮助叛逆孩子的使命可能会让你无暇顾及自己的婚姻。要认识到，虽然存在一些例外情况，但在大多数情况下，叛逆的孩子对妈妈表现出的叛逆行为往往会比对爸爸的要更多。从幼儿到成年子女，我都见过这种情况。但无论叛逆的孩子把愤怒发泄到哪位家长身上，最终父母双方都会感到疲惫不堪，这会损害夫妻之间的关系。叛逆的孩子需求很多，满足这些苛刻的需求，会让婚姻更倾向于以孩子为中心。以下活动将帮助你评估叛逆孩子在多大程度上影响了你的婚姻。

## 婚姻关系问卷

以下的系列问题，可以帮助你更好地了解孩子的叛逆行为对你的婚姻产生了怎样的影响。

- 当孩子行为不端时，你对伴侣有什么反应？
- 当孩子行为不端时，你的伴侣对你有什么反应？
- 当你和伴侣一起努力管教叛逆孩子时，哪些方法是有效的？

201

- 哪些方法是无效的?
- 你和伴侣在多大程度上会因为孩子的不当行为而互相指责?
- 作为夫妻,你和伴侣会做些什么来互相安慰,应对孩子带来的压力时刻?

## 叛逆孩子会成为糟糕婚姻的替罪羊

在某些情况下,如果婚姻一开始就存在问题,叛逆的孩子可能会成为"替罪羊"。我曾为许女士和万先生这对夫妻提供过咨询,他们的婚姻非常不稳定。他们最大的问题是许女士与前夫所生的15岁儿子恩恩,恩恩极其叛逆。恩恩会想尽各种办法试探许女士和万先生,包括制造混乱、破坏财物、完全无视万先生,就好像他不存在一样,还会在夜里偷偷溜出去。许女士和万先生曾试图智胜恩恩,对他采取严厉的惩罚措施,还多次威胁他,但情况却越来越糟糕。

当我开始与恩恩合作,并运用本书中的策略指导这对夫妻后,恩恩的态度和行为开始有所改善。但恩恩的问题解决后,许女士和万先生意识到他们几乎没有共同之处。我多次见过像许女士和万先生这样的夫妻,他们被叛逆的孩子搞得心力交瘁,以至于忽略了自己的夫妻关系。幸运的是,我帮助许女士和万先生重新找回了夫妻之间的默契,这也进一步支持了恩恩的成长。恩恩私下向我吐露:"我有时候表现得像个浑蛋,只是因为我觉得那样妈妈和万先生至少会互相交谈。"

# 培养与孩子无关的共同兴趣

夫妻重新建立联系的一个有效方法是一起培养新的兴趣。尝试新事物，不仅能带来新鲜感，还能让你和伴侣有美好的非叛逆孩子相关话题可以聊。以下是我接触过的几对夫妻尝试过的一些建议：

- 一起做一顿晚餐。
- 一起去做按摩。
- 共度周末时光。
- 一起打牌或打保龄球。
- 一起参加线下或线上课程。
- 一起做家庭项目。
- 加入品酒俱乐部。
- 玩棋盘游戏。
- 一起打理花园或修缮房屋。
- 尝试攀岩。
- 一起骑自行车。
- 在街区附近长时间散步或去远足。
- 一起加入健身房（我认识的几对夫妻还请了私人教练）。
- 参加压力管理课程。
- 游览名胜古迹或博物馆。
- 参加晚间讲座。
- 出去吃晚餐或跳舞，或者先上几节舞蹈课。
- 加入夫妻读书小组。
- 一起做志愿者。

# 进一步巩固婚姻关系的方法

婚姻是家庭中的基础关系，在孩子长大成人离开后，仍会长久存续。即使是最美好的婚姻，也需要大量的支持与呵护。以下还有3条建议，可强化巩固你的婚姻关系，并在此过程中进一步帮助你的叛逆孩子。

## 建议 1：作为父母保持统一战线

你的叛逆孩子可能会试图采用"分而治之"的策略，来绕过你们夫妻的管教。确保你们之间保持沟通，达成一致。我有个15岁的来访者小琛，他很擅长对父母使用这一招，直到父母醒悟过来，学会在回应小琛之前先相互沟通。小琛常用策略的一个典型例子是，他告诉父亲，母亲说他可以买一把非常昂贵的吉他。当然，小琛还没有和母亲说过这件事，后来他向我坦白："嗯，我跟爸爸说的时候，满脑子想的都是那把吉他，所以就想着想尽办法得到它。我本打算晚点儿再告诉爸爸，其实我还没有和妈妈说过，先看看爸爸会不会答应。"在这种情况下，小琛的父亲保持冷静、坚定且非控制的态度，告诉小琛他要和小琛的母亲商量这件事。过去，小琛的父亲会很生气，马上指责妻子对小琛的操纵手段让步，结果他们就会争吵起来。小琛的父母学会了相互支持，这样就减少了家庭矛盾，也降低了小琛再次陷入更多操纵和叛逆行为的可能性。

当你和伴侣不可避免地产生分歧时，考虑在孩子、青少年或年轻子女面前求同存异。虽然很多人认为亲密关系就是烛光晚餐和依偎相伴，但真正的亲密是尊重彼此不同的观点和意见，包括在共同养育孩子方面。这对孩子来说是多么健康的相处模式啊！

## 建议 2：发现对方运用书中策略时及时称赞

雷女士和夏先生来找我寻求办法以改善他们的关系。他们是一对伴侣，共同抚养 8 岁的养女小奥，小奥很叛逆。当雷女士告诉我，她叔叔对她说"你们和那孩子肯定有问题，你们俩毁了她的生活"时，我对她涌起一股同情。我帮助夏先生和雷女士运用你正在学习的这个 10 天计划。后来我了解到，小奥偶尔还是会试探夏先生和雷女士。雷女士补充说，当她和夏先生因运用了我们讨论过的策略而互相称赞时，这样做很有帮助。夏先生也认同，他说："现在，当我们以良好的方式管教小奥时，我们真的会认可彼此。过去，我们只会因为小奥难管教而心烦意乱，互相指责。现在，小奥带来的挑战少多了。前几天雷女士说我按照你教的方法，不慌不忙不急不躁地进行管教，这真的让我感觉很好。"

当你们"发现"对方在对待孩子时保持冷静、坚定且非控制，或者运用了本书中的其他任何策略时，要互相称赞。当你和伴侣意见不一致时，不要指责对方，也不要独自回避处理。记住，让你们的关系成为一个安全的空间，以便表达你在应对育儿挑战方面的意见和需求，这是非常重要的。作为育儿伙伴互相称赞，有助于你们坦诚地讨论分歧和挫折。为了在孩子叛逆行为减少的过程中相互安慰并克服挫折，你们必须成为一个坚实的父母团队。

### 与伴侣谈论叛逆孩子的温馨提示

和伴侣谈论他们管教叛逆孩子的方法并不总是那么容易。你最不想做的就是指责对方，然后惹得自己也被对方指责。好消息是，通过运用有效的沟通技巧，你可以增加与伴侣进行富有成效讨论的机会。在与伴侣谈及叛逆孩子的行为或需求时，遵循以下这些应该做和不应该做的事：

五做：

- 选择合适的时机切入话题。伴侣刚下班进门，或者刚从电脑前结束工作，这个时候可不是提起孩子问题的好时机。

- 明确与伴侣分享某些事情的必要性。你真的需要告诉他们孩子偶尔需要提醒才会收拾餐具吗？还是你只是在发泄情绪？

- 专注于你希望从伴侣那里得到什么来帮助孩子。不要只是抱怨。比如，不要说"你下周得调整工作时间，好让我休息一下"。相反，要公平且具体地说"我知道我们已经取得了一些进展，但照顾孩子还是让我感到疲惫和有压力。你能不能和我一起坐下来，想一想怎样我每周能有一些休息时间？"

- 提及积极的方面。你和伴侣分享孩子的成功会从中受益，而不是过度关注他们的问题行为。这是许多夫妻在共同育儿过程中常常忽略的一点。试着以积极的方式阐述问题。比如，你可以说"我注意到小刚只要我们一让他睡觉，他就去睡了，这看起来很棒。我希望我们能一起努力，让他在做作业时更加独立。"

- 给伴侣一个解释或提供关于管教孩子反馈的机会。这是一个双向的过程。

六不做：

- 不要说任何吓人的开场白，比如"好吧，情况真的很糟糕。小涛给这个家制造了大麻烦，除非他改正，否则我就搬出去"。

- 不要未经思考就行动。在思考好自己要说什么或做什么之前就做出反应，以图一时之快，这可能会让你事后深感后悔。在第 4 天计划中讨论过的"回应而非反应"的原则，同样适用于你和伴侣的关系。

- 不要充当业余心理学家。未经对方请求，就对他们没有按照你期望的方式管教孩子进行分析（比如"你是个自恋狂，无法感同身受"），即使你的解释有一定的事实依据，这也会阻断关于孩子问题的沟通。比如，周琳对她丈夫张伦说"我觉得你在孩子面前比我更难保持冷静，因为你是个强迫症患者"。周琳后来承认，她是在生气的时候说的这句话，语气很消极，还伤害了丈夫的感情。

- 不要做比较。像下面这样的表述就是有害无益的："你就像你父亲，因为他和你母亲在管教孩子上就没有好好配合。"这可能会让你的伴侣觉得自己受到了第三方的负面特质的不公平牵连。

- 不要使用"你"开头的指责性语句。如果你说："一谈到孩子的事，你就根本没法沟通，你就是不听。"你的伴侣有理由产生防卫心理。而"我想心平气和且有建设性地讨论一下，有时候我觉得很难和你提起孩子的情况。我希望我们能分享一下，在沟通孩子问题时，哪些做法行不通，怎样能做得更好"。这样提出问题就不会那么有威胁性。

- 不要用讽刺或不友善的方式批评。这样做只会让你的伴侣拒绝交流，而不是敞开心扉接受你的建议。

207

## 让伴侣与你谈论叛逆孩子

你可能觉得自己通常很好沟通，但要听到伴侣对你管教叛逆孩子方式的担忧，可能就没那么容易了。记住以下温馨小提示，这样当伴侣和你谈论叛逆孩子时，你就不会产生防卫心理了：

**七做：**

- 以开放的心态倾听。阻碍我们个人成长的最大因素之一，就是不愿意正视自己的缺点。但这并不意味着要审判你的整个性格。

- 秉持"准备、瞄准、开火"，而非"随意开火"的原则。把你的"开火"当作一种信号，而不是攻击。我们常常未经思考就立刻做出反应，而不是先反思听到的内容。

- 询问具体情况，这样你就知道伴侣对你哪些育儿行为有担忧。

- 如有需要，请求对方解释清楚。通常，接受批评的一方会避免这样的深入询问。虽然这看似违背直觉，但你可能没意识到，深入了解问题更有可能化解消极情绪，而不是加剧它，因为这会让你的伴侣感到被理解。

- 站在对方的角度理解育儿问题，要有同理心。

- 提出解决方案。设定具体的方法来监督你育儿努力的进展。让你的伴侣知道你愿意做应该做的事。

- 感谢你的伴侣坦诚相待，并冒险给你提供反馈。

**八不做：**

- 不要打断对方。你自己在说话，就没法倾听。让伴侣把话说完。

- ❧ 不要对伴侣说的话大吼大叫或以其他方式做出过激反应。

- ❧ 不要找借口或产生防卫心理。

- ❧ 不要否认。想一想当有人否定你要说的话时，你会有多沮丧。

- ❧ 不要针锋相对。我见过夫妻陷入互相抛出恶毒想法的交锋中，尤其是那种非黑即白的想法，比如"你总是什么都给他"或者"哦，是吗？你就没给过那孩子一句表扬"。避免这种互相批评的战争，因为没有人会赢。

- ❧ 不要一次处理多个问题。

- ❧ 不要逃避。相反，要成熟一点儿。不要退缩和生闷气，这很讨人厌。试着弄清楚为什么你在伴侣面前会感到没有安全感，并解决这个问题。

- ❧ 不要表现出消极的攻击。听到反馈后用力摔盘子并不会有任何帮助。

### 建议 3：一起开怀大笑

幽默是人与人之间最强大的桥梁之一。分享一个笑话可以是一种有趣且亲密的体验。欢笑让我们感觉良好。尽可能经常和你的伴侣一起开怀大笑。

回忆夫妻之间以及和孩子一起度过的有趣、好笑的时光，会让你感觉非常棒。以下练习将帮助你通过开怀大笑建立或重新建立联系。聚在一起，你们每个人写下一些夫妻相处过程中发生的最有趣的事情。选出一两件最幽默的事情，分享你们的回忆。

戴女士和桑先生做了这个练习，以下是他们想到的内容。

戴女士："我记得几年前我们去欧洲旅行，我们租了一辆车，结果加错了油，那场面太疯狂了。你还记得发生了什么吗？燃油泵全被弄坏了，车不得不被拖走。你当时气坏了，而我觉得整个情况特别好笑。花一千美元修车可不好玩，但当他们告诉你加错油时你脸上的表情，简直太经典了。"

桑先生："还有几年前我们去度假，车顶行李架没固定好。我们不知道为什么一路上总有人看我们，还以为一切正常，结果开出去不到一公里，东西都从行李架上掉下来了。"

## 当伴侣不给予支持时

很多时候，一方家长（通常是母亲）发现自己独自努力应对孩子的叛逆行为。如果你已婚，在应对叛逆孩子的问题上，你要知道，夫妻作为一个团队共同努力是非常重要的。我见过许多原本不太参与的伴侣，在另一方以冷静、坚定且非控制的方式进行沟通后，开始积极参与。罗女士最近就成功地让她此前不太参与的丈夫谢先生参与了进来。罗女士独自管教8岁的旦旦和10岁的壮壮这两个叛逆孩子，身心俱疲。我和罗女士一起演练了她如何与谢先生讨论这个问题。罗女士真诚地告诉谢先生，她需要他每周六带两个孩子出去，这样能让她有机会休息一下。她还让谢先生单独来找我，了解更多关于孩子叛逆的情况。谢先生出人意料地配合，他告诉我，他一直置身事外，是觉得这样可以避免成为一个不称职的父亲。我感谢谢先生的坦诚，之后他单独和我进行了几次咨询，有效地克服了这些育儿方面的担忧。

不过，有些伴侣可能不会以这种支持的方式做出改变。显然，你结婚生子不是为了被伴侣忽视、冷落或抛弃。如果你的伴侣不给予支持，你当然有权在没有伴侣支持的情况下，独自承担起叛逆孩子的养育需求。如果你一直担心伴侣在你管教叛逆孩子时不愿意给予足够支持，考虑寻求夫妻咨询，可能会对你有帮助。如果你的伴侣不配合咨询，你就需要面对现实，即你的伴侣可能不会改变，你很可能只能独自应对孩子的问题。

## 单亲家庭的支持

如果你是单亲家长，或者虽然已婚但伴侣不支持，你仍然可以有效地减少孩子的叛逆行为。有时候，作为单亲家长甚至更容易一些，因为你无须应对另一方家长破坏你的努力的情况。无论你是以单亲家长还是祖父母的身份主导育儿工作，你都知道独自抚养孩子，尤其是叛逆的孩子，是一项艰巨的任务。但你可以做到，我相信你能行！以下是一些特别针对单亲家长或伴侣不支持的家长的建议。

### 保持积极心态

当单亲家长或主要负责的家长将这种情况视为一种益处而非损失时，家长和孩子的状态都会更好。以积极的态度开始，专注于独自育儿的好处。在育儿决策上你将拥有自主权。你可以为学会如何与孩子互动，促进相互理解和成长而感到自豪。这能帮助你对未来充满希望。

## 预料到有时会不堪重负

我接触过许多单亲家长或独自承担育儿责任的家长，他们常犯的一个错误是忘记自己是独自在育儿。无论你多么慈爱和能干，你终究只是一个人，而你承担的这项工作，大多数人认为本应由两个人来完成。不要让孩子利用这种情况让你产生愧疚感从而操控你。与叛逆孩子相关的责任、任务和情感压力，常常会让你感到不堪重负。要认可自己所取得的一切成就。为自己阅读这本书并努力学习新的育儿技巧而给自己点赞。

从实践层面来说，明智地管理时间并在必要时寻求帮助很重要。保持冷静、坚定且非控制的态度，记得让孩子帮忙做一些合适的家务和任务。提醒孩子你们是一个团队，必须共同努力。

尽可能安排拼车出行，在可能的时候向其他家长求助。可能要等到孩子长大，你才会得到他们的认可。在我写这一章的时候，我参加了一个朋友的 50 岁生日派对。在感人的致辞环节，她的 3 个成年子女站起来，称赞母亲作为单亲家长养育他们的不易。当她 20 岁的儿子（他在青少年时期非常叛逆）含泪感谢母亲在他过去遇到困难时给予的耐心时，全场都安静了下来。他的母亲对他眨眨眼说："亲爱的，你以前就像一块小蛋糕。"（意为"没那么难"。）幽默感绝对能派上用场！

## 建立可预测的日程和日常惯例

在家中营造稳定和安全感的一部分，是为孩子建立可预测的日程和日常惯例。但不要过于刻板和僵化，因为叛逆孩子往往会反抗这种做法。只需努力找到一个对每个人都适用的健康平衡点就行。

## 建立可靠的支持系统

建立一个广泛的人际网络，这些人可以为你提供情感支持、陪伴，在紧急情况下提供帮助，帮忙照顾孩子，以及给予客观的看法。要有所选择：挑选关心他人、可靠且值得信赖的人。通过网络搜索，也能找到一些面向单亲家长的在线论坛。虽然你在分享信息时最好谨慎一些，但从面临类似挑战的人那里获得支持，能让你感觉不那么孤单和不堪重负。

## 与大家庭保持适度接触

你的叛逆孩子可能已经成为家庭闲谈的话题，这种情况很常见。我的建议是，在你的家庭问题和大家庭之间设定界限。这并不容易，因为有些大家庭成员确实会试图干涉。然而，如果大家庭试图侵扰或干预，制定一个策略并坚持下去会有所帮助。你不必切断所有联系，但可能需要与大家庭开诚布公地讨论，你允许他们在你们的生活中扮演何种角色。

叛逆的孩子往往很会"游说"。他们会让你的大家庭相信你很坏，你的规矩很荒唐。当然，你的叛逆孩子告诉大家庭的情况，和实际发生的情况可能大相径庭。

要坚定要自信。如果有点儿微醺的表哥说你的孩子该狠狠挨一巴掌，让你感到不舒服，你应该说出自己的看法。保持冷静、坚定且非控制的态度，但要发自内心地表达。告诉你的表哥，你感谢他的观点，但你有不同的看法。

同样，如果你的兄弟（孩子眼中很酷的舅舅）建议你 11 岁的儿子在上学日晚上可以熬夜到午夜，而你不同意，你只需说："抱歉，这我不能接受。"然后继续以冷静、坚定且非控制的方式，对你儿子设定界限。在与自己的父母打交道时，他们可能也会主动提供一些育儿建议，你很容易陷入想要取悦他们的陷阱，或者只是不想伤害他们的感情。但要记住，你现在也是一位家长，完全有能力做出自己的家庭和育儿决策。

要灵活应对。你可能永远无法改变家庭成员出于好意但爱掌控的方式，但你可以改变自己应对他们的方式。可以和朋友一起对此付之一笑，同时默默继续按自己的方式做事；当他们开始指点如何养育孩子的最佳方法时，用幽默回应，而不是不耐烦。同样，你可能讨厌孩子的姑妈总是给孩子们糖果。但试着想一想，你难道不喜欢祖母以前在家准备的甜甜圈吗？你现在可能觉得这不健康，但要记住，你总体上可以倡导健康的饮食选择，你随时可以让孩子们刷牙，并且提醒自己，孩子们在你这里并没有被忽视。只要健康、安全或家庭的基本价值观不受威胁，在一些小问题上，你可以给亲戚们留一些余地。

## 让叛逆孩子参与支持行动

如果你的孩子发现你大吼大叫，或者又变回那种生硬、控制的方式，"授权"他们提醒你。记住，我们都是凡人！尽管在这个课程中你已经取得了很大进步，但你和孩子仍会遇到挫折（我将在第 10 天计划之旅进一步探讨如何应对挫折）。让孩子以尊重的方式给予你正面且有建设性的反馈，这对你来说是良好的榜样示范和自我引导。这也有助于鼓励他们自己接受反馈。

让你的叛逆孩子知道，当他们对可能要求多、难相处的兄弟姐妹或其他家庭成员表现出耐心时，你对他很感激。你越能将孩子从"难缠、有挑战性的人"重新定位为对自身进步越来越有认知且给予支持的人，孩子就越不会觉得自己被定性为叛逆者，你也会越少本能地这样看待他们。这将促使他们向你和周围的人展示，他们可以成为家庭中更顺从、耐心和灵活的一员。

## 第 7 天的小结

今天，你学到了许多关于凝聚家庭支持，助力叛逆孩子积极改变的重要内容。在前进的过程中，请牢记以下要点：

⊙记住，在帮助叛逆孩子这件事情上，你并不孤单。

⊙每个家庭都有其独特的相处方式，要让叛逆孩子的改变得以持续，最好的方法是获得其他家庭成员的支持。

⊙当兄弟姐妹看到对自己的益处时，他们很可能会支持叛逆孩子的改变。

⊙对你和你的伴侣来说，加强团队协作，共同管教叛逆孩子，这非常有帮助。

⊙对你和叛逆孩子而言，不要让大家庭的看法和意见左右你管教孩子的方式，这一点很重要。

## 为第 8 天做准备

⊙对觉得不公平的兄弟姐妹表示理解。

◎提醒兄弟姐妹，公平并不意味着完全一样。在可能的情况下，尽量灵活地满足他们的需求。

◎与所有孩子进行一对一的单独相处，哪怕时间很短暂也行。

◎和伴侣一起做有趣、充满活力且增进感情的活动，巩固婚姻关系。

◎如果你是单亲家长，要认可自己的努力，并为在孩子教育上取得的成功给自己奖励。

◎与大家庭相处时，在保持清晰界限的同时，也要理解他们。

**8**

第 8 天

# 减少孩子在学校的叛逆行为

今天的内容旨在让你更明智地与孩子的老师及其他相关人员合作，以减少孩子在学校的叛逆行为。

对家长来说，没有什么比接到孩子学校的电话或通知，告知孩子在学校调皮捣蛋，更能迅速把自己拉回"压力之城"了。又或者你查看学校的在线平台，发现孩子有一大堆作业没有做。一些叛逆的孩子在应对学业要求、与老师和同学相处方面存在问题。今天，你将学习如何管控并减少孩子在学校的叛逆行为。

通过以全新、开明的方式理解叛逆孩子，你已经在家中带来了积极的改变。你现在采用冷静、坚定且非控制的方式，更明智地选择"战斗"，留意引导孩子保持冷静（同时自己也保持冷静），奖励恰当的行为，并且理智地进行管教。所有这些课程要点，在一定程度上都可以在孩子的学校里实施。

## 学校里的叛逆行为或许暂时还不是问题

有些叛逆的孩子在学校能够克制自己，没有大问题。你的孩子可能就属于这一类。不过，我还是建议你阅读今天的计划，防患于未然，因为即便你的叛逆孩子现在在学校没有问题，将来也有可能会出现问题。

无论是在传统课堂还是在线课程中，孩子在学校的叛逆行为有多种表现形式，比如与老师和其他同学争吵、打架、逃课等。有时，叛逆行为也会以不太容易察觉的方式表现出来，比如拒绝做作业，不参与课堂活动，甚至不去上学。在学校环境中，这种较为消极的叛逆行为还可能表现为孩子装病请假，或者即便不累也表现出疲惫的样子。

今天的内容旨在让你更明智地与孩子的老师及其他相关人员合作，以减少孩子在学校的叛逆行为。显然，你不是老师的上级，无法监督教学实践和学校政策，想必你也不想这么做。然而，你可以把自己定位为一个有用的顾问，而不是爱干涉的家长，为孩子在学校的最佳利益发声。与学校合作将增加孩子成功的机会。与我打过交道的绝大多数学校工作人员都非常愿意与家长合作，以满足学生的需求。

## 教师对孩子的影响巨大

教师对学生有着相当大的权力和影响力。我对那些给予我支持、关怀、付出努力且富有智慧的教师，有着温馨的回忆。这其中包括在个人事务上给我建议的老师，以及帮助我理解有难度的学术内容的老师。我相信，如果你回想自己的学生时代，也能说出一两位对你有同样影响的老师。

我也有一些关于某些老师不太美好的回忆。我上小学四年级时，每周都要坐 40 分钟的公交车去一所中学上一节小提琴课。和那些大孩子一起坐公交车，对我来说很有压力。然而，更让我害怕的是我的音乐老师林老师。林老师经常对我们大吼大叫。有一天，他让我演奏一首曲子，我演得很糟糕，他就对我大吼大叫。我又尝试了一次，还是一团糟，他就问我有没有练习。我如实回答"没有"。他抓住我的胳膊，把我拽到墙上挂着"狗屋"的下面，让我站在那里。那实际上是一个扁平的、画上去的木质狗屋雕刻，只有大约 15 厘米宽，20 厘米高。实际上，我只需要在下面站 5 分钟。然而，作为一个非常敏感的四年级学生，我真希望自己能神奇地缩小，然后永远爬进那个狗屋躲起来。我强忍着泪水，站在狗屋下，感到无比羞辱。我对那天的事记得非常清楚。可以说，在和林老师上完那节课后，我就不再学习小提琴了。

教师对学生自我认知的影响是不可估量的。对于那些难以融入集体，且努力控制自己的又有沮丧情绪的叛逆学生来说，教师的影响，无论是积极的还是消极的，都更为强大。叛逆的孩子并不想与老师和同学发生冲突，也不想被误解，但情况往往如此。我今天描述的方法将帮助你提升孩子在学校的自尊心，并管理他们的情绪。

## 在学校的过激反应

老师们可能会发现，你的叛逆孩子在完成作业时，挫折容忍度很低，而且与同龄人相处也存在问题。老师们会看到你的孩子爱发脾气。他们还可能看到孩子通过对他人发脾气或通过微妙地煽动或挑衅他人，来表现自己的消极对抗。由于缺乏情商，你的孩子可能在管理自己的情绪和解决自身问题上存在困难。通常情况下，叛逆孩子会对他们觉得有威胁且关系疏远的老师和同学发脾气。孩子们向我描述过一些在学校典型的令他们感到威胁的事件，包括如下这些方面：

- 在全班同学面前被质问为什么没有完成家庭作业。
- 老师对他们上课迟到或在线学校课程登录迟到表达不满的情绪。
- 被老师说"长胖了"。
- 被喜欢的人拒绝。
- 被学校里的同伴告知社交媒体上针对他们或其他同学的恶意谣言。
- 在午餐时被一群朋友排斥在餐桌之外。

　　公平地说，你从孩子那里听到的关于学校发生事情的"说法"，可能与实际情况并不符合。比如，你的孩子可能会与老师发生冲突，因为"那个老师对我从来都不公平"。实际情况却是，你的孩子可能不知道如何就一项难题寻求帮助，或者为迟交的作业争取更多时间。又或者他们可能声称七年级的所有孩子都是失败者，这是因为他们无法与同龄人沟通并解决冲突，从而产生了夸张的想法。我见过叛逆的孩子很擅长"编造"故事，甚至自己都相信了这些编造的内容。那些反复告诉自己和他人老师不公平的叛逆孩子，往往会忽视与这种看法相悖的例外情况。他们情感上的不成熟，阻碍了他们以平衡和客观的方式看待他人。编造故事的好处是让家长和老师降低要求，这样他们就可以逃避课堂作业或家庭作业。

　　你还记得看过或者听说过 1985 年的经典电影《早餐俱乐部》(*The Breakfast Club*) 吗？它描绘了 5 个截然不同的学生在一个周六的上午一起在图书馆里留校反省的场景。有一幕的情境是，其中一个青少年对校长助理表现出叛逆，最终因为顶嘴又被额外罚了多次留校。这是一个很好的例子，说明当消极情绪占了上风时，叛逆的孩子是无法做出具有积极意义的选择的。

　　我觉得很有意思的是，好莱坞知道观众会观看这样的场景，并为叛逆的孩子加油，甚至把他视为英雄。我们希望看到叛逆的孩子挑战一个看起来强制和刻板的教育者。《春天不是读书天》(*Ferris Bueller's Day Off*) 是另一部经典电影，片中那个机灵、会耍手段的学生智胜了"邪恶的老师"。我们难道不都在为既叛逆又潇洒的菲利斯欢呼吗？叛逆的孩子在世界各地的教室里，都在寻求同龄人的关注。然而，他们往往不会像挑战刻板、强制的老师那样，去挑战热情、支持他们的老师。正如你将在今天的其他部分讨论中看到的，我会提供一些叛逆学生的真实例子，以及老师们成功帮助他们的方法。好莱坞处理叛逆孩子的方式，与我推荐的策略大相径庭。我的目标是维护你的孩子、教育工作者以及你的尊严。

我们来看一看 14 岁的简杰在课堂中间大声打哈欠后，他和老师之间的互动。

> 老师："简杰，你太过分了，适可而止吧。"
>
> 简杰："在这儿连打个哈欠都不行吗？"
>
> 一阵沉默，同学们咯咯大笑，然后简杰又大声咳嗽。
>
> 老师："很明显，你不知道如何在课堂上表示尊重。"
>
> 简杰："是你不尊重人。"
>
> 老师："你再这样，就去校长办公室！"

在这种情况下，简杰扰乱了课堂秩序，老师当众斥责了他。直接且嘲讽地与叛逆学生对峙的老师，承担着学生可能对他们发脾气的巨大风险。这位老师在挑战简杰时，并没有掌控局面的能力。他对简杰不当行为的回应，使自己陷入了困境，不得不决定是否要把简杰送去办公室。不幸的是，在这种情况下，这个决定让简杰的行为表现得更加偏激了。老师陷入了一场分散注意力的冲突之中，浪费了课堂时间。简杰可能认为自己赢了这一轮，但他错过的课堂内容以及与老师之间挥之不去的紧张关系，很可能在他回到这位老师的课堂时，成为学习上的障碍。在这个例子中，简杰挑战了他的老师，而这位老师显然没有正确的方法或接受过有效处理这种情况的培训。

上面的例子并非说明老师有性格缺陷，而是表明他们需要具备一套特定的技能，来应对课堂上的叛逆孩子。许多老师没有接受过处理课堂上叛逆行为的适当培训。一般来说，大学并没有让即将毕业的老师们做好有效在课堂上进行纪律管理的准备，尽管他们经常会需要用到这些技能。一位经验丰富的老师会运用我在本章中提到的策略来处理简杰的问题，并且会选择在非公开场合与简杰进行沟通，这样他就不会产生抵触情绪了。

在简杰这样的案例中，老师往往最终会把学生赶出教室。当学生离开时，他们可能会对老师恶语相向，然后摔门而出。这种情况下，简杰会错过重要的课堂内容，而在这一幕发生时，其他学生也浪费了课堂时间。最令人担忧的是，除非老师学会有效管理简杰行为的方法，否则简杰肯定会继续重复这种叛逆模式的。简杰的行为源于他挫折容忍度低以及控制冲动的能力不足，这些都是叛逆孩子的典型特征。鉴于简杰在情绪成熟度方面的这些不足，他的老师们知道如何正确处理这些问题就显得尤为重要。

## 学龄前幼儿和小学低年级孩子的叛逆行为

叛逆行为在任何年龄段的孩子身上都有可能在学校里表现出来。我一直在帮助周女士减少她 4 岁儿子晓晓在家中的叛逆行为，并且晓晓已经取得了很大的进步。然而，在学校的情况却并不相同。晓晓的幼儿园老师把周女士叫到学校，因为晓晓打了一个想和他分享玩具的孩子。晓晓大喊："我讨厌你，我讨厌这个地方，我讨厌这里！"晓晓的主要问题似乎是不愿意和同龄人分享玩具。因此，他的老师每天至少会让他面壁思过一次。

我指导周女士与晓晓的老师见面并制订一个计划。周女士意识到，她必须首先与老师有效合作，然后他们才能一起帮助晓晓管理好自己的情绪。这位老师是新手，她常常提高嗓门大吼大叫，还总是急于让晓晓面壁思过。

周女士与晓晓的老师密切合作，制订了一个在课堂范围内满足他需求的计划。当老师开始以冷静、坚定且非控制的方式对待晓晓时，他的行为有了显著的改善。这是一个家长为老师提供有用信息，帮助老师丰富教育方法的好例子。这个过程的关键在于，家长与老师合作的质量要好才行。

对晓晓在幼儿园行之有效的计划包括以下几点：

- 晓晓的老师同意以冷静、坚定且非控制的方式要求晓晓分享玩具。
- 晓晓的老师减少使用"面壁思过"的频率。
- 当晓晓被要求分享玩具且没有抗拒行为时，老师就对这些具体行为进行表扬。
- 晓晓的父母每天从老师那里得到一份报告卡，并且如果他在学校的行为有所改善，父母会在家中表扬他，偶尔还会给他糖果作为奖励。
- 晓晓的父母和老师进行了两次跟进会议，以评估他的进步。

这个计划带来了非常积极的结果。在第一周结束的跟进会议上，晓晓的老师报告说他每天都愿意分享玩具了。有一次，当晓晓要从另一个孩子手中抢玩具时，老师轻轻地把手放在晓晓的肩膀上，他就停止了这种行为。由于变化如此迅速且积极，周女士和老师安排了3周后的第二次跟进会议。在这一年剩下的时间里，晓晓的进步一直保持着。

# 一些老师会激发孩子的叛逆情绪

我发现，大多数在学校叛逆的孩子，都是针对那些不理解他们、过度控制和强制的老师。叛逆的学生也会无视软弱的老师，就像他们反抗控制欲强的老师一样。我接触过的大多数叛逆孩子，都遇到过一些反应过度、试图控制他们的老师。

那些过于刻板、控制欲强且情绪反应过度的老师，或许能让大多数孩子服从，但叛逆的孩子很可能会反击。叛逆的孩子很快就能学会如何激怒这些老师。叛逆的学生掌握了一些操纵技巧（分散注意力的手势、行为和反应），这些真的会让这些老师抓狂。记住，叛逆的孩子能够通过编造虚假或夸大的说法来欺骗很多人。我见过叛逆的学生蒙蔽了那些本应评估和帮助他们的专业人士，因为他们已经熟练掌握了操纵的艺术。

有些老师试图为自己过度强制的方法找借口，声称"这是孩子唯一能理解的方式"。在第3天计划之旅中讨论到大吼大叫的问题时，我解释过家长多么容易秉持同样的逻辑。那些控制欲过强且反应过激的老师，往往会在叛逆的孩子心中激发起消极情绪。我见过这种控制型的教学风格对从幼儿园到研究生院的学生都会产生的负面影响！严厉但情绪反应不过激的老师，就不太容易被看成是控制型教师。

老师对学生的反应方式，对学生的自尊心有着深远的影响。如果一个叛逆的孩子感到被轻视，他们很可能会变得更加叛逆，以弥补自己的自卑感。

在我写这一章的一天晚上，我和一个13岁的来访者小温聊起了学校里的叛逆问题。小温以前在学校有很多与叛逆相关的问题，并

225

且已经取得了令人瞩目的进步。我问小温，他认为老师对学生的自尊心会有怎样的影响。小温回答说："他们觉得我是个问题学生，因为我说的一些话会惹上麻烦。但没有人真正理解我，我因为惹了麻烦而讨厌自己，而且我从来都不知道如何避免。"他承认过去一年自己在学校的叛逆行为，是他做出的错误选择。

我通过参加本学年的一次教师会议，来帮助支持小温和他的新老师们。我们分享了与本章以及附录 2 "应对叛逆学生的指南"中类似的策略，用来帮助小温的老师们处理他的叛逆问题。这种努力似乎很成功，因为小温现在相信大多数老师都能理解他的问题。他甚至向我吐露，他觉得现在的老师更接纳他了。这无疑大大增强了小温的自尊心。

几个月后，小温回来找我做咨询，我意识到我们还没有完全摆脱困境。他分享了对最近与之发生冲突的一位老师的感受。他说："我觉得华老师不应该叫我闭嘴，还对我发脾气。他那样做的时候，我真的很生气。"在上述教师会议上，我曾亲自和华老师交谈过，当时他看起来是一位善解人意的老师。然而，当我们这次通过电话再次交谈时，华老师告诉我，他把小温的叛逆视为对他个人的攻击，所以对小温反应过激。他觉得从与小温的相处中学到了很多，并再次表达决心，以后面对看似叛逆的学生时要更冷静地做出回应。

### 教学风格影响孩子的自尊心

作为忧心忡忡的家长，我鼓励你时刻留意老师对学生自尊心的影响。如果老师积极且给予支持，他们能让学生在余生都自我感觉良好。叛逆的孩子需要这样给予支持的老师。以下几点说明了老师对叛逆学生自尊心的重要影响：

- 在课堂上，自尊心与更强的学习动力和更好的学习效果相关。

- 老师可以通过支持性的语气、给予表扬以及带着关心和理解的倾听，来增强学生的自尊心。

- 在课堂上增强学生自尊心，可成为教授学术技能的一部分。

- 如果每个学生，包括叛逆学生的自尊心都得到增强，那么提升自尊心能为学生和老师创造一个更令人兴奋、更令人满意的教学环境。

- 提升学生的自尊心有助于他们感到被接纳。这赋予他们责任，让他们觉得自己能做出贡献、发挥作用。

作为孩子在学校最有力的支持者，你要记住，容易叛逆或有学习困难的孩子，在努力理解课堂所授内容时，特别容易感到被贬低或被轻视。他们可能会被公然或隐晦地告知自己懒惰、缺乏动力，或者应该更专心听讲，这样就不用问那么多问题了。老师可以强调错误是学习过程的一部分，任何学生如果有不明白的地方，都不应因提问而感到尴尬，以此避免冲突。

## 有问题的老师会采用有问题的方法

贾女士是 12 岁的鲁鲁的母亲。鲁鲁一直对她的数学老师吕老师表现出叛逆行为。贾女士听着鲁鲁对吕老师的抱怨，感到无计可施。贾女士知道她女儿绝不是个省心的孩子。在我开始与她们合作之前，她已经应对鲁鲁在家中的叛逆行为多年。

尽管贾女士和我都知道鲁鲁很会添油加醋，但我们也强烈感觉到吕老师在管理叛逆学生方面存在一些困难。我从其他家长和孩子那里听说过吕老师的严厉方法。我也和校长谈过这位老师的情况。校长承认，虽然吕老师已经收到关于她刻板教学风格的反馈并有所改进，但她又恢复了老样子。在一次家长会中，我以贾女士顾问的身份见到了吕老师。结果发现，吕老师常常有以下的行为：

**采用质问**　吕老师经常向鲁鲁抛出"为什么"和"怎么会"这样的问题，比如"你为什么没有完成作业？"或者"你怎么不向我寻求额外帮助呢？"。鲁鲁在被质问时，很难有情感上的安全感。鲁鲁越没有安全感，就越有抵触情绪。

**指责与羞辱**　"你"开头的指责性语句以及非言语的贬低性动作（翻白眼、叹气、摇头）是吕老师教学风格的重要部分。她在与学生交流时指责的方式，让学生感到羞愧。有一天，吕老师对鲁鲁说："你看起来就是不想真正努力。"鲁鲁随后变得极具防御性。

**贴标签**　负面标签在课堂上和在家里一样具有破坏性。吕老师给鲁鲁贴的标签是"不关心"，这让鲁鲁非常沮丧。鲁鲁后来大声地向我抱怨："如果吕老师觉得我不在乎，那我为什么还要费力去尝试呢？"

**忽视积极表现**　和许多叛逆孩子一样，鲁鲁对吕老师不给她机会非常敏感。她告诉我："吕老师似乎根本没有注意到我举手想发言并想积极参与课堂学习的行为。"

此时此刻，你的脑海中可能闪现出许多问题，比如：

- 老师是不是过于苛刻了？

- 我的孩子真的受到公平对待了吗？
- 学校是否采取了足够措施来帮助我的孩子避免这些困扰？
- 我的孩子有没有被老师或学校贴上负面标签？
- 因为孩子在学校遇到问题，我是不是一个失败的家长？

　　所有这些担忧都很正常。大多数叛逆孩子的家长告诉我，他们都有过这类想法。关键是不要让自己陷入情绪混乱。你不想误判情况，也不想把消极情绪发泄到学校。你的目标是让学校了解你的叛逆孩子的需求，并促使学校与你合作。

　　我见过很多叛逆孩子的家长，在去学校时就已情绪失控。尽量不要让自己被学校工作人员和政策所吓倒。也不要为了克服这种情绪，在与学校管理人员打交道时表现得过于激进和苛刻。这会成为你与他们合作的重大障碍。

　　我还见过一些家长，认为自己无法为学校专家提供什么帮助，因而未能充分为孩子在学校的需求发声。如果你觉得学校做得还不够好，你有责任为孩子的教育和情感需求争取权益。但你必须与相关教育人员合作。

　　在上述所讲的鲁鲁的情况中，贾女士与鲁鲁、吕老师会面，她们成功解决了分歧。在校长的鼓励下，吕老师同意对鲁鲁的态度温和一些。她们商定每两周进行一次跟进会议，这样各方都能承担责任并认可取得的进展。鲁鲁意识到自己在与母亲和老师共同努力后，很快就不再那么叛逆了。

　　假设你孩子的老师或其他学校工作人员联系你，告知你孩子存在纪律问题，比如在课堂上捣乱。这时，你要通过我这里的 10 天计划中所学到的在家处理问题的方式来应对：

**保持冷静、坚定且非控制**　无论你的孩子是在公立学校、私立学校、在线课程，还是在其他教育环境（如提供学校相关教育的心理健康治疗项目）中学习，他们都有权充分享受教育。同时，你无权对孩子的学校工作人员情绪化、指责或刁难。

**积极主动**　尽可能了解孩子学校和当前班级的情况。你了解得越多，事情就越容易处理。访问学校官网或在网上查看学校评价。显然，最好通过与了解情况的其他家长直接交流，进一步核实网上信息。

**持续关注**　确保掌握学校即将会发生的事情。及时了解即将开展的学校项目和布置的家庭作业。在学年开始时或尽快与孩子的老师取得联系，并经常保持交流。相互熟悉并表达你的关注。

**咨询专业人士**　联系孩子的儿科医生、心理学家、社工、心理健康服务提供者或其他相关方或机构。我也鼓励你与可能愿意向你非正式透露意见（无论是否记录在案）的学校工作人员（教师、指导顾问、治疗师）进行交谈。在与学校沟通时，注意不要以煽动性的方式滥用你得到的任何意见。罗女士意识到自己犯了个错误，她对孩子的老师大吼大叫，她声称，我认为这位老师"很坏"。在她爆发之前，我对罗女士说的是，她女儿似乎与老师有冲突，她或许可以去深入了解一下情况。这可真是传着传着就变味了！

**明确自己的需求**　学校需要你明确表达担忧和诉求。你需要说明希望在满足孩子教育需求方面看到哪些改变。仅仅说学校把你孩子的事情搞砸了是不够的。你必须清楚自己希望改变什么。如果你不确定，可以咨询能给你建议的人。必要时进行独立评估。

**告知老师关于孩子的必要信息**　如果在这一学年中，你注意到孩子的行为、学业表现或态度发生变化，立即联系老师。经常与老师及其他人交流孩子叛逆的倾向。在整个学年都要持续了解情况。如果时间允许，参加家长教师协会（PTA）或家长教师组织（PTO）的会议。如果无法参加，要求将会议记录发给你。或者查看学校网站，看是否有在线会议记录。

**赞扬老师**　老师每天要承担教学职责，还要处理语音邮件、电子邮件以及学校内部的压力，他们常常感到疲惫且不被感激。当孩子的老师以积极方式关注孩子时，写一封感谢信，发一封电子邮件或打个电话表达感谢。

**合理争取权益，避免惹人厌烦**　你可能有像鲁鲁这样的孩子，不得不面对像吕老师这样难以相处的老师。也许你的孩子并非完美，但老师也确实没有给予孩子任何支持。如果孩子遇到问题，你首先要从学校获取准确信息。不要根据二手消息指责孩子的老师。

# 学校报告单

家长（也包括学生本人）过度关注成绩报告单。成绩只是孩子在学校表现的一个指标。你还需要了解两次成绩单发放期间孩子的情况。不要等学校主动告知你孩子的表现和行为。作为叛逆孩子的家长，你需要高度警惕并积极主动。这样，如果孩子的成绩单显示他们遇到困难，你就不会感到惊讶。例如，如果你的儿子与英语老师相处有问题，联系老师，了解他们对孩子行为和学业表现的看法。大多数学校都有家长在线平台，可查看成绩和作业状态，以帮助家长及时掌握任何出现的学业问题。对于叛逆的孩子，问题迅速恶化的可能性相当高，所以最好尽早介入。

如果你的孩子不理解作业内容或需要额外帮助来完成作业，你尝试指导孩子，并去和老师进行沟通。孩子们需要学习如何与他人打交道，解决生活中遇到的问题。许多叛逆的孩子在这方面非常困难，所以我也鼓励你与老师保持联系。就像我在鲁鲁的例子中提到的，你、你的孩子和老师三方齐心协力，这是最理想的方式。另一个了解情况的好方法是，弄清楚孩子的老师是否使用电子邮件与家长沟通。使用电子邮件，你可以在对自己和老师都最方便的时间发送和接收信息，并轻松跟踪进展。

## 充分利用家长会

- **提前思考**　在去家长会之前，想好两三个你想和老师讨论的问题。提前把问题和意见写下来，对你会很有帮助。
- **带上笔记本（或使用手机上的笔记应用程序）** 以便在会上记录老师提供的关于孩子考试成绩、家庭作业、课堂参与度与态度、社交适应情况以及课程内容等重要信息。
- **询问老师**　你可以咨询如何帮助孩子达到同年级的学习目标。
- **主动索要细节**　如果老师没有主动提供关于孩子行为和学业表现的具体细节，你要主动询问。
- **冷静沟通**　如果孩子的老师看起来不好相处或很刻板，不要马上找校长，因为这可能会破坏与老师的关系或引发误解。以冷静、坚定且温和的态度向老师表达你的担忧。
- **全面交流**　和老师谈论孩子的天赋、技能、爱好、学习习惯、叛逆问题，以及其他任何担忧，比如学习困难。

⚲ **传达积极评价**　务必记住老师对孩子的正面评价，回家后告诉孩子。

⚲ **考虑三方会面**　如果可能，考虑和孩子一起与老师预约见面。如前文所述，叛逆的孩子有时不能完全准确地描述事情。你们三人一起开会，是澄清事实的好机会。

⚲ **逐级反馈**　如果家长会结束时，老师没有表示愿意针对孩子的情绪局限和不良行为，与你和孩子合作解决问题，你应该和校长助理沟通。如果仍然不满意，再去找校长。若还是不满意，你可以与学区负责人交流。遵循学校的管理层级很重要，这为你提供了多次为孩子争取权益的机会。

## 宇豪在小学遇到的困扰

　　宇豪是一名 11 岁的五年级学生，在学校总爱寻求他人的关注。有一天，他带了一把"小折刀"（宇豪的原话）到学校。课间休息时，宇豪在操场上向朋友们展示了这把刀，被一位老师发现并没收了。结果，宇豪被停课 3 天，复课的条件是我写一张字条。宇豪在公交车上以及和学校里的同学也没少发生冲突。

　　我与宇豪一起努力，他在自我控制方面取得了很大进步。宇豪的老师理解并支持他，这对他的改变起到了很大帮助。在学年开始时，宁豪曾当众羞辱另一名学生，掀翻椅子，咒骂美术老师，还拒绝做大多数被要求做的事情。引发这些事件的原因看似微不足道。比如，当被告知要等一会儿才能去厕所时，宇豪就掀翻了自己的课桌。美术老师让他别再敲彩色铅笔，他就对老师骂脏话。

课间休息时，宇豪尤其难以克制自己。和许多有叛逆行为问题的孩子一样，宇豪声称自己有很多朋友。然而，课间休息时，孩子们在操场上都躲着他。起初有几个孩子对宇豪很友善，但他专横和攻击性的行为把他们都赶走了。

为了解决这个问题，宇豪的父母、班主任、指导顾问和我进行了几次交谈，我们还与校长助理开了几次会议。宇豪的老师说服他自愿担任学校里一个低年级孩子的学习伙伴。老师对他避免与同龄人发生冲突等积极社交行为不吝赞扬。宇豪每周还与指导顾问会面，帮助自己减少愤怒情绪。正是责任意识和他人的理解，让宇豪的叛逆行为有所减少。

## 谨慎行事，但要积极行动

你处于一个艰难的境地，因为你不能指挥孩子的老师如何工作，但你可以让老师们了解你的孩子。你的任务是帮助老师们明白，你希望他们在不助长孩子叛逆行为的前提下，给予孩子支持。孩子的老师面临着艰巨的挑战，他们不仅要努力教育你的孩子，同时还要教导其他几十个学生。学校是根据学生的考试成绩排名的，因此许多老师承受着相当大的压力。现在家长可以通过语音邮件和电子邮件与老师沟通，这对老师的时间提出了更高的要求，进一步增加了他们的压力。

不要忽视你可能比老师更了解孩子问题的可能性。一旦你怀疑孩子在行为或学业上出现问题，要尽快联系老师。通过提醒老师，你们可以在问题出现的初期，共同努力去解决问题。在约见老师讨论问题时，让老师知道你很感激他们抽出时间。简要说明约见的原因，比如你可以说："小玲在社会学作业上遇到了困难。她完不成作业，我很担心，我想和您一起想一想办法来帮助她。"

如果你对孩子在学校的行为感到担忧，你得知道应该联系谁，这对于解决问题至关重要。如果老师的解释不能让你满意，就按照学校的管理层级向上反映，直到你满意为止。不要被头衔或人物个性所吓倒。教育工作者的首要责任是确保他们课堂、学校或学区里的每一个学生都能取得成功。只要你保持冷静、坚定且非控制的态度，在为孩子争取权益的同时不惹人厌烦，你就完全有权利在学校支持你的叛逆孩子。如果你感到陷入困境或不知所措，可以寻求一位声誉良好的教育顾问，帮助你维护孩子的教育需求和权利。

## 给予学校支持以获取支持

孩子在学校的叛逆行为会带来相当大的教育挑战。由于情绪不成熟和应对能力差，叛逆的孩子常常会抗拒给予他们知识的人。

叛逆的孩子需要明确的规则和始终如一的执行来引导他们的行为。在学校和在家一样，最有效的规则是由学生、老师、管理人员和家长共同制定，并由所有成年人共同执行的规则。尽你所能与孩子的老师建立积极的工作关系。指导顾问也可以提供有益的支持。我记得多年前我上中学时，只要知道有指导顾问在支持我，我在学校就会感觉更平静、更自信。学校里能给孩子带来安抚作用的工作人员，会让他们每天走进校门时情绪感觉更为正向。

为在学校有问题的叛逆孩子制订教育计划，可能会让人觉得是一项艰巨的任务。坚持下去，尽量保持开放与合作的态度，并期望各方都承担起责任。你会发现，在家里应对叛逆孩子时能取得最佳效果的基本方法，在与学校工作人员和其他人打交道时也同样有效。这种方法包括保持冷静和一致，避免威胁，在说话或行动前慎重思考。这也是一位优秀教师用来激发学生（无论是否叛逆）最大潜能的方法。

要明确表示你希望保持沟通渠道畅通，这样你就能从学校得到关于孩子情况的反馈。同时，也要不断从你的角度向学校提供反馈。通常情况下，我看到老师和工作人员会为有挑战性的学生的教育需求做出调整。如果你与学校有分歧，直接与学校沟通解决，避免在孩子面前贬低学校。

在某些情况下，老师或其他学校工作人员可能会建议对你的孩子进行评估。评估的目的是确定孩子的叛逆行为是否源于某种障碍，若如此，孩子可能有资格接受特殊教育及相关服务。

## 了解学生评估

根据法律，学校有责任识别和评估可能患有某种障碍、影响其从教育中获益能力的学生。这些障碍通常需要制订个性化教育方案，以满足学生独特的学习挑战和需求。法律认可的障碍包括严重情绪障碍和"其他健康损害"，其中可能包括注意缺陷多动障碍和学习障碍。我将在第9天计划中进一步讨论注意缺陷多动障碍和学习障碍。

作为评估的一部分，学校心理专家会对你的孩子进行测试，以便更好地了解他们在天赋能力和学业成绩方面的优势与劣势。该评估旨在全面了解情况。法律要求使用多种评估工具和程序，以确定你的孩子是否患有与相关条件符合的障碍，并是否能从特殊教育及相关服务中受益。作为家长，你是评估团队的成员之一。团队的其他成员可能包括你孩子的老师、辅导员以及特殊教育部门的代表。在进行评估时，团队必须考虑你所提供的孩子的信息。

如果评估团队发现你的孩子患有相关障碍，且需要特殊教育及相关服务，学校将召集一个团队来制订个性化教育方案。个性化教育方案团队通常由参与评估的相同人员组成，当然也包括作为家长的你。

个性化教育方案本质上是你与学校之间的一份协议，其中规定了你孩子要接受的特殊教育及相关服务计划的所有重要内容。它描述了将为你孩子提供的专门教学内容，以及教学的实施环境。会根据你孩子的障碍情况，考虑最有利于孩子的教育调整措施。这些调整可能包括延长考试和作业时间，为他们朗读试题，免除拼写要求，配备一对一辅导助手，以及提供资源教室支持等。心理咨询服务也可能作为个性化教育方案的一部分，并根据孩子的障碍情况进行定制。对于叛逆孩子而言，若能将强化心理咨询纳入其个性化教育方案，他们将受益匪浅。

管理患有障碍的学生的法律的一个主要目标，是确保他们在尽可能限制较少的环境中接受"免费且合适的公共教育"。有障碍的儿童在适当的时候，能够与正常同龄人一起参加学校课程和其他活动时，学习和发展效果会最佳。如果你参加个性化教育方案会议，要认真倾听、做好笔记，并在审核文件的过程中，敏锐地引导会议围绕你孩子的独特需求展开讨论。不要害怕提问！与特殊教育老师建立联系，将其作为你孩子学业需求和可能干预措施的主要联络人。

个性化教育方案调整措施的示例如下：

- 与普通教育同龄人相比，完成考试或测验的时间延长一倍。
- 在上课前提供学习指南。
- 对于长篇写作作业，允许使用计算机。
- 对于仍使用传统教科书的课程，尽可能确保提供数字资源备份，以方便获取。
- 安排靠近教学源的优先座位。

让你的孩子学习自我支持技能也很重要。作为孩子的指导者和家长，你需要引导他们如何在学校环境中自我帮助。以下是一些可以纳入个性化教育方案，也适用于任何需要培养这方面能力的孩子的自我支持技能示例：

- 在上课期间举手 2 次。
- 自我监控成绩。
- 在课堂上向老师请求解释说明或额外帮助。
- 给老师发消息，明确即将到期项目的要求。
- 主动找老师签字确认作业。

每个情况都基于孩子的具体情况而定。叛逆的孩子，根据其叛逆程度，在其他方式都无效的情况下，可能会被安置在寄宿环境中。由于目标是让你的孩子尽可能多地接受标准的教育，所以如果情况允许的话，应尽量避免将孩子安置在寄宿学校里。

## 被拒绝导致小海的叛逆

16 岁的小海与几位老师和同学的冲突日益增多。他每天都会发脾气，对大多数老师都表现出消极态度。直到有一天，小海咒骂了一位老师，被送去校长办公室，情况彻底失控。小海的父母与学校人员沟通后发现，小海因被一个女孩拒绝而心烦意乱。小海与健康课老师关系不错，这位老师同意在小海处理感情问题时担任他的导师。

小海的健康课老师让其他老师了解到小海正处于艰难的情绪状态，因被拒绝而感到伤心和心烦意乱。一旦学校人员不再把小海看作叛逆的孩子，而是视为一个受伤的、伤心的年轻人，学校的氛围就发生了显著的积极转变。老师们对他表示理解，小海也对他们更加礼貌和尊重。他不再充满戒心，也不再用叛逆来表达自己的伤心。3 个月后，小海心态更平和，看起来快乐多了。

## 抽出时间参与孩子的学校生活

与孩子的老师保持联系是你在学校能做的最重要的事情，但有时很难找到合适的时间交谈。我认识的一位母亲给儿子的老师发消息，请求将家长会改到一个更方便她的时间。另一位母亲让老师在需要谈论孩子情况时，直接打电话到她的工作单位。如果你很难在晚上参加教室开放日，问问能否在早上上学前举行。通过电子邮件表达担忧、分享策略并查看回复，也是家长和老师就孩子在学校的进展保持联系的一种方式。

## 确保你在家中尽到责任

引导孩子在学校取得成功比以往任何时候都更具挑战性。电脑屏幕、电视以及其他不断发展、越来越有吸引力的各种移动设备，正将孩子们的注意力分散到多个方面。如果在数字时代的各种影响争夺孩子注意力的情况下，你不教孩子承担起把学业放在更重要位置的责任，却坚持让学校提供学业上的特殊照顾，这是不合理的。关于管理孩子使用屏幕的问题，详见第 4 天的讨论。

如前所述，大多数学校都有专门的网站，家长可以在上面查看孩子的成绩，了解他们是否按时完成作业。在与孩子讨论作业和成绩时，保持冷静、坚定且非控制的态度。避免抱着"啊哈，抓到你了！"的心态。

用支持性的讨论来表达你的担忧，而不是质问"你为什么没完成作业？"，这会引导和影响孩子更愿意向你倾诉学业上的困难。文情对她 14 岁的儿子卡卡有效运用了冷静、坚定且非控制的方法。她说："卡卡，我很失望，想大吼大叫，但这对我们没有帮助。我在学校网站上看到你的一些作业没完成，我们一起看看这个网站，帮你养成自己查看的习惯，好吗？"

## 其他可选择的教育形式

一些孩子由于各种原因，如学习风格、性格类型、情绪局限、与同龄人交往存在困难，也许还有个人偏好等，在传统的公立学校环境中表现不佳。如果这些学生继续留在公立学校，往往不太可能取得好的发展。幸运的是，对于不太适合公立学校的孩子来说，还有其他选择。每个孩子的教育需求因其个人优势和局限而各不相同。

我见过选择这些非传统教育路径的孩子受益匪浅。一些非公立学校班级规模较小，或者有更多实践学习的机会。其他学校的学习环境则根据具体学校的不同，结构化程度或多或少有所差异。

我也清楚地知道，有些情况下，这些公立学校之外的选择对某些孩子并没有什么帮助。你和孩子讨论这些选择，并在考察非公立学校环境时做好充分的调查研究是很重要的。我鼓励你多渠道了解信息，寻找那些孩子正在或近期曾就读于当地公立学校之外教育机构的家长。如果你有资源，寻求声誉良好的教育顾问的帮助可能也会有好处。以下是一些具有代表性但并不详尽的非公立学校选择。

**私立学校即独立学校**　不由地方、州或国家政府管理。它们有权挑选学生，全部或部分资金来源于向学生收取学费，而非依赖政府强制税收。在某些情况下，一些私立学校设有奖学金，根据学生的某种天赋，如体育、艺术或学术方面的才能，来降低学费成本。现在越来越多的私立学校有在线课程，还有课程采用课堂与线上结合的混合模式。

**特许学校**　接受公共资金，但独立运作。它们是小学或中学，部分免除了适用于其他公立学校的规则、条例和法规，作为交换，需要对产生特定的结果承担责任，这些结果在每个特许学校的章程中都有规定。许多这类学校也提供线上就读形式。

**网络学校**　是完全或主要通过在线方式授课的机构。这些虚拟学校是由教育组织提供的在线学习平台，个人可以在感兴趣的特定领域获得学分，这些学分可用于毕业或升入下一年级。我的一位 15 岁的青少年来访者丽莎，她在一所网络学校上学，她跟我说："我在电脑上完成学业，但我仍然去上舞蹈课，而且，我也会和我原来公立学校的朋友一起出去玩。"大多数州为在家学习的学生提供某种类型的在线公立学校课程。一些州提供完整的在线高中文凭课程，而其他州则提供数量有限的虚拟课程。

**在家上学**　这是一种在公立或私立学校环境之外的学习方式。对于大多数家庭来说，他们的"上学"包括每天外出，从社区和周围环境中丰富的资源中学习，以及通过与其他在家上学的家庭互动来学习。我咨询室的一位母亲沈女士，曾告诉她的邻居（一位刚退休的公立学校教师），她儿子在学业能力考试中表现出色。她邻居回应道："你在家教育他，会不会耽误他的发展呢？"这位老师显然接着滔滔不绝地说沈女士的儿子很聪明，成绩优异，他错过了公立学校提供的许多机会。当我问沈女士她是如何回应这个不请自来的建议时，她说："我保持冷静，问她是否考虑过我儿子表现这么好正是因为在家上学。"

**治疗性寄宿学校**　是基于治疗社区模式的寄宿学校，为有情绪和行为问题、物质滥用问题或学习困难的学生提供教育项目、专门的管理和监督。治疗性寄宿学校不同于传统的住院治疗项目，后者更侧重于临床治疗，主要为有严重心理健康问题的青少年提供治疗。治疗性寄宿学校的重点是通过管理和监督，促进学生在身体、情感、行为、家庭、社交、智力和学术方面的发展，实现情感和学业的恢复。

**与青少年相关的住院项目**　为有精神问题或精神与物质滥用混合问题、导致在家和学校功能受损的青少年，提供限制较少的环境。青少年住在家里，每周 5 天参加日间项目（通常为 6 小时，比如上午 9 点到下午 3 点）。在规定区域内提供交通服务。这种选择的另一种变体是课后治疗项目。这些项目也是为有不太严重的精神或物质滥用问题、仍影响其在学校或家中功能的青少年设计的。在这种缩短形式的治疗中，青少年在放学后，每周参加几天每次两到三小时的项目。如果你的成年孩子在大学遇到困难，不要低估给予他们支持性倾听的力量。在你的鼓励下，这样做可以帮助他们有信心在大学里获得学业及可能的心理咨询支持。

## 第 8 天的小结

今天你学习了如何应对孩子在学校的叛逆行为。与我 10 天计划的方法一致，重点是你要以冷静、坚定且温和的态度与学校工作人员进行沟通，并引导他们用同样的方式对待你的孩子。你还学到了：

◉ 叛逆孩子的情绪不成熟如何导致他们在学校遇到问题。

◉ 教师的教学风格和方法如何引发或缓解孩子在学校的叛逆情绪。

◉ 叛逆孩子的自尊心水平在很大程度上取决于他们在学校的经历。

◉ 如果你合理争取权益且不惹人厌烦，老师们通常愿意与你合作，帮助你的叛逆孩子。

◉ 有法律保护你孩子的受教育权利。

### 为第 9 天做准备

◉ 时刻留意孩子可能需要你帮助他们应对学校的挑战。

◉ 在与孩子讨论他们的学业状况及任何相关问题时，保持冷静、坚定且温和的态度。

⊘如果孩子在学校学习困难，与学术支持人员建立良好关系并
寻求他们的建议。

⊘随时了解不断发展的教育法律，以及这些法律如何影响孩子
可能的学业支持需求和可用的干预措施。

⊘如果孩子在公立学校继续面临困难，考虑探索其他教育环
境。确保你充分考虑利弊，并在充分了解信息的情况下做出
决定。

# 9

第 9 天

## 克服顽固性障碍

有些心理健康问题会让孩子的叛逆行为更加顽固和持久。如果你还没有看到明显的效果，那么，你的孩子可能正受到一种或多种这类问题的影响。

恭喜你！在这么短的时间内，你已经取得了很大的进步。想一想你已经学到过的那些帮助孩子减少叛逆行为的策略和方法吧！如果你还记得第 1 天计划的内容，我提到过，除了养育方式、遗传和环境因素之外，还有其他原因可能导致孩子出现叛逆行为。现在来到了第 9 天计划之旅，是时候了解一些可能引发或加剧孩子叛逆行为的心理健康问题了。好消息是，无论你的孩子还存在什么其他状况，我在本书中所提供的策略，在孩子生活的任何年龄或阶段，都能帮助他们减少叛逆的行为。到现在为止，你应该已经发现，我提供的关键策略和方法如下：

- 对你的叛逆孩子，你要充分利用理解的力量。
- 避免对叛逆孩子大吼大叫，你既是孩子的家长，也是他们的情绪教练。
- 通过保持冷静、坚定且非控制的态度，明智地选择"战斗"，避免权力争斗。
- 强化孩子身上的积极改变。
- 运用有效管教策略。
- 为叛逆的孩子凝聚家庭力量的支持。
- 解决并减少孩子在学校的叛逆行为。

虽然这些策略和方法非常有效，但有些心理健康问题会让孩子的叛逆行为更加顽固和持久。如果你还没有看到明显的效果，那么，你的孩子可能正受到一种或多种这类问题的影响。今天，你将了解这些"顽固性障碍"。理解这些顽固性障碍是什么，思考如何应对它们，意味着在减少孩子叛逆行为的道路上，你不会放过任何一个可能的因素。

温馨提示：和我 10 天计划中的所有信息一样，今天提供给你的知识本质上是教育性的。请你记住，任何心理健康问题，包括本节所描述的这些问题，其正式诊断和治疗都应该由合格的心理健康专业人员来进行。

# 识别顽固性障碍

以下是减少叛逆行为时最常见的顽固性障碍列表。它代表了我所见过的导致孩子叛逆的各类状况及相关问题。下面列出的所有状况的严重程度各不相同。有些孩子可能会出现多种状况的多个症状，并与他们的叛逆行为交织在一起。另外，请你也记住，这些只是概念上的分类。就像每个叛逆的孩子都有自己独特的优势和劣势一样，这些状况对每个孩子的影响也各不相同。如果你发现自己的叛逆孩子有其中一种或多种问题，不要气馁。这些问题通常都能得到有效的处理。

- 注意缺陷多动障碍。
- 学习障碍。
- 抑郁症或双相情感障碍。
- 焦虑症。
- 吸毒和酗酒。
- 健康问题，如过敏、肠胃问题、偏头痛、肥胖、睡眠障碍、与链球菌感染相关的小儿自身免疫性神经精神障碍（PANDAS，Pediatric Autoimmune Neuropsychiatric

Disorder Associated with Streptococcus 的缩写）的神经精神并发症、莱姆病并发症。

- 自闭症谱系障碍。
- 图雷特综合征。
- 其他压力，如新生儿的降生、上学压力、同伴冲突、父母离异和再婚、搬家等。

## 注意缺陷多动障碍会加剧孩子的叛逆行为

在所有可能与孩子的叛逆行为同时出现并助长叛逆的状况中，注意缺陷多动障碍是最为常见的一种。据估计，美国有 9% 的学龄儿童受到注意缺陷多动障碍的影响。虽然注意缺陷多动障碍症状在孩子身上的严重程度可能有所不同，但与注意缺陷多动障碍相关的问题包括多动、注意力分散、注意力不集中和冲动等方面任意的组合情况。鲍先生给我讲过一个关于注意缺陷多动障碍的生动例子。鲍先生是一位全职爸爸，女儿 9 岁，非常冲动。他女儿 4 岁的时候，搬了一把椅子爬上去，够到了柜子顶上的车钥匙。这个爱冒险且意志坚定的 4 岁孩子随后走到外面，发动了父母的汽车。她之所以这样做，只是因为她想听收音机！注意缺陷多动障碍通常会影响孩子在学校里的表现、与其他孩子的社交关系以及在家中的行为。这些问题会让所有孩子的生活变得相当困难，对于叛逆的孩子来说尤其如此。患有注意缺陷多动障碍的叛逆孩子，比其他未患注意缺陷多动障碍的孩子更有可能对父母和老师等权威人物表现出不尊重，而且还爱发脾气。

# 了解注意缺陷多动障碍

以下信息基于美国精神医学学会《精神障碍诊断与统计手册（第五版）》中列出的注意缺陷多动障碍的诊断标准。注意缺陷多动障碍的症状需要至少持续 6 个月，且达到与孩子发育水平不相符合的问题程度。导致功能受损的部分症状需要在 7 岁之前就已出现。要正式诊断孩子患有注意缺陷多动障碍，症状引起的功能受损需要在两个或更多场景中出现（例如，在学校和在家里）。并且必须有明确证据表明孩子在学校和社交功能方面存在显著的症状表现。

值得注意的是，与《精神障碍诊断与统计手册》早期版本不同，注意缺陷多动障碍现在被归入神经发育障碍部分，而不是与破坏性行为障碍（即对立违抗性障碍和品行障碍）归为一类。以下是对注意缺陷多动障碍实际诊断标准的描述。

被诊断患有注意缺陷多动障碍的儿童，必须在注意力不集中标准组和多动与冲动标准组中，至少有 6 个症状（或两组都有），而年龄较大的青少年和成年人（17 岁以上）必须有 5 个症状。《精神障碍诊断与统计手册（第五版）》对患有自闭症谱系障碍的儿童和成年人没有排除标准，因为这两种障碍的症状可能同时出现。然而，注意缺陷多动障碍的症状不能仅在精神分裂症或其他精神病障碍过程中出现，也不能用任何其他精神障碍（如抑郁症或双相情感障碍、焦虑症、分离性障碍、人格障碍或物质中毒及戒除）更好地解释。

患有注意缺陷多动障碍且有注意力不集中症状的儿童，通常会表现出以下的行为：

- 别人跟他们面对面讲话时，他们似乎没有在听。

- 不能可靠地完成家务或家庭作业。

- 很难长时间专注于手头正在做的事情，除非这件事非常有趣或激动人心。

- 由于注意力不集中，总是会犯很多粗心大意的错误。注意：长时间玩电子游戏（几个小时）会让很多家长认为，看，他要是想专注就能专注的啊。但电子游戏是个例外，因为它们有多种形式的输入（视觉、听觉和触觉），并能立即给出反馈，这使孩子产生兴奋，觉得有趣，所以容易吸引并维持他们的注意力。

- 做事非常没有条理。注意力不集中的孩子可能要花几个小时才能最终完成作业，然后在学校"弄丢"作业（但其实一直都在他们书包里），或者忘记上交作业。

- 试图逃避做家庭作业或做家务。

- 很容易分心，或把注意力放在其他事情上。

- 很健忘，需要经常被提醒。

患有注意缺陷多动障碍且有多动与冲动症状的儿童，通常会表现出以下行为：

- 在课堂上脱口而出喊出答案。

- 在玩游戏或在学校时，缺乏耐心等到轮到自己时。

- 总是打断别人。

- 做事之前缺乏思考。

- 不考虑自己行为的后果。

- 手脚动个不停，坐立不安。

- 在学校或餐桌上，应该坐着的时候，不能长时间待在座位上。
- 到处乱跑，或爬到不该爬的东西上去。
- 声音太吵闹。
- 表现得好像一直在"忙碌"，就像"被发动机驱动"一样。
- 话太多。

叛逆的孩子一开始对挫折的容忍度就很低，一旦加上注意缺陷多动障碍，额外的混乱会加剧他们的叛逆倾向。想想看，无法安静地坐着，或者无法阻止自己的思绪四处飘荡，会让人非常心烦和沮丧。有些孩子主要问题是注意力不集中，而另一些孩子面临的更大挑战是多动／冲动，还有些孩子必须同时应对这两个问题。

在我撰写这一章的时候，我收到了一位之前来访过的李女士的短信，她想告诉我，她14岁的儿子爱辉目前对自己的生活管理得有条不紊。几个月前，爱辉从她的银行账户里转走了8 000元，然后大肆购买滑板和其他各种东西，之后李女士带他来找我。爱辉的冲动行为与注意缺陷多动障碍相关问题非常吻合。他7岁时就被诊断出患有注意缺陷多动障碍。

我见到爱辉时，认为他的冲动行为是对父母最近离婚以及他在适应新学校过程中遇到的学业和社交问题的一种反应。很大程度上由于他的注意缺陷多动障碍，爱辉的一贯行为模式是，在焦虑时会变得更加冲动和叛逆。通过与爱辉交谈，我发现他在偷钱那段时间"忘记"服用注意缺陷多动障碍的药物了。我鼓励爱辉再次开始服药，他同意了，"只要妈妈不再唠叨我"。除了减少唠叨，李女士还运用了第 6 天计划中学到的有效管教策略。在我们达成以下共识后，爱辉的叛逆行为大大减少了：

- 爱辉会继续吃药。
- 爱辉会把商品退回商店。
- 李女士称赞爱辉愿意回来找我的行为，支持爱辉讨论困扰他的关于父母离婚和学校里面临的问题。
- 爱辉会在一个月内做额外的家务，以赚取一块新滑板。

注意缺陷多动障碍儿童的问题在于，他们常常被消极地看待。家长有时会认为注意缺陷多动障碍儿童是故意不听、故意不专心、故意不控制冲动或故意不安静的。这些家长忘记了，注意缺陷多动障碍儿童不是故意与他人作对，而是他们身不由己，无法控制自己。

注意缺陷多动障碍儿童难以自我调节，因为注意缺陷多动障碍是一种神经问题。与没有注意缺陷多动障碍的儿童相比，注意缺陷多动障碍儿童的大脑无法很好地控制冲动和促进注意力集中。看到多动和冲动的注意缺陷多动障碍儿童被归为"纪律问题"一类，而他们面临的挑战却不被人理解，这让我深感痛心。同样，注意力不集中、脱离群体、心事重重的注意缺陷多动障碍儿童，会被视为缺乏动力，或者更为糟糕的是，被认为"懒惰"。然而，这两类孩子患的是不同类型的注意缺陷多动障碍，通常无法（而不是选择不）自行停止这些问题。更为复杂的是，症状在不同场景下，呈现的差异很大，这使得注意缺陷多动障碍的诊断变得很难。当注意力不集中是主要症状时，情况更是如此，因为这类孩子通常比较安静，比多动的孩子更容易融入环境。

　　11 岁的小北是一个典型的同时具有叛逆行为和注意缺陷多动障碍的孩子。在老师持续表达对小北注意力和专注力问题的担忧后，小北的母亲白女士带她来见我。我对小北进行了注意缺陷多动障碍的筛查，结果她的老师和父母给出的注意缺陷多动障碍评估得分都很高（主要在注意力不集中方面）。除了注意力和专注力问题，小北在结交和维系朋友方面也存在困难。小北的社交问题可能源于她无法持续专注，以及在与同龄人交谈时无法倾听和回应。尽管白女士采用了我在第 3 天计划里分享的许多建议，家庭作业引发的冲突仍然是个问题。

　　和许多叛逆孩子的家长一样，白女士非常沮丧，经常对小北大吼大叫。我很高兴地看到，一旦她开始采用我倡导的冷静、坚定且非控制的方法，小北的叛逆行为就开始大幅减少。小北的儿科医生开了一种药物，进一步帮助她提高专注力。学校得到注意缺陷多动障碍确诊后，为小北进行了特殊的安排，以便她能更好地应对学业的挑战。

　　如果你还记得，在第 8 天计划中，我讨论了与叛逆行为相关的学校问题。学校通常会同意做出合理的调整，帮助患有注意缺陷多动障碍的孩子，帮助孩子在课堂上更好地集中注意力，更好地学习，更好地遵守行为规范。他们通常认识到帮助孩子进步是符合每个人的利益的。学校可能会同意调整孩子的座位，更密切地跟踪孩子的作业以确保其完成了，或以其他方式帮助孩子。在寻求学校同意做出这些改变时，你应该准备好做出清楚的解释，为什么这些改变是必要的。孩子的心理医生或辅导员出具请求学校做出相应调整的信件，可能也会对孩子有所帮助。或者你可以让他们直接联系学校，为所需的调整进行沟通。在很多情况下，学校就可以做出的改变和调整提出更多的建议。

然而，你应该知道，根据现行学校法律，仅有注意缺陷多动障碍的诊断并不一定能让学生获得任何特殊帮助、指导或调整。如第8天计划中所提及的，患有注意缺陷多动障碍或其他障碍的孩子需要经过学校筛查，并确定其存在障碍，才有资格获得特殊教育及相关服务。这是一个法律认定，只有在进行符合相关法律的评估后才能做出。如果满足这一要求，孩子可能有资格获得个性化教育方案，其中会明确规定他们有资格获得的调整和其他服务。

在其他情况下，孩子可能不符合个性化教育方案的资格，但可能符合"504 计划"的资格。该计划以一项独立的联邦法律命名，旨在防止对残疾儿童或其他残疾人士的非法歧视。要符合这项联邦法律的资格，孩子必须经过评估，且被认定有身体或精神障碍，该障碍"严重限制"至少一项"主要生活活动"的表现。学习能力就是这样一项活动。如果你的孩子被认定有资格获得"504 计划"，他们可能依法有权获得非障碍儿童无法享受的调整。

### 确保注意缺陷多动障碍孩子在学校的需求得到满足

了解学校可能为你的孩子提供的课堂调整类型非常重要。你向孩子的老师建议或鼓励他们继续使用的策略越具体，你在学校为孩子争取权益时就会越有成效。你可以随意与孩子的老师或教育支持团队讨论以下策略对满足孩子教育需求可能有哪些帮助。其中一些想法基于爱德华·哈洛韦尔的《分心不是我的错》（*Driven to Distraction*）一书。此外，我的《10 天让孩子不再分心》（*10*

254

*Days to a Less Distraction Child*）提供了一个全面且易于应用的 10 天计划，以减少孩子的分心行为。虽然你的目标显然不是接管老师的工作或成为他们的上级，但你可以通过确认老师是否以及如何实施以下措施来支持你的孩子：

- 将大任务分解成小任务。这样孩子们就不会感到压力过大。
- 适时给予积极反馈。这一点至关重要，因为患有注意缺陷多动障碍的孩子经常听到太多的负面反馈。
- 为家庭作业、课堂作业、测试和项目提供额外时间。以此弥补许多注意缺陷多动障碍学生常见的注意力困难。
- 在校使用辅导老师，在家使用如可汗学院这样的应用程序辅助学习。
- 安排靠近教学源的优先座位。
- 允许孩子对照同学的笔记，确保记录信息的准确性。
- 如果可能，安排在私密、安静的房间进行考试。
- 将口头指示与书面指示相结合，反之亦然。
- 理解孩子的感受。
- 阐明并重复指示。
- 经常进行眼神交流。你可以通过眼神交流"引导"患有注意缺陷多动障碍的孩子。要经常这么做。一个眼神就能把孩子从白日梦中拉回来，示意他们可以提问，或者仅仅是给予他们无声的安慰。
- 设定限制和边界，但不要采取惩罚性方式。要始终如一地、可预测地、迅速且明确地执行。

对注意缺陷多动障碍的最好治疗方式，就是成为一个支持孩子、关爱孩子的家长，如果你正在读这本书，我相信你就是这样的家长。遗憾的是，我见过一些成年子女，因年轻时未被诊断出患有注意缺陷多动障碍，而表现出叛逆行为，比如从大学辍学，或者无法保住一份工作。我建议你获取关于这个主题的更多信息。有一个很有帮助的组织是儿童与成人注意缺陷多动障碍组织（Children and Adults with Attention - Deficit/Hyperactivity Disorder，CHADD），它致力于解决各个年龄段与注意缺陷多动障碍相关的问题和需求。

## 学习障碍也可能导致叛逆

叛逆的孩子也可能存在潜在的学习障碍，学习障碍可能单独存在，也可能与我们今天讨论的其他状况同时出现。教育工作者估计，6 ～ 17 岁的孩子中，有 5% ～ 10% 患有学习障碍。在美国，接受特殊教育的孩子当中，超过一半存在学习障碍。阅读障碍是最常见的学习障碍。80% 有学习障碍的学生患有阅读障碍。和注意缺陷多动障碍一样，学习障碍也有神经学基础，是影响理解或使用口语、书面语言、进行数学计算、协调动作能力或注意力集中的障碍。同样，与注意缺陷多动障碍的情况类似，叛逆的孩子很容易因学习障碍带来的挑战而感到沮丧，并表现出叛逆行为。以下是常见的学习障碍列表：

⑨ **阅读障碍**　这是一种基于语言的障碍。患有阅读障碍的孩子在阅读和理解单词、句子或段落方面存在困难。

⊙ **计算障碍**　这是一种数学方面的障碍，患有此障碍的孩子在解决算术问题和理解数学概念时会遇到极大困难。

⊙ **书写障碍**　这是一种书写方面的障碍，孩子很难正确书写字母，也很难在规定的空间内书写。

⊙ **非语言学习障碍**　这些障碍与语言无关，例如在识别、解读非语言交流信号以及解决问题方面存在着困难。其他问题还包括控制自身行为、抑制和延迟反应、集中注意力、组织信息以及设定目标等方面。

⊙ **听觉和视觉处理障碍**　这是一种感官障碍，尽管孩子听力和视力正常，但在理解语言方面存在困难。

　　有学习障碍的孩子通常需要通过特殊教育系统获得相应的服务。特殊教育是专门为满足孩子独特需求而设计的教学。这种教学可能包括在阅读、数学或其他有需求的领域进行强化辅导。它还可能包括心理咨询、物理和作业治疗、言语和语言服务、交通服务以及医学诊断等服务。在所有接受特殊教育的孩子中，很大一部分被认为患有某种形式的学习障碍。

　　小力是一个 10 岁的叛逆孩子，被诊断出患有阅读障碍。他无法像同龄人甚至是 8 岁的妹妹那样轻松阅读，因而感到非常愤怒。在我的建议下，小力的母亲汪女士与学校密切合作，支持并共同为小力制定了个性化教育方案，以帮助他克服学习障碍，从而能进行学习。此外，汪女上还私下找到了一位经验丰富、在帮助阅读障碍儿童方面非常有成效的阅读专家。阅读障碍问题得到解决后，小力的叛逆行为大大减少了。我和他一起努力，帮助他认识到自己独特的天赋，并减少与妹妹的比较性竞争。

学习障碍可能是一个终身的挑战。在一些孩子身上，可能同时存在几种重叠的学习障碍。而其他孩子可能只有一个孤立的学习问题，对他们的生活影响较小。好消息是，有许多教育建议和资源可以帮助解决这些问题。

## 抑郁症引发孩子的叛逆

抑郁症也可能是叛逆孩子面临的一个复杂问题。其根源可能与遗传和生理因素有关。诸如离婚、搬家、社交问题、亲人离世或与男女朋友分手等事件，也可能引发抑郁症。虽然只有 2% 的青春期前儿童和 3% ～ 5% 的青少年患有临床抑郁症，但在有心理健康问题的孩子中，抑郁症仅次于焦虑症，是最常见的诊断结果。虽然成年人和儿童的抑郁症有相似之处，但也存在一些差异。成年人更多地体验到一种持久的悲伤感，而一些儿童和青少年可能表现出易怒情绪而非典型的抑郁情绪。成年人可能会体重减轻，而儿童可能无法达到其年龄应有的体重增长。

我接触过许多长期感到悲伤和沮丧的抑郁症儿童。我发现，患有抑郁症的叛逆孩子往往会通过消极行为"发泄"他们的抑郁情绪，比如表现出不尊重他人、挑衅同龄人或破坏自己在学校的努力。患有抑郁症的叛逆孩子往往充满愤怒。在心理健康领域，我们认为"抑郁是向内的愤怒"。对于与抑郁症做斗争的叛逆孩子来说，情况似乎确实如此。抑郁症可能会形成恶性循环。如果一个孩子对自己和周围的世界有消极情绪，这会导致家庭和学校出现问题，进而引发更多的抑郁情绪，反过来又可能导致叛逆。抑郁会吸干叛逆孩子的自尊心，这就是解决抑郁问题至关重要的另一个原因。

## 识别儿童抑郁症的症状

如果以下症状中至少有 3 个持续超过两周，你就应该寻求专业人士对你的孩子进行全面评估了。并非所有患有抑郁症的孩子都会出现每一种症状，而且症状的严重程度也因孩子而异。抑郁症的诊断只能由经过专业训练的医疗或心理健康专家做出。以下是儿童抑郁症的常见症状：

- 经常感到悲伤或经常哭泣。
- 无缘无故感到内疚。
- 较低的自尊心。
- 认为生活毫无意义，或者觉得再也不会有什么好事发生在自己身上。
- 不再做曾经喜欢的事情，如听音乐、运动、和朋友在一起、外出，并且大部分时间都想独处。
- 难以集中注意力和做出决定。
- 经常烦躁并过度反应。
- 睡眠模式改变，包括睡眠增多或晚上难以入睡。
- 食欲明显下降或增加。
- 大部分时间感到烦躁不安和疲惫不堪。
- 想到死亡，或感觉自己快要死了，或有自杀的念头。

富有洞察力的演讲者凯文·布雷尔（Kevin Breel）在社交媒体

上谈到抑郁症时说："有一种非常普遍的误解，认为抑郁症只是在生活中遇到不如意的事情时感到悲伤，比如和女朋友分手、失去亲人、没有得到想要的工作。但那只是悲伤，是一种自然的情绪，是人类正常的情感。真正的抑郁症并非在生活不如意时感到悲伤，而是在生活一切顺利时依然感到悲伤。"正如布雷尔进一步指出的，儿童、青少年和成年人都会为抑郁症感到羞愧，而我们的社会在很大程度上忽视了这个心理健康问题的严重性。他给出了一个令人深思的对比例子：人们会在社交媒体上发布自己骨折打石膏的照片，但不会向全世界宣布自己抑郁到不想起床。

如果你怀疑孩子有抑郁症，必须带他们去接受评估和治疗。如果不解决抑郁症的问题，孩子有可能会自残甚至尝试自杀。抑郁症是可以控制的，而且随着得到治疗，对立和叛逆行为通常会有所减少。有时抗抑郁药物会有所帮助。我个人发现，如果不控制抑郁症和叛逆行为，两者都会恶化。

14岁的思思，花越来越多的时间去听音乐和写忧郁的诗歌。她的父母试图询问她为什么感到悲伤。她的回答是："没有什么能让我开心，也没有人喜欢我。"思思的成绩在下降，当她因为情绪痛苦在手臂和腿上划了几道伤口后，她的父母带她来见我。（自残通常更多是为了用身体上的疼痛来抵消和释放内心的痛苦，而非出于自杀意图。）

思思一直都很叛逆，但最近达到了极端的程度。她在生理上相当成熟（看起来像十六七岁），但她没有那个年龄的女孩应有的情绪成熟度。应对身体成熟带来的变化、期望和压力，对思思来说非常有压力。

思思变得极难与人相处。随着她的抑郁程度加剧，她的叛逆也变本加厉。她会无缘无故地与父母或其他人发生争吵。她似乎很少开心，基本情绪就是悲伤和愤怒。

思思接受了我的心理咨询，同时也从精神科医生那里获得了抗抑郁药物。思思告诉我，她觉得自己让父母失望了，因为她无法达到他们的期望。她的自尊心极低，这在很大程度上源于她因外貌吸引男孩而被物化，同时又遭到嫉妒她的同龄女孩的排斥。她形容自己"对社交媒体上大量的点赞既爱又恨"。在与思思进一步交谈时，我意识到她的父母实际上比她想象的更支持她。与此同时，她的父母没能有效地向思思传达这种支持。经过几次情感家庭咨询，并指导她的父母以从未有过的方式倾听思思后，思思开始感觉好多了。我们共同努力，确认思思在同龄人的人际关系方面的担忧，并引导她寻找更支持她的朋友。随着抑郁情绪的缓解，她的叛逆行为也减少了。

## 孩子的想法决定他们的感受

在帮助患有抑郁症的叛逆孩子时，我发现，了解他们对自己的看法是非常有用的。然而，我首要的目标是通过感同身受和给予支持，以及在适当的时候运用幽默，与孩子们建立起信任关系。我还会采用一些活动，比如以咨询为导向的卡片组和棋盘游戏，来建立信任并培养更有效的应对技巧。在整个咨询过程中，我会让孩子们通过绘画来表达感受，同时使用其他适合孩子的咨询技巧。

为了帮助孩子们学会以更理性、更有益的方式思考，我采用认知疗法的工具。认知咨询策略对患有抑郁症和焦虑症的儿童、青少年及年轻人都非常有帮助，这其中也包括叛逆的孩子。认知咨询模式的基本假设是，思考、感受和行为之间存在紧密的联系。换句话说，感受和行为受到我们想法的影响。这意味着我们可以通过改变扭曲的思维模式来控制自己的感受。以下是这些思维模式的例子：

- **非黑即白型思维**："我要么是好人，要么是坏人。"
- **灾难化思维**："任何事都不会如我所愿的，永远不会的。"
- **以偏概全型思维**："没有人是值得信任的。"
- **个人化思维**："这肯定是我的错。"
- **"应该"型思维**："他应该邀请我去他家的。"

这种消极思维可以转变为更健康、更有益的想法，见表 9-1：

表 9-1　消极的想法如何转变为有益的想法

| 消极思维模式 | 消极的想法 | 替代性的有益想法 |
|---|---|---|
| 非黑即白型思维 | "我要么是好人，要么是坏人。" | "即使我还有一些地方需要改进，我仍然是喜欢我自己的。" |
| 灾难化思维 | "任何事都不会如我所愿的，永远不会的。" | "我希望更多事情能顺利进行，而且已经有很多事情进展得很不错了。" |
| 以偏概全型思维 | "我交不到任何朋友。" | "我的友谊发展得不如我期望的那样好，但我可以探究为什么会这样，并从中汲取经验教训。" |
| 个人化思维 | "这肯定是我的错。" | "我可以从这个错误中学到有用的东西。" |
| "应该"型思维 | "他应该邀请我去他家的。" | "我希望他邀请我去，但如果他不邀请，我可以做些别的事情。" |

与人们对叛逆孩子的普遍看法相反，我发现，对他们使用认知疗法非常有效。在帮助患有抑郁症的叛逆孩子时，我的目标是帮助他们：

- 理解想法、感受和行为之间的关系。

- 识别自己扭曲的想法。
- 审视支持和反对他们非理性想法的证据。
- 找出扭曲思维的替代想法。
- 采用更现实的想法，从而带来更稳定和积极的情绪。

小吉是一个 11 岁且患有抑郁症的叛逆孩子。在一次争吵中，他威胁要用刀刺伤父亲后，他的父母带他来见我。小吉和我坐下后，我画了两根炸药，一根导火索短，一根导火索长（我发现这种直观的方式对那些不太能意识到自己情绪的孩子很有帮助）。接着，我让小吉挑选哪根炸药代表更好地处理愤怒的方式，他选择了长导火索的那根。我向小吉解释，控制自己的想法可以让导火索变长或变短。

在我的引导下，他识别出了以下扭曲的想法：

- "我什么都做不好。"
- "每个人都觉得我很笨。"
- "我篮球打得很烂。"

其实，这些消极想法很容易被推翻。我和小吉列出了他生活中的成功事例，这让他明白这些想法并不正确。我们一致认为他能做好很多事情，他绝对不笨，而且他的篮球水平是中等，并非糟糕透顶。

然后我帮助小吉想出了下面这些更健康的替代想法：

- "我能做好很多事情，即使犯了一些错误，我也还是不错的。"

- "我并不笨，但我在数学上确实需要比其他一些同学更努力才行。"
- "我不是篮球明星，但我可以通过更多的练习，并在今年夏天参加篮球训练营来提高自己的球技。"

通过我们共同的努力，小吉自我贬低的想法和言论少了很多。这种思维转变有助于减轻小吉的抑郁情绪。

我的观点是，认知咨询（必要时配合药物治疗）可以帮助大多数抑郁的孩子在几周内开始感觉有所好转。在帮助患有抑郁症的叛逆孩子时，一个关键因素是让他们知道自己并不孤独。给予叛逆孩子以支持，并尝试理解困扰他们的问题，会让情况大为不同。

## 双相情感障碍

双相情感障碍，以前被称为躁郁症，可发生在儿童、青少年以及成年人身上。据估计，全球 1%～2% 的成年人受双相情感障碍的影响。在儿童中的具体数据尚未明确。在孩子身上，双相情感障碍的症状最初可能被误认为是正常的情绪和行为。此外，儿童和青少年的双相情感障碍很难与这些年龄段可能出现的其他问题区分开来。例如，易怒和攻击性可能表明患有双相情感障碍，但它们也可能是注意缺陷多动障碍、品行障碍、对立违抗性障碍，或其他在成年人中更常见的精神障碍（如重度抑郁症甚至精神分裂症）的症状。药物滥用也可能导致这些症状。

许多家长可能会对孩子的喜怒无常一笑了之。然而，与正常的情绪变化不同，双相情感障碍可并非小事一桩。它会严重损害孩子在学校、与同龄人相处以及在家与家人相处时的功能。患有双相情感障碍的孩子可能没有明显的情绪周期，而是表现为持续或快速波动的高能量、情绪不稳定、叛逆、自大、易怒、焦虑和情绪爆发。在很多方面，患有双相情感障碍的孩子看起来和其他叛逆的孩子很类似。当一个孩子既叛逆又患有双相情感障碍时，情况可能会更具有挑战性。如果你的孩子确实患有双相情感障碍，保持乐观的心态很重要。大多数双相情感障碍患者，即使是那些症状最严重的人，通过适当的治疗，都能够稳定情绪波动及相关症状。

## 揭开双相情感障碍的神秘面纱

患有双相情感障碍的孩子会出现抑郁症的症状，至少出现以下躁狂行为列表中的 3 个症状，且持续一周时间：

- 情绪严重变化，要么极度易怒，要么过度幼稚与兴高采烈。
- 自尊心过度膨胀。
- 精力越来越旺盛，甚至亢奋。
- 睡眠需求减少，能连续几天很少睡眠或不睡眠而不感到疲倦。
- 话多，语速过快；话题转换过快；别人无法打断。
- 注意力分散，注意力不断从一件事情转移到另一件事情。
- 性欲亢奋；出现更多的关于性的想法、感觉或行为；使用露骨的性语言。
- 目标导向活动增加或身体躁动不安。
- 不顾风险；过度参与危险行为或活动。

　　我曾治疗过一个 15 岁的叛逆孩子查尔斯，他同时患有双相情感障碍。查尔斯第一次来见我时，他的观点非常消极，情绪相当低落。查尔斯从 6 岁起就长期情绪波动大且经常言语爆发。

　　在短短几周内，他变得越来越开朗。我以为自己在帮助他克服抑郁方面做得很出色。然而，我很快意识到，查尔斯正处于躁狂发作期。他不想睡觉，整夜熬夜上网看色情内容，还如饥似渴地浏览维基百科。他语速极快，据他自己和他父母说，他精力充沛。我转介给一位精神科同事，证实了我的怀疑，查尔斯患有双相情感障碍。查尔斯开始服用情绪稳定剂和其他一些药物，成功减少了他的情绪波动。几年后，我的一位来访者的 28 岁女儿也出现了类似情况。这个女儿变得莫名冲动、反应过激，对父母很刻薄。与精神科医生会诊后发现她患有双相情感障碍。在接受药物治疗和心理治疗后，这个年轻女性恢复了正常的生活功能。

## 焦虑加剧叛逆行为

　　大约 10% 的年轻人经历过焦虑障碍（一些估计表明，青少年群体中这一比例高达 32%），且大多数未得到治疗。遗憾的是，和抑郁症的情况一样，焦虑症也常常被否认。这是因为人们担心焦虑被视为软弱，尤其是在叛逆的孩子当中。如前所述，叛逆的孩子往往情感上的自我认知较低，所以对于许多患有焦虑症的叛逆孩子来说，他们更容易表现出的情绪是愤怒。我经常看到，在叛逆孩子的逞强背后，潜藏着严重的焦虑。叛逆孩子的焦虑相关问题会影响上学出勤率，导致同伴关系出现问题，降低自尊心，并引发负面的自我认知。患有焦虑症的孩子会主观地感到担忧、恐惧和害怕。大多数孩子偶尔都会产生这些感觉，所以区分正常和不健康的焦虑水平很重要。

虽然焦虑问题有不同的形式（我将在接下来的部分详细描述），但受焦虑困扰的孩子往往有以下类型的症状：

- 强烈的担忧。
- 头痛。
- 恶心。
- 出汗。
- 胃痛。
- 呼吸急促。
- 决策能力差。
- 对他人的看法扭曲。
- 注意力不集中。
- 对周围环境持消极看法。

受焦虑困扰的叛逆孩子会感到非常羞愧和沮丧。区分正常焦虑与异常焦虑，很大程度上取决于痛苦程度及其对孩子日常生活功能的影响。最好结合孩子的年龄和发育水平来判断问题的严重程度。我咨询过的叛逆孩子向我倾诉过各种各样的恐惧，包括：

- 怕黑。
- 害怕被同龄人拒绝。
- 担心在体育活动中表现不佳。
- 担心在学校表现不好。

8 岁的小科被带来见我，因为他拿钥匙刮花了父亲的车子。小科的父亲威胁说要让他关灯睡觉，而这正是小科非常害怕的事情。小科通过变得更加叛逆来应对恐惧。我让小科的父亲明白，小科应对恐惧的方式就是叛逆。在我的辅导过程中，小科学会了表达并克服对夜晚的恐惧，而不是压抑恐惧，通过不良行为来发泄愤怒。

多种焦虑模式会困扰孩子。下面我详细介绍一些更常见的焦虑类型。

## 广泛性焦虑障碍

广泛性焦虑障碍似乎是儿童中最常见的焦虑形式。患有广泛性焦虑障碍的儿童，总是会往最坏的方面去想问题，他们常常抱怨自己感觉疲劳、紧张、头痛和恶心。患有广泛性焦虑障碍的叛逆孩子，在 6 个月或更长时间内，大多数日子都会过度担忧、恐惧和焦虑。他们往往会感到坐立不安、紧张或烦躁；容易疲劳；难以集中注意力或大脑一片空白；容易发怒；肌肉紧张；难以入睡、睡眠不安稳或容易惊醒。

洛洛是一个 7 岁的男孩，他身上出现了广泛性焦虑障碍的症状。他的叛逆行为主要表现为父母相互交谈的时候，他会大声喧哗并且会欺负妹妹。频繁出现的担忧感会加剧他的叛逆行为。我教洛洛如何通过深呼吸练习来"呼出"他的担忧。洛洛的父母也学会了，每当洛洛转移自己的担忧情绪时，就给予他表扬。例如，有一天洛洛感觉很紧张，在母亲的鼓励下，他同意通过帮助母亲做饼干来试着忘掉担忧。这些努力，再加上个人和家庭辅导，帮助洛洛减轻了广泛性焦虑症状。几个月后，洛洛的焦虑减轻了，叛逆行为也随之减少了。

## 惊恐障碍

惊恐障碍的特点是惊恐发作，会导致突然产生强烈的恐惧。这种恐惧似乎毫无征兆。惊恐障碍最棘手的地方在于，对惊恐的恐惧会形成恶性循环。就像抑郁和所有形式的焦虑一样，相关的想法和感受会陷入恶性循环。13 岁的安雯，在她父亲按照这个 10 天计划做出改变后，她的叛逆行为已经有了很大的改善。安雯主要由父亲抚养长大，她告诉我，她非常害怕，因为她开始对自己的性取向产生疑问。

在我们完成大约 3 个月的辅导后不久，安雯开始出现惊恐相关问题的典型症状。惊恐障碍可能包括胸痛、心悸、呼吸急促、头晕、恶心或腹部不适、眩晕、腹部疼痛、感觉不真实、强烈的逃跑欲望、末日感或恐惧以及即将来临的危险感，还有对死亡的恐惧。安雯有其中的大部分症状。和大多数患有这种障碍的孩子一样，安雯有相当程度的担忧、自我意识和紧张情绪。我采用认知疗法和放松训练作为帮助她减轻惊恐的主要方法。我还运用了多年前在一个焦虑缓解研讨会上学到的可视化工具。我让安雯想象用一团温暖、舒缓的白色光线制成的绳子，慢慢地缠绕在自己身上，以获得安全感。一旦她能够控制惊恐症状，我就和安雯一起探讨她的性取向问题。虽然安雯知道她因遗传因素易患惊恐障碍，因为她母亲也有焦虑问题，但她意识到自己对性取向的疑问加剧了惊恐。通过"允许"安雯继续探索自己的性取向，她心里非想弄清楚自己性取向的那种压力减轻了，她发现自己的惊恐感也大大减轻了。

## 如果孩子惊恐发作，你可以这样做

惊恐发作的症状包括呼吸急促、心悸、头晕、口干、恶心或腹泻、肌肉高度紧张，甚至可能会产生对死亡的非理性恐惧。如果你的孩子出现惊恐发作，以下方法可能会有帮助：

- 采用我倡导的冷静、坚定且非控制的方式。此外，一定要用支持、安抚和接纳的语气与孩子交流。你越冷静，孩子就越有可能平静下来。

- 保持眼神交流，倾听孩子的感受，并安抚他们说一切都会好起来的。

- 一边轻声鼓励孩子缓慢深呼吸，一边给予安慰，且不要评判。陪孩子坐下。如果情况恶化，要及时寻求医疗帮助。

- 留意孩子的非理性想法（例如，"我没有未来""没有人会喜欢我的""没人把我当回事""我做什么都不行""在接下来的10 年里，学校里的每个人都会说我的坏话"）。

- 一旦孩子开始平静下来，帮助他们认识到非理性的自我对话会引发焦虑。努力指出这些非理性的（无益的）想法缺乏事实依据，并帮助孩子找到更理性的（有益的）想法的证据。比如，给出基于事实的理由，说明为什么孩子不是彻底的失败者，或并非完全不受欢迎。指出这些与孩子想法相悖的反例，对其会很有帮助。对于 4 ～ 6 岁因恐惧而惊恐的年幼孩子，你可以使用木偶、绘画和故事，帮助他们以不同的视角看待可怕的事物。我曾帮助 5 岁的龙龙摆脱惊恐，方法是让他"相信"床底下想象中的怪物实际上是他的私人保镖。

⑨ 为了预防未来的惊恐发作，当孩子开始感到恐慌时，让他们问一问自己："最坏的情况会是什么样的?"这可能会帮助他们冷静下来，意识到没有必要恐慌。

## 强迫症

一些叛逆的孩子可能还会有强迫观念（侵入性、不想要的想法或冲动）和强迫行为（与强迫观念相关的强烈、无法控制的重复行为），这些观念和行为既不合理又过度。这些强迫观念和行为严重影响孩子对自我的良好感觉。它们会给孩子带来极大的痛苦和功能损害，而且非常耗时（通常每天会花费一个多小时）。最常见的强迫观念涉及细菌、污垢和污染，反复的疑虑，需要将物品按特定方式摆放，对攻击性或有害冲动的恐惧，以及令人不安的性意象。最常见的强迫行为包括反复洗手或用纸巾触碰物品，检查抽屉、锁、窗户和门，计数仪式，重复动作，以及寻求他人的肯定。

9 岁的思娴经常发脾气。在查看她的家族病史时，我注意到她的外祖母疑似患有强迫症。通过心理咨询以及精神科医生开药治疗后，思娴的以下症状均有所减少：过度检查门是否锁好、确保冰箱把手是否干净、反复敲手指，以及叛逆性的情绪爆发。

## 创伤后应激障碍

我曾接触过一些经历过创伤的叛逆孩子，比如遭受性虐待、身体虐待、自然灾害或极端暴力。他们出现了创伤后应激障碍的症状，包括噩梦、闪回性记忆、情感麻木、抑郁、愤怒、易怒，以及容易分心和受到惊吓。9 岁的欣荣在被邻居的狗袭击后被转介给我。在被袭击之前，欣荣就很叛逆，由于创伤后症状，他变得更加叛逆了。帮助欣荣的方案包括上述的认知疗法。此外，他的父母给他买了一只小狗，这有助于他克服创伤后应激障碍。

## 恐惧症

恐惧症是对实际上几乎没有或根本没有真正危险的事物产生的一种致残性、非理性恐惧。这种恐惧会导致孩子回避相关物体或情境，并可能引发极度的恐惧、畏惧和恐慌，从而严重限制他们的生活。特定恐惧症集中在特定的物体（例如某些动物或昆虫，或像雷雨这样的天气事件）或情境（例如高处或封闭空间）上。

8 岁的梅森害怕吸血鬼。他会追赶弟弟并试图吓唬他，以此来转移自己的恐惧。我查看家族谱系后发现，他母亲及母亲那边的亲属有不同形式的焦虑障碍。然而，在梅森的案例中，他的焦虑主要集中在对吸血鬼的恐惧上。我给他播放了一部电影，里面有一个笨手笨脚、无能的吸血鬼的滑稽行为，这帮助我改变了梅森对吸血鬼的负面印象。他对弟弟的叛逆行为也减少了。梅森十几岁时又来找我咨询，这次是因为他喜欢的女孩拒绝了他，他感到很受伤。我们一起笑着说，对付吸血鬼可比处理感情问题容易多了！

## 社交恐惧症

社交恐惧症是一种对一种或多种社交情境的顽固且持续的恐惧，在这些情境中，孩子会接触到陌生人或可能受到他人审视。文波是一个 11 岁的男孩，有一些社交恐惧症的典型症状。他担心自己表现出的焦虑症状会让同龄人感到尴尬（注意这种循环性）。结果，文波虽然内心并不想这样，但他还是成了一个独来独往的人。

患有社交恐惧症的孩子社交技能较差。对于我见过的大多数患有社交恐惧症的孩子，无论是叛逆的还是不叛逆的，在他们所恐惧的社交或表现情境中的回避、焦虑预期或痛苦，都严重干扰了他们的生活。

社交恐惧症的常见症状如下所示：

- 对批评过度敏感。
- 优柔寡断且自尊心低。
- 害怕在全班同学面前大声朗读。
- 害怕音乐或体育表演。
- 害怕加入对话。
- 害怕与成年人交谈。
- 害怕开启对话。
- 害怕在课堂上做展示。
- 害怕参加舞会或生日派对。
- 害怕在课堂上回答问题。
- 害怕向老师求助。

我通过教像文波这样叛逆的孩子如何放松以及如何运用恰当的社交技巧，帮助他们应对社交恐惧症。我还发现，孩子们往往能够很好地学习识别并改变那些在社交情境中加剧他们焦虑感的焦虑想法。通过思考更积极、理性的想法，孩子们通常能够更轻松地进入社交情境。同样，我依靠认知疗法技巧帮助孩子们减少思维扭曲。

我还帮助孩子们列出他们曾经成功参与的社交情境。我们一起努力，尝试将这些经验应用到未来的社交情境中。我还引导孩子们列出对他们来说具有挑战性的情境，比如参加派对、打电话或与朋友交谈，然后教他们在逐渐面对这些情境时运用应对技巧。孩子们的成功会得到我和他们父母的高度赞扬。我还强调，期望最好保持现实，咨询的目标不是把孩子变成社交达人。这种通过管理期望来应对社交焦虑的方法，对我见过的许多青少年和成年孩子也很有效。

## 健康问题加剧叛逆

叛逆的孩子可能会有很多健康问题。这里无法一一列举，一些具有代表性的儿童健康问题如下所示：

- 过敏。
- 哮喘。
- 骨骼疾病。
- 癌症。
- 慢性疼痛。
- 便秘或大小便失禁。
- 肠胃问题。
- 头痛 / 偏头痛。
- 心脏疾病。
- 智力障碍。
- 肠易激综合征。
- 青少年糖尿病。

- 莱姆病。
- 肥胖。
- 身体或性虐待。
- 癫痫症。
- 睡眠障碍。

　　13岁的小郑最近被诊断出患有糖尿病，因为他最近总是发生"撞倒"比他小的孩子的行为，所以被转介给我。面对糖尿病带来的挑战，小郑变得叛逆，拒绝遵守父母的规定。之后，他开始接受我的心理辅导。随着小郑逐渐接受自己患有糖尿病的事实，他的欺凌行为也就慢慢停止了。另一位来访者，15岁的雅兰，由于难以应对与狼疮相关的健康并发症，被带来见我。当她对自身病情的恐惧和沮丧情绪占据上风时，雅兰摔碎了相框，并偷了父母的钱。幸运的是，在接受了一些新的治疗之后，她的病情得到了控制。

　　这些只是可能加剧叛逆与健康相关的问题的几个例子而已。我还应该提到，一些孩子可能因为努力应对健康状况和挑战而受到焦虑或抑郁的影响。在所有这些情况下，我鼓励家长加入支持小组，并持续关注孩子身体方面的状况。

　　对于患有慢性疾病的孩子来说，一个很大的挑战就是，他们会因管理自身病情而感到疲惫不堪。这些孩子希望和其他人一样，不必去看专科医生，不必服药或遵循严格的饮食规定。

## 自闭症谱系障碍会加剧叛逆行为

　　自闭症谱系障碍是《精神障碍诊断与统计手册（第五版）》中的

术语，它涵盖了之前被视为四种不同的障碍，实际上这是一种单一的病症，在两个核心领域存在不同的症状严重程度。自闭症谱系障碍的特征为：一是社交沟通和社交互动方面的缺陷，二是受限的重复行为、兴趣和活动。由于诊断自闭症谱系障碍需要同时具备这两个要素，如果不存在受限的重复行为、兴趣和活动，则会诊断为社交沟通障碍。

高功能的自闭症谱系障碍儿童，通常拥有扎实甚至丰富的词汇量，与同龄的其他孩子相比似乎更为超前。尽管他们词汇丰富，但在理解他人的话语时，往往非常字面化。

除了社交互动方面的问题，自闭症谱系障碍儿童通常对某一特定主题有着痴迷的兴趣，而对其他事物则几乎没有兴趣。他们可能会痴迷于收集关于地图、时钟或其他某些主题的信息。他们在习惯上也可能非常不灵活，刻板地坚持特定的日常惯例或仪式。自闭症谱系障碍儿童可能会表现出奇怪的举止，如拍手或摆出奇特的姿势，这使他们看起来笨手笨脚。自闭症谱系障碍儿童被认为具有较高的智力水平，但社交能力较为低下。

自闭症谱系障碍的典型症状包括：

- 专注于一种或多种刻板且受限的兴趣模式，其强度或关注点异常。
- 明显刻板地坚持特定的、无实际功能的日常惯例或仪式。
- 表现出刻板且重复的运动举止（比如，拍手或手指摆动、扭动，或复杂的全身动作）。
- 持续专注于物体的某些部分，在某些情况下，会不停地谈论它们。

　　小乔是一名 11 岁的男孩，被诊断患有自闭症谱系障碍。他痴迷于在后院与想象中的对手进行假想的棍棒打斗。小乔还执着于以一种仪式化的方式喂家里的狗，即把食物倒进一个小碗，然后再倒回大碗。小乔在感到焦虑时，尤其会用左手做出拍手的动作。他还热衷于拧紧家里马桶座圈上的螺丝。当他开始越来越频繁地出现仪式化的机械行为时，小乔和他的家人的生活变得艰难起来。当父母就此与他对质时，小乔打碎了一个花瓶，并试图在浴室放火。

　　对自闭症谱系障碍儿童的最佳治疗方法包括教育和社会干预，为他们提供在生活中取得成功所需的支持和技能。专注于使环境更具可预测性的教育干预尤其有帮助。利用视觉学习风格的图形组织工具和其他类似策略也有益处。由于一些自闭症谱系障碍患者的智商处于天才水平，他们需要有与其技能水平相称的学习机会。因此，丰富的拓展活动通常是这些孩子课程的一部分。

　　我见过许多患有自闭症谱系障碍的成年子女，他们在适应大学或职场生活时遇到了困难。他们常常觉得自己与周围的人不同，并对自己的困境感到焦虑甚至羞愧。那些一开始从未被诊断出来，或者从未被告知自己患有自闭症谱系障碍的人，似乎比那些已被确诊的人挣扎得更加厉害。事实上，那些被确诊并学习了应对策略以适应社会需求的人，往往能更积极地做出调整。

## 图雷特综合征引发叛逆行为

　　我曾接触过一些同时患有图雷特综合征的叛逆孩子。这是一种神经障碍，其特征为不自主的身体动作和发声爆发（抽动），持续至少 12 个月。大约每 2 000 名儿童中就有一人患有图雷特综合征，男孩发病的可能性更高。

抽动是不由自主的，通常突然、快速且重复。有发声抽动的孩子可能会不由自主地发出犬吠声、咕噜声，频繁清嗓子、咳嗽、抽鼻子、眨眼、出现模仿言语（即重复听到的话语的发声抽动），或秽语症（即重复或大喊淫秽词语的发声抽动，但秽语症较为罕见）。

11岁的朱力被儿科医生诊断患有图雷特综合征，他的父母带他来见我。和许多有抽鼻子及眼球转动抽动症状的孩子一样，朱力一直被同学们无情地嘲笑。朱力自尊心很低，深信自己"怪异""愚蠢"，"将会过着糟糕的生活"，于是他开始通过对同龄人拳脚相加来应对这些消极情绪。

我为朱力进行了个体心理咨询，以解决他的自尊心问题。我还与他的学校密切合作。朱力的老师同意，在他不在教室时，向同学们讲解图雷特综合征。朱力的同学们变得很支持他，嘲笑停止了，他的攻击行为也随之消失。

图雷特综合征目前无法治愈，但通常可以通过心理咨询、学校的调整措施以及药物来控制症状。几年后，朱力的外公去世，他的母亲来找我进行一些支持性的心理咨询。我们再次熟悉起来后，朱力母亲告诉我，自从我上次见到朱力后，他的抽动症状明显减轻了。

## 压力加速叛逆

孩子们可能面临许多压力源，这些压力源会增加他们的叛逆行为，包括：

- 家里新生儿的到来。
- 上学的压力。

- 与老师发生冲突。

- 与同龄人发生冲突。

- 被欺负。

- 活动过多或日程安排过满。

- 搬家。

- 父母离婚。

- 父母的健康问题。

- 父母经济紧张 / 失业。

- 亲人离世。

- 家庭暴力。

如果叛逆的孩子正在经历压力，他们往往会以不受控制的方式表现出来。当代社会的生活充满竞争、复杂且不断变化。我们都必须适应新生事物、意外情况和未知因素，这些都可能会产生各种压力。对一些人来说，面对不确定性和压力可能只会为他们的生活增添乐趣和活力。然而，对于叛逆的孩子来说，各种各样的压力往往会加剧他们的困扰，使他们不堪重负。他们在适应变化方面确实存在着困难。

7 岁的小龙被带来见我时，一边又踢又打，一边大吼大叫。等他停止发脾气（通过听我几个贝壳里传出的"海浪声"，他平静了下来），我们开始讨论是什么困扰着他。很明显，小龙对他非常亲近的奶奶最近去世感到非常难过。小龙还因新的继兄刚搬到他家并与他同住一个房间而烦恼。个体和家庭心理咨询显著减少了小龙发脾气的次数。再加上小龙的母亲和继父运用了这个 10 天计划中的策略，小龙在减少叛逆行为方面取得了显著的进展。

## 第 9 天的小结

今天，你学到了很多我称之为减少孩子叛逆行为的顽固性障碍的知识。在接下来的过程中，请记住以下几个要点：

- 一些叛逆的孩子可能存在一种或多种导致他们叛逆行为的心理健康问题。
- 如果你怀疑孩子存在这些心理健康问题，了解相关知识对你来说很重要。
- 只要你有耐心且坚持不懈，在帮助孩子应对这些顽固性障碍方面，美好的未来就在眼前。
- 也可能存在一些加剧孩子叛逆行为的健康问题。
- 对于任何持续性问题或获取更多信息，请咨询合格的心理健康专业人士。

## 为第 10 天做准备

- 如果你的孩子在情感或社交方面持续挣扎，要留意可能影响他们持续出现问题行为的潜在心理健康问题。
- 如果确定你的孩子存在潜在心理健康问题，帮助他们将其视为叛逆行为的一种解释，而非借口。
- 坦诚地向孩子说明他们面临的任何挑战，并始终为孩子提供应对这些挑战的资源和策略。
- 除了为你和孩子寻求专业的心理健康治疗外，考虑加入线下支持小组或在线论坛来获取支持，但不要轻易受可疑建议的影响。

# 10

## 第 10 天

## 从长远减少孩子的叛逆行为

你已进入最后阶段,你应该已经看到孩子和你自己身上令人惊喜的变化。接下来,我将给出一些关键策略和建议,确保孩子和你自己已取得的进步能够长期保持稳固。

到目前为止，你已进入最后阶段，你应该已经看到孩子和你自己身上令人惊喜的变化。这个 10 天计划的原则就是，没有时间的限制，我鼓励你在为人父母的整个一生中，都去运用这些原则。只要你一直坚持践行 10 天计划中提出的这些策略和方法，它们也会持续发挥作用。接下来，我将给出一些关键策略和建议，确保孩子和你自己已取得的进步能够长期保持稳固。

## 跨越挫折意志坚，长风破浪终有时

如果你运用了我与你分享的方法，在过去的 10 天计划里，你很可能已经看到了孩子取得的巨大进步。也许你为了完成每一章的内容，给自己安排了更多时间，已用了几天甚至几周的时间。这也完全没有问题。最重要的是你完成了这个计划。我很高兴与你分享，许多读者告诉我，他们在应对叛逆孩子方面所取得的进步一直保持着，而且往往随着时间的推移还在不断增加。

然而，请你记住，在未来的日子里，你那叛逆的孩子在人生的不同阶段可能会遇到一些新的挫折。他们仍会时不时地挑战你的极限。门可能偶尔还是会被你的孩子"砰"一声狠狠地关上，更强的好辩倾向或尖酸挖苦的言辞可能会再次出现。当孩子以这些方式试探你的底线时，请不要气馁。对于曾经叛逆的孩子来说，问题行为再次出现是很正常的。你要坚定自己的信心，勇往直前，这样，你就不会退步。

在应对自身情绪和行为时，你自己可能也会遭遇挫折。你可能会压力很大，会情绪"失控"，会做出让自己后悔的事情。你依然不得不与孩子一起努力改善其行为，你可能会对这件事感到很厌烦了，并且因为觉得其他父母似乎更轻松而心生沮丧，很容易就会失去耐心，或者仅仅是被生活的种种需求拖累，从而不再运用在这 10 天计划中所学到的有用技巧。

重要的是要记住，无论是你还是你的孩子遭遇挫折，这些退步都是很正常的事情。当你们中的任何一方面临沮丧和失望时，想一想在这 10 天计划中付出的所有努力，以及你们俩已经取得了多大的进步。你的用心和努力不应被忘记。如果在前进过程中遇到任何挫折，请牢记下面的话。

## 你曾战胜过挫折

和所有人一样，我相信在你的一生中，肯定也经历过不少挫折。你可能在学业、工作、各种活动以及其他人际关系处理中都经历过失望的折磨。成功应对挫折的秘诀就是重新振作起来，再次回到过去成功处理挫折的记忆中。

我最近接待了一位前来复诊的家长。罗女士的丈夫称赞她处理与 11 岁女儿静宜之间的挫折感问题所采取的正确方式。静宜把弟弟丁丁推出房间，还猛地关上了门。丁丁的手被门夹到了，虽然伤得不重，但静宜对自己的行为毫无悔意。罗女士开始对静宜大吼大叫，要求她打开门，以便和她谈一谈。静宜拒绝了。值得称赞的是，罗女士意识到这扇门变成了一扇"窗"——一个机会之窗。罗女士快速地深呼吸了几次，然后说："静宜，我知道你不是故意要伤害弟弟的。请你打开门，这样我就能和你谈一谈了。"沉默了一分钟后，静宜打开了门。静宜变得配合的原因是，罗女士遵循了前面讲到过的原则——你猜对了——那就是"冷静、坚定且非控制"。

所以说，如果你的孩子又变回反应过度，或者你不再能保持冷静、坚定且非控制，也没能明智地选择该争执什么，别就此放弃。重读这个 10 天计划的内容，用我提供的策略和方法重新武装自己。要记住，挫折只是暂时的，积极的事情就在前方向你招手。

当你因自身遭遇的挫折而意志不坚定时，有一些方法能让你做好应对的准备。我曾接触过一位叛逆孩子的母亲贾女士，她有个朋友教她，在自己反应过激时，要在下巴下面"放个拖把和水桶"，这当然是一种比喻。每当贾女士情绪失控时，她就会想象自己拿出拖把和水桶，清理自己情绪上的"烂摊子"。在遭遇挫折后帮助自己恢复的其他方法包括：

- 提醒自己到目前为止所做出的所有积极改变。
- 记住你一直在努力，并且在持续为做好父母付出努力。
- 因"失控"向孩子道歉。
- 如有必要，与朋友或专业心理健康人士交谈，梳理出是什么导致你出现一些有问题、适得其反的育儿行为或决策的。

## 为克服挫折做好准备的更多方法

你对孩子重新出现叛逆行为的应对准备做得越充分，就越容易处理这些情况。就像我的一位好朋友常跟我说的一样："力求进步，而非完美。"

当你在管教孩子方面遭遇挫折时，请牢记以下这些策略。

## 不要惊慌

如果孩子调皮捣蛋，而你做出过度的反应，不要为此惊慌。这是应对所有挫折和危机的关键。无论孩子做了什么让你心烦意乱的事情，或者你希望自己当时能有不同做法，都要忍住，别惊慌失措。别对自己说"太好了，最终什么都没改变"或者"我就知道这些积极变化迟早会结束的"之类的丧气话。当你感到不知所措时，这些以偏概全的扭曲想法就会涌入脑海。要克服这些想法，只需放慢节奏，厘清思绪。并且提醒自己，已经取得了很大的进步了。

### 静心想想自己为人父母所具有的优势

提醒自己所取得的进步，不仅能减轻焦虑，还能激励你在面对挑战时，对与孩子的关系抱以更积极的态度。我辅导过的许多家长都发现，冥想有助于他们在持续面临的育儿挑战中找到平和的心态，抱持接纳态度，练就持久的韧性。以下是一个冥想练习，能帮助你认清自己为人父母的优势。

回想一下我在第一天教给你的深呼吸练习。找一个安静、平和的地方坐下，双手放在膝盖上。闭上眼睛，缓慢而深沉地呼吸，专注于气息充满腹部再呼出。

想一想你最近或过去与孩子的一次积极互动。在想象这次积极互动时，将右手拇指竖起，同时手仍放在膝盖上。接着，继续深呼吸，再想一想与孩子的另一次积极互动，然后竖起食指表示确认。继续这个练习，直到你竖起右手的 5 根手指，或者竖起两只手的 10 根手指。尽可能多地竖起手指后，睁开眼睛，你将切实地看到自己的育儿优势尽在掌握之中！

如果你这一天过得不顺，或者由于某种原因很难开始这个练习，脑子一片空白，不知从何竖起手指，也别气馁。如果是这种情况，先竖起右手拇指，为自己阅读这本书而给自己点赞。给孩子喂食，开车送他们去各个地方，这些也都算数。你肯定做了这些事，那就至少竖起一根手指，所以现在就竖起一根手指吧。你一定明白这个思路了。一旦开始竖起一根手指，你很可能就会继续完成这个练习。即使你只能竖起几根手指，而非10根，也要肯定和珍视对孩子所做的这一切，并祝贺自己取得的这些进步，从而振奋你为人父母的士气。

## 坚持到底

孩子（或者你自己）遇到的挫折，不过是雷达屏幕上的一个小光点。要记住，你是在帮助孩子为人生旅程做好准备。要着眼长远，而非短期。坚持到底意味着你一定要明白，在未来继续犯错的过程中，你和孩子都会不断学习。退一步，审视当前的情况。必要时承担责任，但不要责怪自己或孩子。在充满挑战的情况下养育孩子，不是要决定该归咎于谁。记住，你和孩子不必做到十全十美。毕竟，其他人也做不到。在育儿的旅程中，无论孩子处于哪个年龄阶段，你和孩子都在共同学习，共同成长。

## 承认自己的不足

无论你意识到自己是因疏忽而未采取行动，还是对孩子反应过激，都要反思自己的行为，并思考如何改进。唐女士是8岁琪琪的母亲，在运用了这10天计划中的技巧后，琪琪发脾气和情绪爆发的情况变得非常少见了。在琪琪的叛逆行为开始减少几个月后，一直在家照顾她的唐女士决定重返工作岗位。琪琪因为妈妈要承担新的工作责任而感到沮丧，于是出现了行为上的倒退。她对唐女士说，她是个"坏妈妈"。听到这话，唐女士一时又变回了过去那种暴躁、专横的样子，冲着琪琪大吼大叫，说她"无可救药"，还让她离自己远点儿。听到自己对女儿说的话，唐女士不禁皱起了眉头。她强迫自己深呼吸，让自己冷静下来，这才意识到自己把琪琪的话太当回事了。她忽略了琪琪也在努力适应这个变化的事实。

冷静下来后，唐女士和琪琪讨论了这件事。琪琪告诉妈妈，她感到害怕，因为她觉得妈妈没有那么多时间陪她，也不希望她在身边。唐女士微笑着对琪琪说："亲爱的，我刚才反应过激了。我知道我现在空闲时间少了。但我还是希望，如果有什么事情困扰你时，你能以尊重的方式告诉我。"不出所料，琪琪说："是的，妈妈，但你对我也不友好啊。"唐女士承认了自己的问题。这种坦诚让唐女士和琪琪能够富有成效地克服这次挫折。

## 避免陷入消极质疑的陷阱

面对挫折时保持积极心态至关重要。以自我毁灭的方式质疑自己，会耗尽你的正能量，让你满心消极。尽量避免纠结于以下这类想法：

- "要是我当时……就好了，结果会怎样？"
- "要是我……就好了。"
- "我不应该这么……"

不要执着于那些你本应该做或本应该说的"正确之事"。要记住，不要做事后诸葛亮——马后炮，这总是容易的。马女士是 7 岁的莎莎的母亲，她深知保持积极心态并专注于解决办法的重要性。有一天，马女士向我抱怨，她对自己"对莎莎大发雷霆"的行为感到非常懊恼。马女士说的是她因莎莎故意打断她与朋友的电话而对她大吼大叫的事。

我帮助马女士退一步想此事，回顾莎莎在过去一年里取得的显著进步。通过重新聚焦于自己积极的心态和行为改变，马女士对莎莎的退步行为不再那么担忧了。马女士还有了一个非常重要的领悟——她发现自己经常使用手机打电话和查看电子邮件。如果马女士继续为发生的事情自责，她就不会意识到自己过度使用手机对女儿来说是个问题。我指导马女士如何帮助莎莎学习更合适的方式（包括使用一个不会打扰他人的手势），以便在必要时引起她的注意。马女士还决定减少自己使用手机的频率。

事实上，事情可能并不总是如你所愿地顺利发展，但这并不一定要让你垂头丧气。对于已经发生的事情，你无能为力。对于青少年和成年子女来说更是如此，随着时间推移，可能已经出现了许多失误和遗憾。没错，也许如果你当时做法不同，结果当然也会不同。不要纠结已经发生的不好事情，这种纠结于事无补。千万记住，保持积极正面看待事情的方式，你总会找到重回正轨的方法。

## 保持对消极想法的质疑

在上一部分，我讨论了如何应对那些挥之不去的消极思想问题。现在，咱们来谈一谈如何处理萦绕心头的消极想法。在本书的不同地方，我都提到过，你的想法的力量，在你应对生活中的各种情况

（包括育儿）时，起着巨大的作用。当你感到疲惫不堪或压力很大的时候，很容易产生诸如以下的消极想法：

- "我管不了我的孩子。"
- "我根本就不是当一个好家长的料。"
- "我的孩子永远不会尊重我。"
- "没有其他人面临像我这样的育儿难题。"

如果你有这些想法，你并不孤单。几乎每个家长在某个时候都会对自己的育儿能力产生怀疑。也许你这一天过得很糟糕，而孩子的不良行为更是雪上加霜。你只需要安慰自己，每个人都有事情不尽如人意的日子。试着在脑海中把自己从那种消极想法中抽离出来，回想某一天，那天你压力较小，一切都顺利进行，或者你和孩子一起欢笑。你会惊讶地发现，这个方法多么有效。想要了解更多关于如何克服消极有害思维模式的内容，可以读一读我写的《给你的孩子正能量》一书。

## 保持放松

正如我在第 3 天计划中提醒过你的那样，过于执着于结果，可能会对你用来减少孩子叛逆行为的任何积极策略产生反作用。

你可能听过"心急吃不了热豆腐"这句话。有时候，即使你做到了冷静、坚定且非控制，并且明智地选择了争执点，孩子的积极回应也可能不会像你期望的那么快。这没有关系。你要记住，每次你采用我在这本书里提供的方法时，你都在播下越来越多对抗叛逆行为的种子。其中一些种子可能需要比这 10 天更长的时间才能发芽。在你与孩子互动时，如果他们没有立刻变得不那么爱争论或不那么难相处，也不要自己先着急上火。提醒自己，你没有让自己变得更心烦意乱，这就已经在有效管教孩子方面取得成功了。如果你坚持下去，继续保持冷静、坚定且非控制，随着时间的推移，你会看到孩子身上的积极变化越来越明显。

我建议在你使用这个 10 天计划里我提出的任何策略时，都要记住"心急吃不了热豆腐"这个比喻。它会帮助你从更宏观的角度看问题。要记住，大多数积极改变的努力（包括育儿方面的）之所以不成功，是因为人们过早放弃。

## 共同参与

你在本书中读到的所有内容，都能非常有效地减少孩子的叛逆行为。为了巩固你所学到的一切，我建议你把自己想象成与孩子并肩同行，而非与他们对立。

我的意思是，不要试图成为赢家。在养育孩子这件事情上，输赢并不重要。关键是要尽可能尊重且公平地对待叛逆的孩子。

想一想你见过的其他家长，他们被叛逆孩子的古怪行为牵着鼻子走。我见过家长在游乐园、超市、溜冰场，甚至我的办公室里大发脾气。记住，你在孩子身边，是为了支持他们。

避免与孩子对立的关键，在于避免自己产生抵触情绪，也要避免引发孩子的抵触情绪。当你和孩子讨论问题时，紧扣主题。以冷静、平和、具体明确的方式讨论所有的问题。避免使用"总是""从不""应该"这类容易引发抵触情绪的词语。记住，扮演好孩子情绪教练的角色，保持冷静、坚定且非控制，才能取得最佳效果。

从这个角度来说，记住本书中的策略并非为了"操控"孩子，让他们变得不那么叛逆。俞女士是 7 岁的丹丹的母亲，她对我提供的 10 天计划的困惑就是个很好的例子。在我们第一次咨询时，俞女士告诉我，她听说我能"让叛逆的孩子不那么叛逆"。我微笑着向俞女士保证，我觉得我的策略能帮到她和她女儿。同时，我明确表示，我的目的不是强制让她女儿变得不那么叛逆。我的 10 天计划不是要强制孩子做出积极改变，而是引导他们做出改变。千万要记住，你可以把马牵到水边，但你不能强迫它喝水。当我和来访者分享这句话时，我喜欢补充一点：一旦马意识到自己口渴，它就会痛饮一番。我的 10 天计划通过帮助你更有效地育儿，来增进你与孩子的关系。只要你支持孩子并保持耐心，他们最终不仅会听从你的引导，还会主动渴望做出积极的改变。俞女士很快意识到，与孩子携手鼓励她减少叛逆，比试图强迫她变得不那么叛逆要有效得多。

## 父母要做同盟者，而非对抗者

当我鼓励家长们思考这个问题时，许多人震惊地意识到，他们在多大程度上变成了孩子颇具挑战性的对手，而非充满爱意的支持者。牢记以下几点，你就能将对孩子的爱意与精力，正确地倾注到该用的地方。

**作为同盟者的家长：**

- 对孩子的问题行为表示理解（但不纵容）。
- "捕捉"孩子的积极行为。
- 倾听孩子的沮丧，并予以理解。
- 面对挫折保持乐观。

> ⑨ 以充满爱与尊重的方式行事。
>
> **作为对抗者的家长：**
>
> ⑨ 发表刻板、控制欲强的言论。
>
> ⑨ 下最后通牒。
>
> ⑨ 以威胁的方式行事。
>
> ⑨ 试图用羞辱来促使孩子改变。
>
> ⑨ 不加克制地表达愤怒。

## 不要忽视你的业余生活

平衡、平衡、平衡。我再怎么强调在育儿责任之外拥有充实生活的重要性都不为过。你越是让自己保持活力，不断学习新事物，自我感觉就会越好。这只会让你的育儿工作更有成效。考虑做以下任何一件事，为你的情感"电池"充满电：

- 打理花园。
- 和朋友们一起做有趣的事情。
- 持续用心经营婚姻。
- 尝试攀岩。
- 打台球。
- 打保龄球。
- 玩一玩纸牌。
- 学习编织或缝被子。
- 骑自行车。

- 在社区里长时间散步或去远足。
- 在当地健身房健身。
- 参加瑜伽课程。
- 游览名胜古迹或博物馆。
- 亲自参加或在线观看你感兴趣的主题的讲座。

## 列一张"积极事项"的清单

当你拿起笔写下来，或者在电子设备上使用便笺备忘录时，神奇的事情就会发生。把事情写下来能帮助你切实看到并珍视自己所做的努力和采取的步骤。本着这种想法，我鼓励你回顾到目前为止你和孩子所做出的所有的积极改变。在本书的前言部分，我建议你持续记录成功事例。如果你已经这么做了，那就继续坚持；如果你还没有做，现在就可以考虑开始。通过列举孩子表现出较少叛逆行为的例子，你会不断受到鼓舞。我的一位单亲父亲来访者记录了一份日志，他觉得这很有帮助。以下是这位父亲连续 3 天的日志内容：

周一：希希开始大吼大叫，当我平和地要求他停下来时，他就停止了大吼大叫。

周二：希希被弟弟推了一下。他攥起拳头，正要打弟弟，可当我冷静而坚定地要求他别这样做时，他听从了。

周三：希希一直追问我在和谁约会，我开始提高音量。但我保持冷静、坚定且非控制的姿态，他就不再缠着我问了。

除了写日志，你还可以制作并使用"积极改变罐"。任何实用或有装饰性的玻璃瓶都行。只需制作并贴上标签，比如说"积极改变罐""积极合作罐"或"不再大吼大叫罐"。每次你"发现"自己或孩子没有做出不良行为，而是做出了令人满意的行为时，就把这件事写在一张小纸条上，放进罐子里。你可以在工艺品店、办公用品店或网上购买成沓的彩色小方形纸片，一种颜色给自己用，另一种颜色给孩子用。看到记录着积极行为和互动的纸条在罐子里越堆越多，你和孩子都会感到非常满足。

## 尊重孩子的独特个性

承认你和孩子看待世界的方式不同，这会让你感到释然。有些父母会感到沮丧，因为他们试图说服孩子按照自己的方式做事。到现在你很可能已经发现，如果你试图把孩子变成和自己一模一样的人，就会引发很多冲突。

我曾经有个 13 岁的来访者叫阿碧，她坚持梳马尾辫，也不想当啦啦队队员，这让更注重时尚和社交的母亲王女士很懊恼。王女士花了一些时间才接受真实的阿碧，但一旦她接受了，她们的关系就变得亲密多了。

我还为一位蒋先生提供过咨询服务。他不得不接受一个事实：9岁的儿子恩恩的性格与他截然不同。恩恩在尝试解决问题之前，需要时间冷静下来，而蒋先生则觉得问题需要立即解决。在我为他们父子俩进行了几次咨询后，我很高兴地看到，蒋先生和恩恩学会了妥协的艺术。有趣的是，蒋先生越愿意妥协，他似乎就越不需要当场解决问题。不出所料，蒋先生对解决问题的态度越不强硬，恩恩觉得需要解决的问题也就越少。

差异让世界运转且充满生气，雷同让世界死水一潭。如果孩子看待事情的方式与你不同，或者没有按照你认为他应该的方式做出回应，这并非世界末日。事实上，这正是生活有趣的地方，不是吗？如果你尊重孩子的处事风格并与之配合，你和孩子就能更好地解决冲突。

## 从朋友处寻求支持

为人父母很不容易，要始终保持积极心态也并非易事。一个办法是多与积极向上的人相处。和朋友们聊一聊你在应对叛逆孩子方面取得的成功。接受朋友们的支持，不要觉得自己非得在家庭关系或育儿成就上与他们攀比。当他们称赞你时，欣然接受。

## 展望未来

没有人天生就是好家长。在孩子成长发育的过程中，你逐渐了解他们，而为人父母就是一段不断学习的经历。如同生活中的所有事情一样，育儿也充满挑战。《叛逆不是孩子的错》旨在帮助你应对孩子带来的种种挑战。它让你明白，尽管每个叛逆的孩子都各有不同，但他们都有一个基本需求，那就是被理解、被关爱，以及需要明确的界限。

## 一直坚持书写你与孩子关系的故事

在第 1 天，我曾建议你做一项练习，帮助你重拾与孩子相处的正面记忆片段。近期研究表明，书写以及改写个人经历，能够改善情绪健康状况，有助于一个人在生活中达成更为理想的结果。比如，一组学业上有困难的大学生，在观看了高年级学生分享如何适应大学生活并提高成绩的视频后，被要求写下自身经历。随后，这些低年级大学生又被要求改写故事，这促使他们从诸如"我太笨，在大学里无法取得成功"这类自我否定的信念，转变为"大学对每个人来说都有难度，但我可以成功"这类更具激励性的想法。令人惊讶的是，以这种积极方式修改故事的大学生，其平均绩点有所提高，且相较于未观看高年级学生励志视频的学生，他们辍学的可能性更低。

正如这项引人深思的研究所示，我坚信我们能够掌控并塑造与孩子未来的关系故事。在我自己的咨询实践中，有一个极具说服力的例子，涉及一位叛逆孩子的母亲林女士。林女士一直深受自我怀疑的困扰。她之前对自己的定位是"我是个糟糕的家长"。在我引导林女士去认识到，尽管在与孩子相处中面临挑战，但她依然取得了不少成功后，她对自己的描述变成了"我的孩子充满活力，有坚定的信念。每位母亲都会面临挑战，即便我时不时会为此挣扎，但我为了更好地处理冲突，仍在不断学习。我能在他的生活中发挥重要作用"。

通过将本书中的理念和策略付诸实践，你已然开启了改善与孩子关系故事的进程。现在，你有能力朝着积极的方向，书写与孩子未来的关系篇章。在继续践行本书所呈现的理念和策略时，请思考如何调整自己的态度与行为，以便在孩子成长成熟的过程中，持续培育与他们之间合作、尊重且充满爱意的关系。

作为最后一项练习，请你花些时间畅想一下你与孩子当下及未来持续发展的关系。在畅想过程中，你可以根据下面的问题提示写出你的想法：

- 对于孩子那些与你相似或不同的信念，你将如何给予支持？
- 你会怎样为孩子营造情感上的安全感，让他们愿意分享内心的挣扎？
- 你会说些什么或做些什么，来激励孩子做出健康的选择？
- 为了帮助孩子克服挫折，你愿意分享自己过去哪些挑战经历中的自我感悟？
- 意识到孩子未来会做出自己的决定和选择，你要怎么做，才能在孩子成年后，依然成为他们尊重的建言者？

归根结底，你与孩子未来关系的质量，远比你在日常权力斗争中"取胜"更为重要。保持冷静、坚定且非控制的态度，不仅能让孩子短期内更加顺从，还会促使他们为自己做出最佳的未来选择。在允许孩子从错误中学习的同时，你持续给予情感上的支持，这将使你们未来的关系更加稳固、紧密。

我所提供的策略为你配备了恰当的工具，但唯有你的积极回应以及帮助孩子的坚定决心，才能带来成效。当你看到孩子打翻一杯果汁、为看哪个电视节目与兄弟姐妹争吵，或是对你出言不逊时，很难想象有一天他们会长大成人。但我向你保证，终有一天，你的孩子会拥有自己的孩子，那时你回顾这意义非凡的 10 天计划的改变之旅，当看到他们像你一样，面临为人父母的挑战时，你会会心笑。也许你会将这本书妥善保存，时机成熟时，你可以问一问他们："想要读一本会有帮助的书吗？"

# 合作共建情感联结的 17 个游戏

恭喜你完成了我的 10 天计划！现在，我想
提供一些活动，为你、你的孩子以及你的家庭带
来一些欢乐，帮助你们在"情感联名账户"中存
入正能量。

恭喜你完成了我的 10 天计划！现在，我想提供一些活动，为你、你的孩子以及你的家庭带来一些欢乐。这一部分提供的亲子游戏活动，旨在用充满趣味和富有意义的方式向你的孩子发起挑战。你可以把这些游戏当作鼓励孩子向你敞开心扉的方式。其实，我们都需要新的方式，来创造性地应对家庭生活中的情感压力，并帮助我们重新建立紧密联系。为了让这些游戏不令人有压迫感，我们在其中融入了诸多幽默的元素。

这些活动如同我的 10 天计划一样，旨在促进你与孩子之间的坦诚相待，同时也致力于强化成功应对生活所必需的两项最重要的技能：稳定情绪和解决问题。这些游戏活动关乎坦诚相待、相互信任、良好沟通以及协作解决问题等能力的养成。

在此提供的 17 个亲子游戏活动分为以下 5 个部分：

- 从过去中学习
- 感受与表达感激
- 相互支持
- 在"你更愿意……吗"中探寻价值观
- 探索未来目标

大多数活动只需要你们发挥想象力并保持开放心态。部分活动会建议使用一些日常道具，比如勺子、毯子、纸笔或空罐子。不妨把这些游戏看作在你们的"情感联名账户"中存入正能量。

## 准备开始游戏

请互相宣读以下的"快乐游戏誓言"（Feeling Good Games Pledge）。

宣读时，请竖起大拇指，像小鸡一样挥动双臂，同时尽量不要笑。使用带有定时器的电子设备，轮流为对方计时（如果你们真的想一开始就开怀大笑，那就录音或录像记录下你们宣读誓言的过程），在30秒内，憋着笑读出以下内容：

让我们来玩这些有趣的学习与成长游戏，要知道我们俩都不会输。相反，我们都会是赢家，因为我们会更好地理解彼此，并且在这个过程中会一直收获快乐。所以，让我们尽力互相支持，因为现在是游戏时间啦！

现在，请轮流把对方的手机或其他会分散注意力的电子设备收起来。如果你们俩都没有能看时间的手表，那么可以留一台设备，但只能用它来计时。如果你们俩都同意，其他家庭成员可以静静地观看你们玩游戏。任何宠物都可以围观这些游戏，而且不管你们同不同意，它们可能都会来围观。

# 从过去中学习

## 活动 1：放下过去的问题带给你的痛苦

**所需准备：**一面墙和愿意稍微下蹲的意愿

你们背靠着墙，并肩站立。接着，微微下蹲，摆出靠墙静蹲的起始姿势（如果你有膝盖问题或其他健康限制，站着甚至坐着也无妨），然后轮流与对方讨论一个曾经共同面对但现在已解决的棘手问题。比如说：你的孩子过去可能抗拒洗澡，晚上不肯睡觉，不愿做作业；拒绝吃某些食物；有不合理的恐惧；对一个简单要求、工作中出现的状况、学校里遇到的难题、与朋友的矛盾或其他情况反应过度。当你们站直身体，踮起脚尖伸展时，一起讨论如何放下过去遇到的问题，就如同从局促的状态中解脱出来，现在变得更加自由了一样。

**活动意义**

这个练习能让大家在回顾过去共同面对的困难、解决问题并跨越这些冲突的过程中，建立起自信。它通过聚焦已解决的过去所遇到的问题，培养共同的乐观情绪。

**建议年龄范围**

青春期前儿童、青少年和成年子女。他们会发现，这个能带来情感安全感的反思性活动真是益处多多。

## 活动 2：珍视你教会我的东西

**所需准备：**你们的双手

你们各自举起手，将拇指与其余手指分开，形成一个"V"形（这个手势象征着与价值观"建立联系"）。现在，面对面，分享至少一件你从对方身上学到且珍视的东西。也许作为家长，当孩子第 50 次问你"天空为什么是蓝色的"的时候，你学会了（从未想过自己会有的）耐心。或许这种分享可以激发你的孩子说出，他从你身上学到了与兄弟姐妹相处懂得妥协让步，是如何让他们自我感觉良好的。

**活动意义**

这个活动为你们双方提供了一个机会，去阐述对方对自己产生的积极影响。它突显了你们帮助彼此学习和成长的这个信念。同时也让大家共同认识到，所有具有挑战性的情况，在冲突看似将你们拉开距离后，实则都提供了让彼此关糸更亲密的机会。

**建议年龄范围**

这个活动对青少年和成年子女很有帮助，能为过去遭遇的挑战构建一个积极的视角。

## 活动 3：乘"魔法飞毯"逃离失望之地

**所需准备：** 一条毯子

在毯子上面对面坐下，轮流分享过去令人失望的经历。从你看到的、听到的以及在场的人等方面描述场景。接着说明在这段过往经历中，是什么引发了令人失望的感觉。对孩子来说，可能是学校的某项活动或期待的项目结果不尽如人意，参加某个团队选拔却未被选中，或者被某个朋友或一群朋友冷落。作为家长，你可以分享，比如有朋友让你失望，本以为能得到的晋升却落空了，又或是你作为家长做过的某些不妥之事，希望当初采取的是不同的做法就好了。

**活动意义**

练习互相安慰，为双方提供了一个在接受支持时袒露心声的机会。

**建议年龄范围**

4 岁直至青少年早期的孩子都适合参与上述以毯子为道具的活动。对于青少年和成年子女，不必使用毯子，可以一起散步，或者去当地咖啡馆，分享并讨论过去的失望经历以及如何克服它们的。

## 感受与表达感激

## 活动 4：我喜欢你的地方

**所需准备：** 2 把勺子

在一张纸上写下你欣赏对方的 3 件事情。然后，把勺子倒扣着含在嘴里，轮流说出你欣赏对方的地方。接着，拿出勺子，带着真心实意的态度再说一遍，就好像要从心底给对方送上一勺满满的积极赞赏。

**活动意义**

这个练习能缓解人们在敞开心扉、互相表达友善话语时通常会产生的焦虑。勺子增添了趣味性，同时也象征着彼此给予认可与欣赏，如同用勺子舀出东西一般。

**建议年龄范围**

青春期前儿童、青少年以及年轻成年人可以通过这个活动，鼓起勇气袒露心声，互相分享赞美之词。

## 活动 5："TACO"记忆

**所需准备**：愿意想象一种新型的玉米卷饼

请按照"TACO"这个单词的字母顺序来进行活动。

T（Tell）：讲述一段自己最喜欢的个人记忆。

A（Ask）：询问对方一段最喜欢的个人记忆。

C（Connect）：找出这两段记忆中的一个共同主题。

O（Observe）：感受从彼此记忆中获得的快乐。

**活动意义**

这个活动聚焦于对你们每个人来说有意义的事情。它让你们分享愉快的回忆，再次体验这些回忆会带来美好的感受。既然你可能好奇为什么我用"TACO"这个缩写，我建议你们一起去做些真正的玉米卷饼，或者去当地卖玉米卷饼的地方买一些。

**建议年龄范围**

这种具有反思性和较强分析性的关联体验，使其成为青少年和年轻成年人的首选活动。

### 活动 6：满手感恩

**所需准备：** 敞开心扉，相信把感恩"握在手中"能让你们共同感觉良好

单腿站立（如果需要保持平衡，可以扶住稳固的物体）。然后，在身前举起一只手，说出 5 件让你感恩的事情。互相给些提示也没有关系的。每次说出一件感恩之事，就弯下一根手指，直到手握成拳（别担心，这可不是要你们变成拳击手对打）。相反，此时你们各自握住了 5 件感恩之事，并在对方面前分享了它们，而且你们都还单腿站着呢！

**活动意义**

分享生活中值得感恩的事情，能创生出正能量，让你们乐意分享并认可自己与对方的感恩之情。

**建议年龄范围**

年幼的孩子可能需要一些引导，但这个关于感恩力量的宝贵活动，对 6 岁及以上直至成年人都有益。这种具有反思性和分析性的联结体验，尤其适合青少年和年轻成年人。

### 活动 7：理解换位思考的感受

**所需准备：** 你们可以互相交换试穿的鞋子

将脚放进对方的鞋子里，或者紧挨着对方的鞋子。脚大的家长可以把脚放在孩子鞋子的上面。现在，假装你们就是对方，以支持的态度说出对方可能有的一个担忧。比如说，家长可以对孩子说："我知道，到了吃晚饭的时候，要停下玩一款很酷的电子游戏，肯定让人感觉很沮丧。"孩子则可能对家长说："我知道，当我在数学作业上遇到做不出的难题时，你只是想帮助我，我却对你大发脾气，

这肯定让你很难受。"

**活动意义**

这个活动有助于探索彼此的需求和相关困扰，还可以探讨从对方角度是如何看待这些问题的。通过真正"穿上对方的鞋子"，增进彼此的同理心。

**建议年龄范围**

7 岁及以上的孩子（有些可能需要引导）、青春期前儿童、青少年以及愿意参与的年轻成年人，会发现这个体验是一种丰富的方式，有助于建立相互间的同理心。

## 活动 8：用共同兴趣"沐浴"彼此

**所需准备：**铅笔或钢笔、纸张

你们各自拿一张纸、一支铅笔或钢笔，再用一个写字板或一本书垫在纸下，方便书写。现在，背向对方，写下或画出你们共有的 3 样东西。可以考虑的方面包括对某些食物、颜色、想去的地方、活动和兴趣的共同爱好。等你们都在纸上写出 3 样东西后，把纸放进一个空罐子或碗里。然后，你们商定由其中一人把容器举过头顶，将纸张倒在你们两人头上。猜猜看，现在在你们又多了什么共同点？你们要一起收拾这不算大的"残局"，并大声读出你们共同的兴趣。

**活动意义**

该活动通过找出共同爱好，增进积极的情感体验。同时，让你们共同完成一项任务，并一起承担清理工作的责任。

**建议年龄范围**

这个活动适合各个年龄段的孩子以及成年子女。对于年幼的孩子或在书面表达上有困难的年长孩子，可以用绘画代替书写。

# 相互支持

## 活动 9：你能否考虑……

**所需准备：**愿意向对方提出自己的愿望

轮流说"你能否考虑为我做这件事：_____"，补充完整句子，向对方提出一个请求。

### 活动意义

在健康的关系中，练习向彼此提出请求是重要的一环。对方答应请求当然会让人感觉良好。但学会表达自己的需求，即便需求可能无法得到满足，对解决问题也是至关重要的。

### 建议年龄范围

从 6 岁起能表达想法的孩子（部分孩子仍需一些引导）、青春期前儿童、青少年以及愿意参与的年轻成年人。他们会发现，通过这个活动学习表达需求并强化自信表达的技巧，能带来满足感。

## 活动 10：我要怎么帮你

**所需准备：**愿意询问对方可能需要什么

思考彼此生活中进展顺利的事情以及还存在哪些需求和困扰。比如说，年幼的孩子可能觉得自己没有得到足够多与家长一对一相处的时间，青少年可能希望有更多独处时间，不被打扰。家长则可能想要有时间享受一项爱好，或者获得一些宁静。你们轮流询问对方，自己要怎么做才能提供帮助。

### 活动意义

增强对彼此需求的认知，并练习主动给予对方支持，这对所有关系都至关重要。

**建议年龄范围**

8 岁及以上的孩子（部分孩子需要引导）、青春期前儿童、青少年，以及愿意配合的成年子女。这一活动所带来的体验能从方方面面让人学会换位思考与共情。

## 活动 11：你洞穴里的什么东西会让你觉得超酷

**所需准备：** 反思有意义的想法或物品的意愿

想象你们在树林里各自有相邻的洞穴。轮流询问对方洞穴里有什么。这里的"洞穴"可以代表深藏在心底的想法，也可以是你们各自珍视的物品。比如，家长可以分享自己多么喜爱一张很棒的家庭合影，或者孩子以前做的手工作品。孩子可以分享自己多么喜欢房间里的玩具、奖状或其他有意义的东西。现在，互相问问对方，可以多带些什么，或者能带来什么既受珍视又新鲜的东西。

**活动意义**

分享个人空间里珍视的东西，以此增进对彼此重要事物的相互理解。

**建议年龄范围**

4 岁及以上的孩子（部分孩子需要引导）、青春期前儿童、青少年，以及愿意参与的成年子女（无论是仍住在家中的，还是已经有自己住所的），都会发现这个体验能让他们深刻认识到，彼此眼中那些带来慰藉的物品有多重要，是一种丰富的经历。

## 在"你更愿意……吗"中探寻价值观

**所需准备：** 愿意向彼此询问"你更愿意……吗"这类问题

以下"你更愿意……吗"的问题旨在探讨并分享充满价值导向的信念以及对此的感受。重要的是，在提出这些问题时，要致力于促进自我表达，而非施加评判。

## 活动 12：你更愿意在悲伤时脸变蓝，还是说谎时鼻子变长

### 活动意义

营造一个安全的氛围，探讨引发悲伤的事件，或者那些导致人们不愿说出真相的情况。有助于在讨论处理这些强烈情绪的主题时，让彼此袒露心声，并鼓励大家坦诚相待。温和地强调一个观念，即说谎会给我们自己和周围的人带来麻烦。同时认可，在挣扎时想要说谎是一种正常的体验，但说实话通常能让我们更坦然地接受自己。

### 建议年龄范围

5 岁及以上的儿童、青春期前儿童、青少年以及成年子女都会从这个活动中受益。

## 活动 13：你更愿意向陌生人讲解一个你非常熟悉的话题，还是向家人谈论一个让你感到不自在的话题

### 活动意义

比较并对比在家庭之外和家庭内部分享想法时所面临的风险。审视我们为走出舒适区所面临的困难（以及收获）。

### 建议年龄范围

青春期前儿童、青少年和成年子女将从这个活动中受益。

## 活动 14：你更愿意一直得第二名，还是大部分时候得第二名，但偶尔得一次第一名

### 活动意义

讨论成就和竞争的主题。帮助我们审视我们给自己施加的压力和期望。

### 建议年龄范围

7 岁及以上的儿童、青春期前儿童、青少年和成年子女将从这个活动中受益。

## 活动 15：你宁愿能抹去别人的记忆还是自己的记忆

### 活动意义

探索接受过去的困难、担忧以及他人如何看待这些问题的主题。提供一个机会，去讨论放下过去的伤痛与失望、朝着积极方向前进的重要性。

### 建议年龄范围

青春期前儿童、青少年以及成年子女能从该活动中受益。

## 探索未来目标

## 活动 16：满足你 3 个愿望的神奇许愿灯

**所需准备：** 分享自己 3 个愿望的意愿；如果想增添一些温暖、充满期许的氛围，可准备一盏光线柔和的灯

一起坐在安全舒适的空间里，想象面前有一盏神奇的许愿灯，灯里有个精灵能满足你 3 个愿望。除了想要更多愿望之外，你可以

许下任何心愿。现在就互相分享这些愿望。

**活动意义**

营造一个相互支持的氛围，分享并探索对未来的憧憬、期望得到的事物、想要满足的需求和想要实现的目标。

**建议年龄范围**

4岁及以上的儿童（必要时给予提示）、青春期前儿童、青少年以及成年子女都能从这个活动中受益。

## 活动17：分享你的"比萨目标"切片

**所需准备：** 一张纸，具备画一个分成8等份切片圆形的能力，以及愿意在每个切片中写下目标类别及实现方式

你们各自画好分成8片的"比萨"后，花时间写下自己的目标。孩子们可以将"比萨"的3片标记为"朋友"，然后分享他们想和朋友一起做的活动。接着，他们可以将4片标记为"学校"，然后写下不同学科以及他们希望在每个学科上完成或学到的内容。继续这个例子，最后一片可以是参加足球选拔或学习一种新乐器。比如说，家长可以将自己的目标列为健身、工作或家庭爱好等。为这个练习增添一些"佐料"（比如想象中的蘑菇、香肠、西兰花、辣椒等），即讨论可以采取哪些步骤来实现这些目标。

**活动意义**

通过可视化的呈现方式，探索对未来需求和目标的预期，帮助明确不同目标的相对重要性范围。

**建议年龄范围**

青春期前儿童、青少年以及成年子女能从讨论目标的过程中受益。

附　录

# 附录 1

## 判断孩子是否需要专业的帮助

　　阅读本书并认真完成该 10 天计划的家长和监护人反馈，他们孩子的叛逆行为得到了很大的改善，显著减少了。然而，如果你的孩子与叛逆相关的问题似乎没有多大改善，那么你、你的孩子以及你的家庭可能是时候考虑寻求专业性的帮助了。假设以下任何一种情况与你的情况相符，你就需要考虑采取下一步行动，去咨询合格的医疗保健专业人员了。

- 你已认真完成本 10 天计划，但孩子的叛逆行为（比如，经常与你争吵、发脾气、频繁拒绝服从、经常将自己的错误归咎于他人，或怀有恶意、报复心强）没有好转，甚至实际上还在恶化。
- 你的孩子在学校继续表现出学业或社交方面的问题行为。
- 你的孩子在社区中遇到问题，比如与其他儿童或成人发生令人困扰的冲突，或者违法。
- 你的孩子正在与第 9 天计划中描述的任何并存状况做斗争，包括焦虑、抑郁、持续的学习或注意力问题，或药物滥用。

- 你和你的伴侣（或前伴侣）在如何管理和管教孩子方面普遍存在分歧，这正在引发重大问题或使现有问题恶化。

## 你应该去看哪种医疗保健专业人士

如果你的孩子存在顽固的行为和情绪问题，要知道该向哪种医疗保健专业人士求助，可能会让人感到不知所措。以下列出的各类医疗服务提供者仅作为指导，绝非详尽无遗。然而，这些专业人士是寻求帮助解决孩子持续性问题的家长和监护人最常被推荐的对象。

**初级保健提供者** 可以帮助排除任何可能对孩子的问题行为产生负面影响的潜在医疗问题。环境或食物过敏、肠胃问题、睡眠问题、糖尿病、头痛和莱姆病等医疗状况，都可能导致或加剧行为和情绪问题。对于相当一部分儿童来说，他们的初级保健医生就是儿科医生。不过，有些家庭会让家庭医生为包括儿童在内的所有家庭成员提供医疗服务。

如果你孩子行为和情绪问题的原因似乎与压力、不良应对策略、愤怒问题、情绪不成熟、焦虑、抑郁、药物滥用或学校问题有关，那么孩子的医生可以将你转介给拥有心理健康学位的专业人士（心理学家、社会工作者、有执照的专业咨询师或精神科医生）。学校辅导员以及值得信赖的朋友，也可以为你推荐当地合格的心理健康专业人员。

**心理专家** 拥有心理学博士学位。从事儿童工作的心理专家经过培训，帮助儿童解决基于情绪的问题，并培养更强的应对技能。

拥有博士学位（哲学博士、心理学博士或教育学博士）的心理专家在获得本科学位后，平均要经过7年的教育和培训。在一些州，经过特殊培训的心理专家获得了处方权。他们在医生的监督下，在适当的时候能开药物。请你的儿科医生或学校辅导员帮助你找到一位有丰富儿童、青少年及家庭工作经验的合格心理专家。

**有执照的专业咨询师**　持有硕士学位的心理健康服务提供者，为有行为或情绪问题及障碍，或正在应对这些问题的个人和家庭提供服务。他们经过专门培训，以诊断和治疗心理和情绪障碍。

**临床社会工作者**　通常在社会服务机构、医疗和医院环境中工作。他们也可以作为私人执业治疗师，诊断和治疗有情绪问题和心理障碍的个人。

**学校心理咨询老师**　主要在学校环境中工作。他们使用多种不同策略来满足个别学生的需求，并改善课堂和学校氛围及支持系统。我在第8天计划中简要介绍了学校心理咨询老师所进行的评估。如果你的孩子有持续的注意力或学习问题，建议让学校心理咨询老师对你的孩子进行评估。一些家长选择寻求私人执业的学校心理咨询师，以获得独立于学校的意见。

**精神科医生**　专门从事开药治疗的医生。儿童和青少年精神科医生是专门诊断和治疗影响儿童、青少年及其家庭的心理健康障碍的医生。儿童和青少年精神科医生完成了4年医学院学习，至少3年在成人医学、神经学或普通精神病学方面的住院医师培训，以及2年在儿童、青少年及其家庭精神病学工作方面的额外培训。也有经过培训可提供心理健康服务（包括开药）的精神科护士从业者。

### 关于儿童和青少年精神科药物的说明

上述列出的初级保健提供者和精神科医生这两个职业，可以为儿童和青少年开具精神科药物。也就是说，如果你的孩子因更为复杂的病症，如严重焦虑、抑郁、注意缺陷多动障碍，或有精神分裂症等思维障碍的迹象而需要精神科药物，我建议你带孩子去看儿童精神科医生。儿童精神科医生在为这一人群开药方面经验最为丰富。

为儿童和青少年开具精神科药物的话题，可能会让家长和青少年感到不安。我甚至听到一些心理健康领域的同行嘀咕"药物教不会技能"。这种观点反映了一些人的担忧，即儿童和青少年需要学习如何在不依赖药物的情况下让自己平静下来、管理情绪和解决问题。我也听到家长表达对精神科药物可能产生有害副作用的恐惧。对于在儿童和青少年中使用精神科药物，这些担忧是可以理解的。

我的观点是，只有在尝试了所有其他非药物干预措施之后，才应使用药物。不过，重要的是，我确实认为药物对于一系列影响儿童和青少年生活的具有挑战性的心理健康问题可能非常有益。比如，我见过用于治疗焦虑、抑郁和注意缺陷多动障碍等心理健康问题的药物，显著改善了儿童的生活。有时候，药物可以起到催化剂的作用，使心理咨询的效果更加显著。就注意缺陷多动障碍而言，我观察到了药物帮助孩子转变的情形，药物能帮助孩子从在课堂上表现不佳，在学校和家里频繁惹麻烦，转变为在这两个环境中都表现很出色。

### 心理咨询与心理治疗有区别吗

过去，"心理咨询"这个术语更多被视为一种短期且聚焦于解决来访者问题的方法。而"心理治疗"（简称"治疗"）则用于描述一种更长期、更深入的方法。近年来，这些术语以及"治疗师"和"咨询师"这两个词语，通常可以互换使用。它们一般指的是心理专家、有执照的专业咨询师和社会工作者。

无论被称为治疗还是咨询，关键是家长选择带孩子去看治疗师以获得额外的支持，是因为孩子的情况极具挑战性，这可能是由某种并存状况引发的。他们寻求帮助也可能是因为作为家长，他们很难摒弃对叛逆孩子使用的适得其反的育儿策略（比如，过于刻板、给予过度的惩罚、大吼大叫或过度放任）。当然，通常需要专业帮助的问题既反映了孩子的挣扎，也反映了家长的困境。治疗的目标是帮助你、你的孩子以及你的家庭达到相互理解的状态。

### 让学校也了解情况

如果你的孩子正在接受精神科药物治疗，并且根据问题的相关性，也在接受外部心理咨询或治疗，我建议你告知孩子学校的关键人员（如教师、辅导员和校医）。正如在第 8 天和第 9 天计划里所讨论的，以团队合作的心态与孩子的学校合作，秉持"倡导但不激怒"的原则，对于为孩子在学校获得所需要支持是大有帮助的。

比如，如果孩子的老师观察到你的孩子在适应治疗注意缺陷多动障碍的新药物时感到疲倦或"状态不佳"，这可能是非常关键的信息。许多家长担心，如果孩子被确诊患有注意缺陷多动障碍或任何可能对学习产生负面影响的问题，他们会在学校被贴上负面标签。我见过家长为此惊慌失措，反复思考如果发生冲突，孩子是否会被不公平地对待，或者对他们的学业期望是否会降低。与此同时，我也看到越来越多的家长积极争取让孩子得到关于学习和情绪问题的恰当诊断，以便他们能在学校获得宝贵的支持。

一般来说，告知学校的好处大于风险。例如，一些患有注意缺陷多动障碍的孩子可以从在安静的区域参加考试或延长考试时间中受益。关于与孩子的学校合作，为他们提供有益的教育调整措施的更多考虑，请参阅第 8 天计划的内容。我在《10 天让孩子不再分心》一书中对这个主题进行了详尽的阐述。简而言之，根据问题的性质，就孩子因情感需求接受专业性的帮助一事，与学校沟通的好处是，你可以要求提供教学调整措施，以帮助孩子取得成功。

## 替代疗法

我知道有些家长为有情绪问题的孩子寻求替代疗法，如草药疗法、营养疗法或基于生物反馈的方法。如果家长反馈这些替代方法是有帮助的，我会表示支持。同时，我鼓励家长尽职调查，确保产品和服务的安全性与真正的有效性，不要被商家的宣传误导了。生活在信息时代，我们很容易获取大量数据和有用信息，在为孩子寻求支持时，核实包括心理咨询等传统疗法在内的各种治疗方法的有效性和证据至关重要。

## 尽早为孩子寻求帮助

正如我在前言中提到的，弗雷德里克·道格拉斯说过："塑造一个孩子比重塑一个成年人更为容易。"看到一些青少年和年轻人因未被关注而无谓地挣扎，我感到很痛心。我指的是他们长期存在焦虑、抑郁、注意缺陷多动障碍或学习问题，又或是自闭症谱系障碍等困难（尽管未得到正式诊断或治疗），却未能获得帮助。

比如，我见过太多孩子在因注意缺陷多动障碍接受药物治疗之前，被不公平地贴上"懒惰"和"故意不做"的标签（比如在注意力集中、做作业或记得做家务方面）。然而，一旦这些孩子得到教育调整并通过药物治疗取得成功，就会发现一直以来被错误地认为是"故意不做"的事情，其实是"做不到"。那些未能及时得到帮助，甚至从未得到帮助的儿童和青少年，往往自尊心较低，缺乏自我关怀，也无法正确学习那些至关重要的应对策略，以便在生活中让自己平静下来并解决问题。你越积极主动地帮助处于困境中的孩子，他们在情感上遭受的痛苦就会越少。寻求心理咨询作为预防措施来应对他们的困扰，也能帮助孩子在日后不那么容易受到负面影响。

### 对酒精保持警惕

本着预防的精神，我想分享一下，我见过酒精对青少年及其家庭的生活造成严重破坏。那些感到沮丧、因认为自己不成功或觉得自己格格不入而被边缘化的孩子，可能会借助酒精逃避问题。正如第9天计划所讨论的，家长常常会陷入否认，抱着"我的孩子不会这样"的态度，从而对任何酒精成瘾的警示信号视而不见。如果你怀疑家中的儿童、青少年或年轻成年人在使用酒精，应咨询合格的治疗专家。有些治疗师专门处理酗酒问题，而其他虽有资质处理该问题的治疗师，可能经验要少得多。还有一类经过认证的成瘾咨询师，他们在这方面接受过广泛的培训。

作为家长，确保孩子的安全和健康是你的权利和责任。尽可能与其他家长沟通，及时了解可能接触酒精或其他负面影响的儿童、青少年和年轻成年人的情况。保持警惕，相信自己的直觉。

### 把治疗看作积极的步骤

大多数孩子，即使是抗拒的孩子，在接受治疗师的治疗时实际上也会感到一种解脱。为孩子寻求帮助，你是在承认自己并非知晓所有答案，并树立这样的榜样。如果对家里的生活感觉失控，作为家长或监护人，你寻求专业性的帮助以恢复正常秩序和结构，这是一个积极的举动。带孩子去看治疗师这一行为本身就能带来积极的改变。

在整个 10 天计划中，我向你传达了一种积极的信息，即把自己视为孩子的引导者，这将提高你作为家长的效能感。家长和引导者这两个角色，都需要你不断学习和成长，并帮助孩子同样如此。秉持引导者的心态，我建议你将寻求专业帮助视为成长的机会，而非失败的标志。

虽然我在与叛逆孩子及其家庭合作时，主要扮演的是治疗师的角色，但我也从引导者的角度开展工作。比如，当我在孩子面前给家长提供建设性的治疗反馈时，我会意识到这也是一个引导的机会。我可能会说："乔伊，你的电子游戏可能有在线教程，你大概也知道网上有很多关于如何玩得更好的提示、策略，甚至教程。你可能不会这样想，但你来到这个世界时可没有附带说明书，你妈妈正在努力弄清楚如何成为最好的家长。我觉得你妈妈真的很棒，当我鼓励她用不同的方式回应你时，她很愿意向我学习。"这样的表述向家长和孩子强化了一个观念，即向外部专业人士学习是一种支持性的成长经历，而不是某人"做错了事情"或"应该受责备"。

为孩子，同时也为自己寻求支持，这既是一项宝贵的技能，也是向前迈出的积极一步。没错，通过向孩子展示面对共同的困难时，你在寻求外部的支持，你正在教给他们宝贵的一课：寻求帮助可以改善处境。

我发现，各个年龄段的孩子，尤其是青春期前儿童，更认可并能更好地接受"我们一起寻求帮助"的心态，而非"我带你去看医生，让你变好"的心态。咨询过程也应该帮助家长和孩子看到他们的优势。我的第一次咨询通常会让孩子和他们的家长一同参与。在第一次咨询中，我们首先强调各方的天赋和优点，然后再讨论需要改进的问题。

### 见治疗师前给孩子的安抚小贴士

向年幼的孩子解释，这次看医生不涉及身体检查（很多小孩子听到不用打针都会松一口气）。你也可以强调，这类医生会通过与孩子和家人交谈、做游戏，来帮助大家冷静下来，解决问题，更好地相处，并且感觉更舒服。孩子们通常不想觉得自己是"被认定的病人"，所以，就像上面提到的，让孩子知道治疗师也会帮助身为家长的你，可能还会帮助其他家庭成员。

对于年龄稍大的孩子和青少年，让他们知道，未经他们许可，他们对治疗师说的任何话都是保密的，不会透露给任何人，包括家长和学校工作人员，但如果他们有伤害自己或他人的想法，则除外，这会让他们感到安心。

在第一次咨询前给孩子这些信息，可以帮助营造良好的氛围，避免孩子感到羞愧或被孤立，并让他们放心，全家人会一起解决问题。

同时，也不要过度强调。我见过一些家长，因为自己对去见治疗师感到焦虑，无意间过度渲染了这件事情，这可能会导致孩子更抵触。作为一名与儿童和家庭打交道的资深心理专家，我发现孩子和青少年比家长最初预想的更愿意接受心理咨询。

### 你和孩子选择治疗师时的重要考量因素

记住，在寻找治疗师时，你和孩子不只是客户或患者，也是专业服务的消费者。你要尽可能确保寻找治疗师的体验是积极的。找到最合适的治疗师与来访者的匹配关系至关重要，所以你可能需要见几位治疗师，才能找到与你和孩子都合拍的那一位。

在考虑和评估潜在的治疗师时，请牢记以下几点：

- 治疗师在你所在地区有执业许可证吗？（你可以向该地区的相关专业委员会核实，或者查看办公室是否展示了许可证。和许多其他参与的心理专家一样，我获得了特殊的电子通行证，允许我在参与的地区进行远程心理咨询。我建议你不要咨询无执照的治疗师，因为他们可能不了解或故意不遵守保护消费者免受不道德行为侵害的法律。)

- 治疗师是否在你健康保险计划的心理健康福利覆盖范围内？如果是，保险计划涵盖多少疗程？你的自付费用是多少？如果治疗师不接受保险，他们的收费是多少？他们是否愿意根据初次咨询的临床印象，大致估计治疗时长？法律要求他们提供这种诚信预估。

- 治疗师的专业资质是什么？不同类型的治疗师的情况参考前面相关部分。向未来的治疗师询问他们的培训方式和地点是恰当的。

- 治疗师提供知情同意协议吗？你的治疗师提供一份包含其专业服务、保密条款和业务政策等信息的知情同意协议很重要。

- 治疗师有何种咨询经验？仅仅因为某人在大学有教学职位（甚至写过一本关于叛逆孩子的书），并不意味着他们就是每个咨询他们的家长、孩子或家庭的最佳选择。对于一些人来说，治疗师是否处理过某些种族、文化问题，或对这些问题敏感，这很重要。作为潜在咨询来访者，你询问这方面的情况是可以理解且恰当的。

- 治疗师与儿童和青少年打交道多久了？这一点非常重要。有丰富经验、见证过不同问题儿童成长轨迹的治疗师，能对治疗结果提供更有见地的看法。

- 你和孩子觉得这位治疗师友好吗？

- 如果认为合适并获得适当许可，治疗师愿意与你孩子的学校沟通，以支持解决影响孩子情绪和教育需求的问题吗？

- 如果你无法赴约，取消政策是怎样的？治疗师通常会对未提前通知的错过疗程收费。

- 紧急情况下，你能通过信息或电话联系到治疗师吗？如果不能，在这种情况下有什么寻求帮助的措施？在我的执业过程中，在明确的专业界限内，我允许来访者通过短信向我咨询预约问题或更紧急的事项。治疗师对于如何联系他们的接受程度各不相同，但对于咨询关系中的这一后勤部分，需要有清晰的了解。

- 治疗师休假、生病或非工作时间，谁会为你的孩子提供帮助？

- 治疗师擅长哪些类型的治疗方法？我会运用多种不同治疗流派的策略，并且一直在寻求学习新策略。

- 除了与你的孩子合作，治疗师愿意与你见面吗？我认为为孩子提供保密权至关重要，但我也会让家长了解他们可以做些什么来支持孩子。在我执业的宾夕法尼亚州，14岁的青少年享有与成年人相同的保密权。如果青少年有伤害自己或他人的风险，出于对特定安全问题的考虑，保密准则将不适用。

- 治疗师提供在线治疗选项吗？一些孩子可能更喜欢在线咨询，或者在同一位治疗师处结合在线和线下咨询，并且效果良好。但要记住，对于有自杀念头、自残行为或严重行为或心理健康问题的孩子，不建议进行在线咨询。虽然我个人会为一些孩子提供在线咨询，但我的经验是，大多数孩子线下咨询的效果最佳。对于青少年和成年子女，他们在线下和线上咨询之间的偏好差异较大。前往实际咨询办公室的便利性也是一个需要考虑的因素。

# 附录 2

## 应对叛逆学生的指南

　　如果你是家长，我建议你将这部分内容分享给孩子的老师或学校管理人员，以此为你的叛逆孩子争取学校的支持。虽然你是孩子最有力的支持者，但记住不要"惹人厌烦"。同时，也要乐于接受教育工作者的反馈，他们可能会针对你的孩子提出更多的想法和建议。

　　如果你是一名教育工作者，也愿意采用以下策略，你很有可能会发现，叛逆学生变得更容易接受管理了。我发现老师对待叛逆学生的方式，对学生的行为会有巨大的影响。关键在于，面对叛逆学生试图破坏秩序、掌控局面的行为时，作为老师，你要保持冷静。以下的策略和信息将会为你提供必要的方法，让你获得这种冷静和自信，而且还会带来 2 大好处：

- 你的学生叛逆行为会减少，因为你剥夺了他们看到你愤怒反应时所获得的满足感。
- 你将拥有更多的教学时间，而这些时间过去常常被激烈的权力斗争所消耗。

### 理解学生的叛逆行为

你必须意识到，叛逆的学生缺乏以建设性方式解决问题和表达自我的技能。叛逆的学生往往在情感上不够成熟，他们可能不好意思告诉你，他们不喜欢某项课堂作业，这周已经第 3 次忘记带学习资料，或者不知道如何做被要求在黑板上解答的数学题。当面对过多的情感压力或自我感觉不足时，这些孩子就会通过破坏和叛逆行为来表达。

一个拒绝在黑板上解答数学题的学生，可能实际上是在说："我不想在朋友面前出丑，他们会看到我做不出题目，真是丢人。"在这种情况下，你可以决定先跳过这个学生，然后单独与他见面，在这道数学题上给予他一些额外的帮助。保持冷静，帮你自己和叛逆的学生保住面子，将有助于应对导致他们叛逆的情感不成熟问题。

秉持理解的态度，要留意某些孩子所面临的特殊情况，这些情况可能导致他们在学校表现出叛逆行为。罗文在七年级的社会研究课上遇到了困难。他拒绝与老师进行任何的眼神交流，当他被叫到黑板前回答问题时，他会完全无视老师的要求。罗文表面上的叛逆行为导致他受到了纪律处分。

然而，当学习支持老师与罗文交谈后，她意识到他为了避免在课堂上被点名，关掉了助听器。罗文感受到学习支持老师的理解后，泪流满面，并为自己惹上麻烦而感到羞愧。一旦他承认了自己潜在的焦虑情绪，并与老师和学习支持老师进行了讨论，罗文就开始越来越多地参与到课堂互动中去。

### 不要把学生的叛逆行为个人化

记住，你是这个学生叛逆情绪的发泄对象，而非原因。如果你大吼大叫，与学生争吵，或者试图用讽刺的方式对待他们，那你可能就是学生叛逆行为发生的原因了。因此，不要把这种叛逆行为个人化。相反，你可以说："这是怎么了？这可不像你啊。"或者"是什么让你这么心烦？"通过这种方式交流，即使这与你的真实感受不符合，你也是在帮助学生，而不是与他们对抗，这样你既能保持自己的尊严，又能坚守自己的职业立场。此外，你明确地向所有学生表明，叛逆行为才是问题所在，而不是你。

### 通过倾听和鼓励建立联系

大多数叛逆的学生在学校会感到无力和无助。由于在课堂上觉得自己不够好，他们会通过扰乱他人来发泄自己的无力和无助。

教师的在职培训课程中，我向许多老师讲解过，如何通过倾听的力量来减少学生的叛逆行为。倾听之所以有力量，是因为它向学生表明你理解他们正处于什么境况。我并不是说，如果学生的观点不合理，你就必须让步；比如学生说应该取消家庭作业，这肯定不会得到你的认同的。这里的主要目标是让学生知道你完全理解他们的观点。你可以说，你意识到家庭作业很有挑战性，有时甚至让人不堪重负。叛逆的学生往往会认为，积极倾听的老师是支持他们、尊重他们且关心他们的人。

以下是一些你在转述学生意见时可以使用的表述：

- "你觉得这不公平，因为我没有给你足够的提醒。"
- "所以，在你看来，这次考试太难是因为……"
- "你认为这堂课毫无意义是因为……"

通过像上述例子那样反映学生的感受，你可以鼓励孩子在准备好的时候，改变对所学内容的看法。一种方法是说："那么，让我们来讨论一下你将如何在生活中运用这些知识吧。"

### 建立积极信任的关系

与学生培养积极、信任的关系，能让你主动降低学生出现叛逆行为的可能性。除了关注学生表面的行为，还要深入了解他们。私下与他们交流，表达关心。你可以给他们一些你知道他们会感兴趣的杂志文章或网站链接。每天花几分钟与学生进行互动。多微笑，少批评。这可能需要一些时间，但这些举动会展现你的同理心和真诚关心，并且很可能会对学生产生累积性的、强有力且积极的影响。

一旦你们建立了更融洽的关系，就明确告诉学生在你看来是什么导致了问题。当然，也要倾听学生的想法。在这个过程中，坚持一条原则，那就是，双方都要互相尊重。始终倾听学生的意见，让他们畅所欲言，不要打断他们。

### 保持冷静、坚定且非控制

管理叛逆学生的最佳方法是保持冷静。如果你知道如何避免，就不会陷入权力之争。当叛逆学生看到你有以下任何反应时，就等于给了他们继续表现消极行为的机会：

- 明显表现出生气。

- 提高音量。

- 试图恐吓他们。

- 打断他们。

### 在合适的时机表扬

与我交谈过的大多数老师都承认，通过恰当地表扬叛逆学生，他们能够与学生建立更积极的联系。许多老师被叛逆学生的行为误导，认为这些孩子对表扬无动于衷。但事实并非如此。你的表扬很有力量，它传达了认可和积极的关注。这是一种大量存在却未被充分利用的自然资源。要注意，不要以非黑即白的眼光看待学生。我发现老师们往往会表扬表现良好的普通学生，但当叛逆学生表现良好时，却常常错过表扬他们的机会。由于长期与生活中的成年人有消极互动，叛逆学生可能不会立即对表扬做出回应，但如果与其他激励措施（如下文所述的奖励系统）相结合，表扬的积极影响最终会增强。

下面是表扬叛逆学生的时机：

- 在学生表现出期望的行为后，及时给予表扬。

- 对于学生值得赞扬的成就，要具体且真诚地表达。

- 提及他们的努力和能力，暗示未来也能取得类似的成功。

- 提醒学生你相信他们，并且他们很重要。

### 学做神探"科伦坡"一样的人

我过去很喜欢看电视剧《神探科伦坡》。主角科伦坡是一名侦探，他会以一种看似困惑的方式询问犯罪嫌疑人。效仿科伦坡，保持冷静且充满好奇。我建议向叛逆学生提问，比如"什么事让你烦恼？"或者"你看起来有点儿心烦意乱"。这种反应可能不符合你的真实感受，但会产生最好的效果。接着再问"发生了什么让你这么沮丧呢？"或者"我能帮你做点儿什么吗？"。如果学生回答"是的，我很烦，别管我"，你不要失态，要冷静。相反，继续保持类似科伦坡那种超脱的态度，这样问题就有解决的机会，而不会演变成一场不愉快的局面。

### 不急于做出反应，避免无穷后患

不立刻做出反应，往往会很有帮助。比如，如果一个学生说"我不做这个"，不要马上回应。停顿一下后，惊讶地看着他们说："我不太明白你这话的意思。"这种回应给了叛逆学生一个挽回面子的机会，让他们不用你斥责，就能把不可接受的行为转变为更顺从的回应。如果与叛逆学生的情况已经恶化到无法当着其他学生的面采用这种方法，那就私下处理。绝不要在这种情况进一步恶化后，还公开处理。有时，你只能试着安抚学生说："我们不在这儿讨论这个问题。等你能把心里的想法都告诉我时，我们稍后再聊。"最重要的是，和学生就如何相处达成一致。看一看下面这个例子，了解一位有创意的老师是如何帮助学生缓和情绪并避免其叛逆行为的。

若希正在和妈妈争论要不要去参加一次实地考察旅行。若希坚决不去，还拒绝告诉妈妈原因。老师从若希妈妈那里得知了这个情况，她给了若希一张纸和一支笔，鼓励她把想法写下来。花时间把一些感受写在纸上，让若希得以表达出她不想去旅行是因为可能要穿泳衣。若希的校外心理医生也参与进来，并与老师沟通后达成一致，在其他学生游泳的时候，若希可以帮老师做一些学术方面的工作，不用去游泳。

### 结束权力争斗

老师也是人。有些学生很擅长把老师拖入演变成权力争斗的争论中。为了避免陷入潜在的权力争斗，你可以：

**做一做深呼吸**　比如，我辅导过的一位老师告诉我，她在面对叛逆学生的棘手情况时，会做一次比平常更深的吸气，然后慢慢呼气。她说这样做能为自己争取时间，以便计划一个合适的回应，而不是对学生的行为立刻做出反应。

**假装镇定，直到真的镇定为止**　被许多人视为心理学之父的威廉·詹姆斯有一句名言："表现得好像你所做的事情很重要，它就真的很重要。"我希望你把这句话应用到对叛逆学生的管理之中去。如果你表现得冷静沉着，你就会看起来真是如此。我不是说如果一个叛逆学生把书扔出窗外，你还得面带微笑。我的意思是，如果你尽力表现得冷静、坚定且非控制，你就会真的做得到如此。

**用"我"开头的表述代替"你"开头的表述**　用"我"而不是"你"来开头，能帮助你摆脱权力之争。"你"开头的表述（比如"你本该为这次考试做好准备的"）往往比"我"开头的表述（比如"我不明白为什么这对你来说这么难"）更容易引发消极情绪。这是因为"你"开头的表述会让听者觉得他们"错了"，而你"对了"，这种表述带有指责的意味。"我"开头的表述能降低老师的批评引发与学生冲突的可能性。我记得在一次教师的在职培训中，讲解有效沟通策略时，我让老师们两两一组进行练习，一位老师转向我说："这没有什么用，我不做这个。"我冷静、坚定且温和地告诉他，我对他的决定感到失望。然后这位老师同意做这个练习了。后来他私下告诉我，他正在经历离婚，情绪一团糟。他感谢我当时没有对他做出过激反应。我也庆幸自己用了"我"开头的表述。这些技巧真的很有用！

**别用最后通牒把学生"逼入绝境"**　当潜在的冲突即将发生时，你可以用一种既能让学生服从又能保全他们自我形象的方式提出要求，给他们留个面子。比如，一位老师对学生说："萨萨，现在打开笔记本，认真听讲，否则我就送你去办公室！"这就把学生逼到了墙角。学生最终会感到被威胁，很可能不会服从，因为他们不想"输"。相反，用一种保全颜面的方式："萨萨，我请你拿出书，认真听讲。我真的希望你明天的考试能考好。"

在另一个场景中，一位负责走廊值日的老师看到雷蒙站在他的储物柜前，而此时不应该有学生在储物柜附近。老师质问明显有些烦躁的雷蒙："雷蒙，我告诉过你多少次了，没有通行证就不要在储物柜旁边？你什么都听不懂吗？在我把你送到校长办公室之前，离开走廊！"在这个场景中，雷蒙可能会服从并离开，也可能在他认为受到人身攻击后，以防御性的态度回应老师。雷蒙的防御可能表现为某种形式的不服从，包括但不限于对老师使用不当语言，甚至更糟。"别对我指手画脚！"或者"管好你自己的事！"就是在这种突然的权力争斗中，烦躁不安的学生可能会做出的回应。

在同样的场景中，老师本可以用我所倡导的冷静、坚定且温和的方式，达到让雷蒙去上课而不在储物柜附近闲逛的相同目的。这段互动可以是这样的："雷蒙，我能和你说句话吗？"这时老师轻声对雷蒙说："雷蒙，你能帮我个忙吗？我负责确保上课期间走廊上是没人的。你能帮我这个忙吗？你现在应该在哪里呢？"当雷蒙看到老师是在请求他帮忙，而不只是斥责他时，他的反应会截然不同。在这两种交流中，老师的目标是一样的。但在第二种回应中，老师更有可能达成目标，同时又不会引发导致纪律问题的权力争斗。

**保持冷静、坚定且非控制**　老师愤怒的回应可能会加剧学生的不当行为，导致权力之争从而局面失控。当你感觉被激怒时，先花几秒钟整理思绪，在采取行动前思考出一个合适、专业的回应。

## 控制型与非控制型教师的风格对比

下表概括了教师如何最有效地与叛逆学生相处的要点（见表A-1）。左边展示的是控制型教师的表述，这种表述可能会引发学生的叛逆行为；右边展示的是冷静、坚定且非控制型的表述，这种方式会减少学生的叛逆行为。

表 A-1　控制型与非控制型教师的风格对比

| 控制型教师的表述 | 冷静、坚定且非控制型教师的表述 |
| --- | --- |
| "肖娜，你就是想捣乱，破坏其他同学上课。" | "我发现你笑得很厉害，心情很轻松。但我们有很多新内容要讲，所以我真的需要大家集中注意力。这就是为什么我希望你尽力专注起来。谢谢。" |

（续）

| 控制型教师的表述 | 冷静、坚定且非控制型教师的表述 |
|---|---|
| "马琳，如果你不坐下来，我就不帮助你补上这次作业。" | "请坐下，这样我就能帮助你补上之前落下的作业，让你为今天的任务做好准备。" |
| "宋杰，要么你现在就把手机收起来，否则我就送你去办公室！" | "宋杰，请把手机放回口袋里，这样我们就可以开始上课了。我希望你能跟上学习进度，这样就不会被足球队除名。我知道球队真的很需要你。" |
| "杨达，如果你实验报告总是落后，科学这门课你就会不及格。" | "我不太明白为什么你的实验报告提交晚了。我看到你在课堂上对做实验很感兴趣，我希望你能在这上面取得好成绩。我们来详细聊一聊是什么阻碍了你完成报告。" |
| "够了，艾星。你再大声叫嚷，我就送你去办公室。" | "艾星，我很欣赏你的热情。我觉得如果课后我们能聊一聊如何在不打断别人的情况下参与课堂，这对我们俩都有帮助。希望你能帮我想想办法。" |
| "丁一山，如果你继续打扰周围的人，你就自己一个人坐在后面。" | "丁一山，我希望在这堂课上看到你有良好的表现。我知道你能做出正确的选择。午餐后我想和你谈一谈，看一看我们怎样能让情况有所改善。" |

◦ **改变应对方式** 如果你发现自己陷入了与叛逆学生的不良交流中（比如，提高音量，斥责学生），立即采取策略让自己脱身（比如，离开学生身边，用平和的语气重复一下你的要求）。

◦ **不要使用社会压力** 利用社会压力（如斥责，试图瞪视学生，监视他们）或武力迫使对抗性的学生服从要求是错误的。学生通常会反抗，从而引发权力之争。尤其要注意，成年人不应该对学生动手以强迫其服从。学生几乎肯定会将这种行为视为严重的身体威胁，并做出相应的反抗。而且在很多地方，老师触碰学生是违法的，即使是善意的触碰。

◦ **用幽默化解冲突** 通过用幽默（而非讽刺）回应叛逆的学

生，老师以一种保全学生面子的方式向其表明，他们的行为即将得到化解和处理。学生可以和老师一起一笑而过，然后重新参与到课堂活动中来。我建议永远不要以讽刺或嘲笑的方式使用幽默，因为叛逆学生非常敏感，很可能会觉得受到不尊重对待，从而变得更加叛逆。你可能还会发现，私下跟进与学生讨论这件事情会很有帮助，以确保学生理解你对他们对抗性行为的担忧。

- **注意到"少即是多"** 与叛逆学生交流时，话最好少一些。老师简短的回应会让叛逆学生对互动的控制感降低，也能防止你无意间用大量消极关注"奖励"学生的不当行为。

- **学生心烦意乱时不要提要求** 如果在叛逆学生已经沮丧不已或心烦意乱的时候，你要求他们完成一项任务，他们更有可能产生对抗情绪。可能的话，在给烦躁不安的学生下达命令之前，给他们一点儿喘息的空间，让他们先镇定下来。

- **让学生知道你理解他们的感受** 如果你看到一个学生上完课回来后，把书重重地摔在桌子上，还自言自语，你可以说："詹明，你看起来很生气。能告诉我怎么了吗？"一旦你"点明"了像愤怒这样强烈的情绪，你就可以和学生一起讨论，找出可能引发这种情绪的原因，并共同找到缓解的办法。

- **询问隔离是否有帮助** 但在讨论之前，不要强行这么做。这种"突然之举"只会让他们更加叛逆。让学生参与任何改变他们行为的计划。否则，你会成为他们的敌人。

- **明智地选择应对争斗的策略** 如果学生的言论只是有点儿烦人，那就忽略它。如果负面言论严重到需要你回应（比如，侮辱或挑战权威），用中立的语气简要说明学生的言论为何不合适，并施加预先选定的后果。然后继续上课。

# 致谢

　　有太多人促成了这本书的诞生。首先，我要感谢这些年前来寻求专业帮助的所有孩子、家长和家庭。你们分享的痛苦与喜悦，让我从中汲取到无比宝贵的经验。正是你们的挣扎、决心与胜利，助力我有机会将这本书呈现给广大读者。

　　我拥有一个堪称卓越的支持体系。其中包括我的父母卢和伊芙琳，他们始终全方位地支持着我。感谢我的同事兼伴侣玛丽娜·马库斯博士，在我撰写此书的第 3 版时，感谢你给予的鼓励、支持与深刻见解。还要感谢我的表亲朱迪思、布莱恩、莉莲和本，以及远在世界另一端的莉亚，感谢你们多年来的支持。

　　拉尔夫，你是个了不起的人，是我儿时的朋友，你就像我从未有过的兄弟一样。托尼，你既是我的朋友，又是我的同事，这真是太有缘分了。埃德，感谢你在我真正需要支持和友谊的时候适时出现。

　　感谢所有学校工作人员，你们分享了我的来访者在学校的表现，投入了时间并提供了见解。感谢所有其他行业的人士，包括那些多

年来与我分享宝贵见解、共同协作帮助众多儿童和家庭的医生和
律师。

特别感谢金伯利·扬博士，感谢你就技术、屏幕过度使用及成
瘾问题为我提供的咨询。

同样感谢出版社的编辑丹·安布罗西奥及其助理艾莉森·达拉
费夫。丹和艾莉森，你们支持性、务实的风格以及扎实的专业素养，
让我与你们共事成为一件快乐的事情。也感谢出版社的文字编辑特
雷莎·温切尔和制作编辑西斯卡·施雷费尔，感谢你们为监督本书
的定稿和制作付出的努力。

# 参考文献

American Psychiatric Association. *Desk Reference to the Diagnostic Criteria from DSM-5*. Arlington, TX: American Psychiatric Association Publishing, 2013.

Barnes, Melissa, and Katrine Tour. "How to Help Your Kids with Homework (Without Doing It for Them)." The Conversation. Accessed December 1, 2021.

Bernstein, Jeffrey. *10 Days to a Less Defiant Child*. 2nd ed. New York: Perseus Books, 2015.

———. *The Anxiety, Depression, & Anger Toolbox for Teens*. Eau Claire, WI: PESI Publishing, 2020.

———. *Letting Go of Anger: 54 Cards to Help Teens Tame Frustration*. Eau Claire, WI: PESI Publishing, 2017.

———. *Liking the Child You Love: Build a Better Relationship with Your Kids—Even When They're Driving You Crazy*. New York: Da Capo, 2014.

———. *Mindfulness for Teen Worry*. Oakland, CA: New Harbinger, 2017.

———. *The Stress Survival Guide for Teens*. Oakland, CA: New Harbinger, 2019.

Breel, Kevin. "Confessions of a Depressed Comic." TED video, 10:47. May 2013.

Clopton, J. "Parents' Desperate Fight vs. Teen Screen Addiction." Web MD, April 10, 2019.

Cuncic, Arlin. "Social Anxiety Disorder in Children: How to Recognize and Treat SAD in Kids." Very Well Mind. Updated September 18, 2020.

Gottman, John. "Meta-Emotion, Children's Emotional Intelligence, and Buffering Children from Marital Conflict." In *Emotion, Social Relationships, and Health*, edited by Carol D. Ryff and Burton H. Singer, 23–40. New York: Oxford University Press, 2001.

Gottman, John, Joan Declaire, and Daniel Goleman. *Raising an Emotionally*

*Intelligent Child: The Heart of Parenting*. New York: Simon & Schuster, 1998.

Howey, Pat. "Key Differences Between Section 504 and IDEA." Wrightslaw. Accessed January 8, 2022.

LD Online: All About Learning Disorders and ADHA.

Mayo Clinic. "Oppositional Defiant Disorder (ODD)." Accessed January 29, 2015.

National Institute of Health. "Attention-Deficit/Hyperactivity Disorder in Children and Teens: What You Need to Know." National Institute of Mental Health. Accessed January 8, 2022.

———. "Bipolar Disorder in Children and Teens." National Institute of Mental Health. Accessed January 8, 2022.

———. "Learning Disabilities Information Page." National Institute of Neurological Disorders and Stroke. Updated March 27, 2019.

———. "Tourette Syndrome Fact Sheet." National Institute of Neurological Disorders and Stroke. Updated April 16, 2014.

———. "What Is Autism Spectrum Disorder?" National Institute of Mental Health. Accessed January 29, 2015.

Neff, Kristin. *Self-Compassion: The Proven Power of Being Kind to Yourself*. New York: William Morrow, 2015.

Oppositional Defiant Disorder Resource Center. American Academy of Child and Adolescent Psychiatry. Updated June 2019.

Parker-Pope, Sara. "Writing Your Way to Happiness." *New York Times*. January 19, 2015.

Tracy, Natasha. "Depression in Children: Causes, Treatment of Children with Depression." Healthy Place. Updated January 10, 2022.

Turkle, Sherry. *Alone Together: Why We Expect More from Technology and Less from Each Other*. New York: Basic Books, 2017.

U.S. Department of Health and Human Services. "Mental Health for Adolescents." Office of Population Affairs. Accessed January 8, 2022.

WebMD. "Oppositional Defiant Disorder." Accessed January 10, 2022.

Weiss, Robert, and Jennifer P. Schneider. *Closer Together, Further Apart: The Effect of Technology and the Internet on Parenting, Work, and Relationships*. Carefree, AZ: Gentle Path Press, 2014.